贵州省高校人文社会科学研究项目"贵州加快发展数字经济的对策建议研究"（编号：2024RW89）资助

直播商务中
消费者冲动性购买
影响因素研究

龚潇潇 ◎ 著

中国财经出版传媒集团

经济科学出版社
Economic Science Press

图书在版编目（CIP）数据

直播商务中消费者冲动性购买影响因素研究／龚潇潇
著．－－北京：经济科学出版社，2024.7
ISBN 978 - 7 - 5218 - 5885 - 3

Ⅰ．①直…　Ⅱ．①龚…　Ⅲ．①网络营销 - 购买行为 -
影响因素 - 研究　Ⅳ．①F713.365.2

中国国家版本馆 CIP 数据核字（2024）第 094033 号

责任编辑：张　燕　李　宝
责任校对：杨　海
责任印制：张佳裕

直播商务中消费者冲动性购买影响因素研究
ZHIBO SHANGWU ZHONG XIAOFEIZHE CHONGDONGXING
GOUMAI YINGXIANG YINSU YANJIU

龚潇潇　著

经济科学出版社出版、发行　新华书店经销
社址：北京市海淀区阜成路甲 28 号　邮编：100142
总编部电话：010 - 88191217　发行部电话：010 - 88191522
网址：www. esp. com. cn
电子邮箱：esp@ esp. com. cn
天猫网店：经济科学出版社旗舰店
网址：http://jjkxcbs. tmall. com
固安华明印业有限公司印装
710×1000　16 开　15 印张　240000 字
2024 年 7 月第 1 版　2024 年 7 月第 1 次印刷
ISBN 978 - 7 - 5218 - 5885 - 3　定价：76. 00 元
（图书出现印装问题，本社负责调换。电话：010 - 88191545）
（版权所有　侵权必究　打击盗版　举报热线：010 - 88191661
QQ：2242791300　营销中心电话：010 - 88191537
电子邮箱：dbts@ esp. com. cn）

前　言

在构建以国内大循环为主体、国内国际双循环相互促进的新发展格局背景下，直播被传统零售电商作为快速、有效的销售渠道，成为促进大消费、实现大循环的重要力量，对提升电商销售效果、引领全球电商新发展具有重要意义。近年来，由于互联网技术的发展和移动终端的普及，直播开始风靡全球，逐渐走进大众生活。在直播中，个体能够自由参与到主播直播间，并给心仪的主播赠送虚拟礼物，购买主播推荐的商品。这种通过直播的实时互动来销售产品或服务的模式，即直播商务业已成为企业重要的营销手段。比如，在新冠疫情的影响下，"全民直播"时代来临，直播商务市场创历史新高，2020年中国直播电商市场规模达到9610亿元。①

作为一种普遍的消费现象，线下冲动性购买占据了消费者购买决策的60%，而在线消费者的冲动性购买更加明显。尤其是直播商务实现了产品的生动展示，加深了主播和消费者的实时互动，让消费者更容易产生冲动性购买。因此，研究直播商务中消费者冲动性购买，对于加速商品市场流通、提高企业的营销效果具有较强的现实价值。虽然目前学术界对直播商务及其情境中的消费者冲动性购买保持了一定的关注，但理论研究远远落后于商业实践，仍然较为零散，缺乏系统性。

因此，基于沟通理论、意义维持模型、产品涉入理论和"S－O－R"模型，本书从主播行为方式、消费者认知、产品属性和场景氛围四要素对直播商务中消费者冲动性购买进行系统探讨，通过情景实验、问卷调

---

① 柒柒. 中国直播电商报告：2020年市场规模将达9610亿，档口直播将成重要发展趋势 [EB/OL]. 艾媒网，2020－02－17，https：//www.iimedia.cn/c460/69068.html.

查等形式收集直播消费者数据并进行了处理，研究结果如下所述。

（1）从主播行为方式的角度而言，主播沟通风格和直播商务平台类型的交互作用对消费者冲动性购买产生积极作用。在主播社交导向型沟通风格的情况下，相对于传统电商型，娱乐内容型的直播商务平台会使消费者产生更强的冲动性购买；在主播任务导向型沟通风格的情况下，相对于传统电商型，娱乐内容型的直播商务平台会使消费者产生更弱的冲动性购买。而准社会互动在上述关系中发挥中介作用，消费者孤独感发挥了调节效应。

（2）从消费者认知的角度而言，消费者相对剥夺感对冲动性购买具有正向影响。逃避动机、感知自我效能和自我损耗在相对剥夺感与冲动性购买间起着同步、链式中介作用。触发消费者产生强冲动性购买的三类模式中，模式"高相对剥夺感×高感知自我效能×高自我损耗"的解释力要大于其他两类。触发消费者产生弱冲动性购买的三类模式中，模式"高教育程度×低相对剥夺感×低逃避动机×低感知自我效能"的解释力最大。较强或较弱的相对剥夺感都能触发消费者强冲动性购买中的两条路径，弱相对剥夺感是消费者弱冲动性购买三条路径中的共有因素，应予以重点关注，并充分考虑其前因条件的组合效应。

（3）从产品属性的角度而言，影响产品认知性涉入的六个主要前因，即产品的货币价值、感知产品质量、感知产品稀缺性、产品设计的功能、产品信息即时反馈、感知主播的产品知识，均在结构方程模型—人工神经网络的两阶段分析中对产品认知性涉入具有积极的影响。在影响产品情感性涉入的六个前因变量中，产品的货币价值、感知产品质量、感知产品稀缺性、产品信息即时反馈、感知主播的产品知识对产品情感性涉入有积极影响，但并未发现产品设计的功能对产品情感性涉入产生影响。在影响消费者冲动性购买意愿的两个主要前因中，产品认知性涉入与产品情感性涉入均存在显著影响。在影响消费者冲动性购买行为的三个主要前因中，产品认知性涉入、产品情感性涉入、冲动性购买意愿对冲动性购买行为都有显著影响。

（4）从场景特征的角度而言，直播场景氛围线索与冲动性购买意愿呈显著正相关，心流体验在上述关系间起部分中介作用，中庸思维在上述关系中起负向调节作用，也调节心流体验在氛围线索与冲动性购买意愿间扮演的部分中介角色。

总而言之，基于"人—货—场"的研究视角，本书系统探讨了怎样提高直播商务中消费者冲动性购买的问题，较为全面地分析了在不同直播商务情境中（主播沟通风格、消费者相对剥夺感、产品属性与场景氛围线索）消费者冲动性购买的形成机理。研究的创新点主要表现在以下三个方面：一是重点考察了直播商务消费者冲动性购买的影响因素，丰富了当前对直播商务消费者冲动性购买前因的研究，深化了对直播商务消费者冲动性购买的理解。二是拓展了主播、消费者、产品、场景因素对直播商务消费者冲动性购买的作用机制，系统性刻画了直播商务消费者冲动性购买的形成路径。三是从平台类型和个体特质因素探讨了直播商务消费者冲动性购买的调节作用，深入地揭示了直播商务消费者冲动性购买有效性的边界条件。

根据所提出的理论模型及相关实证结果，本书为直播平台、主播和商家提高消费者冲动性购买提出了策略建议。第一，要丰富直播吸引力。直播内容应该更加生活化和个性化，充分地展示主播才艺、技巧及特色资源，增加消费者的使用效能，提高粉丝黏性与使用体验，强化愉悦度和沉浸感。第二，要加深与消费者互动。充分利用直播平台的社交性，结合所使用的平台确定合适的沟通风格，重视消费者的实时互动反馈，提高主播的服务质量，让消费者体会到存在感，补偿不能通过感官直接接触商品的缺憾。第三，要重视消费者个人特质。对于相对剥夺感程度不同的消费者实行差异化细分，并且根据东方文化情境中消费者的个性、习惯，制定恰当的商业方案，讲好营销故事。第四，要确定有效的营销策略。通过合理的产品售价及优惠券等促销手段，让消费者感知到产品物超所值，并且通过有效展示产品质量，让消费者相信主播的专业性。第五，要营造引人入胜的氛围线索。开发便捷易控的沟通渠道、明了的布局和简洁的链接，烘托产品的稀缺氛围，通过限时、限量的营销手段，让消费者感知到产品的有用、有效、有趣，激发消费潜力。

目　　录

第1章　绪　　论

本章分析目前我国直播商务迅猛发展的现实背景，并结合已有理论文献找到研究缺口，提出本书探讨的四个理论问题，通过明确研究目的和意义说明研究的必要性，阐述研究内容与使用的方法，论证研究的可行性，最后总结研究的创新之处。

1.1　研究背景与问题

1.1.1　研究背景

2011 年以来，由于互联网技术的发展和移动终端的普及，网络直播逐渐成为社会生活的常态，并衍生为新的网络商业风口（Hu et al.，2017）。通过直播销售产品或服务的模式业已成为企业重要的营销手段（Chen et al.，2020）。比如，抖音、快手等直播视频平台融入电商功能，淘宝、京东等电商 App 也纷纷嵌入直播模块。

随着网络直播和电商平台的紧密结合，直播商务，即通过直播的实时互动促进商品/服务销售的新型商务形式应运而生，成为了"新零售"时代企业产品销售和品牌推广的重要手段。它不仅促使消费者沉浸于直播购物，更实现了线上与线下的联动营销，吸引了不同时空的消费者群体，在产品展示、时间成本、购物体验和销售逻辑等方面展示出天然优势。相对于传统社交媒介来说，成本低廉、方便快捷、互动性强等数字化直复营销优势使得直播商务备受青睐。在万物互联时代和"双循环"新发展格局下，直播商务通过与社会价值链及多种文化生态有机融合，催生更多新产业新业态新模式（赵树梅和梁波，2021）。另外，学术界对网络直播的关注也与日俱增，已有研究关注了用户的使用意愿（Long and Tefertiller，2020）、持续关注（Hu et al.，2017；Lim et al.，2020；Singh et al.，2021）、礼物赠送（Li and Peng，2021）和购物意愿（Xu et al.，2020；Zhang et al.，2020a；Ma，2021）。伴随网络直播的快速发展，直播商务的理念逐渐得到学术界的普遍认同（Chen et al.，2020；Xu et al.，2020），但是发展仍然处于起步阶段。

（1）互联网技术的不断突破，推动了直播商务的迅猛发展。

作为即时记录和广播的媒体，网络直播能通过一种或多种通信技术将图像和声音迅速传播，用户则依赖即时讯息、游戏组队和礼物赠送来与主播互动，产生身临其境的感觉（Hamilton et al.，2014；Oh and Choi，2017；Li and Guo，2021）。移动设备的普及、直播平台的天然流量、直播的低门槛，都是直播当前的优势所在。从信息的传播来看，直播使消费者获取信息的迅捷速度以及直播为消费者带来的真实感，是其他技术难以实现的，因此直播商务必定会成为企业营销的重点领域。

淘宝、天猫、京东等知名电商平台，抓住"6·18""双十一""双十二"等特定节点，通过直播商务实现了巨大的销售额，获得了较高的产品销售转化率。比如，2020 年"双十一"购物狂欢节期间，33 个淘宝直播间成交额过亿元，近 500 个直播间成交额过千万元。[①] 特别是新冠疫情导致了部分实体店铺歇业，传统商业遭受了严重打击，直播在各行各业迅速发展，直播+卖房、直播+教育、直播+旅游等"全民直播"时代来临，网络直播市场创历史新高，2020 年中国直播电商市场规模达到 9610 亿元[②]，直播商务在推动我国经济增长和新旧动能转换上发挥了重要的作用。例如，

---

① 淘榜单.2020 淘宝直播双 11 商家直播数据报告 ［R/OL］. 2020.11.16，https：//www.cbndata.com/report/2470/detail？isReading = report & page =1.

② 柒柒.中国直播电商报告：2020 年市场规模将达 9610 亿 ［EB/OL］.档口直播将成重要发展趋势，2020 - 02 - 17，https：//www.iimedia.cn/c460/69068.html.

直播商务可以实现消费端需求的精准匹配，一方面解决了消费者对于平价高质产品的需要，另一方面也为商家迅速消化大量应季产品库存提供了新路径。因此，研究直播商务中的消费者行为，对于加速商品市场流通、提高企业的营销效果具有较强的现实意义，也成为学术界聚焦的领域。

（2）用户的活跃程度和状态，成为直播商务重要的竞争优势。

直播商务属于社交商务的重要种类，与"网红经济""内容营销"有相似之处。消费者是直播商务的核心要素，在直播购物过程中，要想提高销售效果，就应该让消费者产生回到"商店"的错觉，形成更加"自然"的购物体验。据中国互联网信息中心（CNNIC）发布的《中国互联网络发展状况统计报告》①，截至 2021 年 6 月，我国网络直播用户规模达6.38 亿人，同比增长 7539 万人，占网民整体的 63.1%。其中，电商直播用户规模为 3.84 亿人，同比增长 7524 万人，占网民整体的 38.0%。根据CNNIC 的数据，本书绘制了 2018 年 6 月至 2021 年 6 月间网络直播用户规模及使用率，如图 1 - 1 所示。目前，已经出现了电商购物、游戏直播、体育直播和秀场直播等常见的直播形式，其中直播购物已成为企业重要的营销工具和电子商务销售增长的原动力（Ma，2021）。

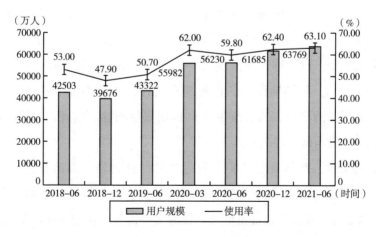

图 1 - 1　2018 年 6 月 ～ 2021 年 6 月网络直播用户规模及使用率

资料来源：CNNIC 中国互联网发展状况统计调查。

① http://www.cnnic.cn/hlwfzyj/hlwxzbg/hlwtjbg/202109/t20210915_71543.htm。

流量是直播的关键。直播平台、主播需要不断吸引用户进入直播间，推动用户产生实际消费行为，获得流量迅速变现。例如，2020 年 10 月 21 日凌晨，WY 和 LJQ 的直播间在线人数超过 1 亿人，"双十一"活动开启首日两个直播间带货总额将近 70 亿元。公域流量①与私域流量②无缝对接和转换，能够实现人、货、场在不断互动过程中更加紧密地连接（赵树梅和梁波，2021）。

（3）产品供应链渠道优势，成为直播商务领先发展的关键。

直播商务模式中，产品的供应链优势被放在比传统零售更重要的地位。直播平台、知名主播都意识到其推荐的产品供应链的重要性，不断掌握优质产品资源，以扩大自身的品牌影响力。比如，2020 年 5 月，快手知名主播 XB 上线了"X 选供应链平台"App，将其打造成"XXX 严选"的入口；WY 在杭州也创立了"超级供应链平台"，成为其带货选品的重要途径。

在此模式里，供应链中间过程缩短，较好地实现了营销与销售之间的有机统一，并降低了渠道的管理费用，带有明显的价格优势，同时会促进商品描述的更新（文字→图文→音频→视频→直播互动），提升信息交互效率。直播产品供应端可以直接对接消费者，缩短产品与消费者的距离，减少因为中间环节过多导致的牛鞭效应，确保供应链的运作属于真实需求驱动，也能够有效减少冗余库存。比如，通过主播在直播间与消费者的互动，能够确保产品评价的真实性，通过小批量产品的抢购，判断成为爆品的概率，为后续的生产计划提供指导。因此，直播产品供应链兼具柔性与敏捷性的特点。

总的来说，产品供应链实现的是产品的低价格、多销量、优质量，成为了直播商务竞争力的体现。在"人、货、场"构建的直播商务中，"货"属于各个发展阶段都不应该忽视的重要因素。从起步阶段的低价优质产品引流，到发展阶段靠商品品质积累口碑，再到提升阶段需要品牌

① 公域流量是指在公共范围内每一个客户都能通过公开渠道购买或对接获取的流量。
② 私域流量是指客户可以自由反复利用，无须付费，又能随时触达的私有流量。

与差异化商品形成竞争力，最后通过主播的影响力实现产品的品牌化发展。

（4）场景氛围的动态营造，成为直播商务提质升级的保证。

传统零售中，产品的摆放位置、店铺整洁程度、店铺装修布置、氛围（如背景音乐的选取）、广告等场景因素都得到了有效关注（Badgaiyan and Verma，2015）。在直播商务时代，场景更是被提到了前所未有的位置。企业通常以产品属性和人群画像为依据，搭建产品和用户需求相匹配的场景。比如，LYH 的抖音直播间注重背景、色彩搭配的效果，背景上时时呈现与产品相关的视频或图片等信息，让直播时的角色设计和体验式场景成为可能，带给消费者良好的视觉效果。

总之，近几年，直播商务表现出强大生命力，在理论界与业界得到广泛关注与应用。消费者属于直播商务的目标对象，其行为特点受到广泛关注。主播作为直播商务的内容创造者，通过上传视频游戏、才艺表演、日常生活等实时视频和音频，满足用户的多样化需求。产品是直播商务的核心，物美、价廉、优质、名品成为了直播间的核心竞争力。场景的打造能够有效刺激直播消费者的消费冲动，让其沉浸其中，获得享受、愉悦的体验。同时，直播商务的迅速发展对企业现有营销方式和消费者购买行为造成了一定冲击，通过"人"的因素、"货"的因素和"场"的因素系统性探讨消费者行为，具有重要的价值。

1.1.2 研究问题

冲动性购买是一种常见的消费者行为，其特点是自发的、不可抗拒的、强大的、持续的立即购买产品的欲望（Rook，1987；Bayley and Nancarrow，1998；Parboteeah et al.，2009）。意外或计划外购买约占消费者购物篮的 60%（Mattila and Wirtz，2008），而在线冲动性购买的可能性比线下高 5%（Nielsen，2017）。冲动行为对消费者购买的显著影响，表明了它在零售业务中的重要性（Hausman，2000），既有助于零售商提高零售额（Park et al.，2012），也有助于消费者通过购买立即达到自我实现的享乐状态（Verhagen and Van Dolen，2011）。虽然冲动性购买有可能导致消费者退换货增多和非理性消费增加（Lim et al.，2017），但是消费者的购买决策或多或少都带有冲动性的色彩。因此，在电子商务环境中，关于促进消费者冲动购买的因素，引起了广泛的关注。

那么，作为一种全新的、更有力的营销方式，直播场景对消费者购买行为到底会造成什么样的影响？在直播平台的作用下，消费者购买行为是否会更加冲动？存在哪些因素影响消费者冲动性购买？基于当前的直播商务发展现状及已有研究实际，本书旨在探讨以下四个研究问题。

第一，直播商务中，主播行为方式如何对消费者冲动性购买产生影响，其中的作用机制与边界条件是什么？

在直播商务中，主播属于内容提供方，围绕产品信息提供一系列推荐策略，对消费者产生直接的消费引导。已有研究表明，电商直播由生产者（品牌）、平台、MCN（多频道网络）、主播和观众等五方组成。对于专业的主播，比如 WY、LJQ、XB，他们与 MCN 合作，与制作人协商选择要播出的产品，然后主播通过直播推广产品（Huang et al.，2020）。据艾媒咨询（iiMedia Research）调查，2019 年中国淘宝直播平台大约有20000 个电商主播[①]。对于这些庞大的主播群体而言，不同的主播特征，不同的营销策略对消费者的影响都不一样。李和彭（Li and Peng，2021）的研究证明了主播特征（可信度、专业度、吸引力）对用户赠送礼物的影响。吴娜等（2020）分析了主播与用户沟通风格相似会提升主播吸引力，影响购买意愿。

因此，本书响应吴娜等（2020）的研究，聚焦于主播沟通风格的影响，并尝试了解直播商务平台类型的作用。具体而言，探讨主播沟通风格与直播商务平台类型的交互怎样影响消费者冲动性购买，及其中准社会互动的中介作用和消费者孤独感的调节作用。

第二，直播商务中，消费者认知如何对冲动性购买产生影响，其中

---

① 直播行业数据分析：2019 年中国淘宝直播平台主播人数为 20000 人［EB/OL］. 艾媒网，https：//www.iimedia.cn/c/061/69517.html.

的作用机制与因素组合是什么？

消费者属于直播商务的目标对象，是检验直播商务成功与否的关键所在。为了吸引用户、获得流量、提高转化率，直播平台、商家和主播采用不同的营销策略。随着获客成本的提高，基于消费者个人特征提供差异化营销策略就更加必要。已有研究证明个人因素是影响消费者行为的主要因素（Kotler and Keller，2016），也是导致用户是否使用直播的重要因素（Xu and Ye，2020）。用户的交流、逃避、寻求乐趣、寻求伙伴关系和社交互动的需求成为了重要的直播观看动机（Long and Tefertiller，2020）。但是，目前从消费者个人认知的角度分析产生冲动性购买的研究较为缺乏。而相对剥夺感更被认为是一种十分普遍的主观认知和情绪体验。

因此，本书试图探讨消费者相对剥夺感对冲动性购买的影响。并通过结构方程模型分析逃避动机、感知自我效能、自我损耗的链式中介作用，通过模糊集定性比较分析揭示上述不同变量如何匹配和相互作用，不仅考察影响冲动性购买的单个变量的净效应，而且进一步探索其多个前因的组合效应。

第三，直播商务中，产品属性如何对消费者冲动性购买产生影响，其中的影响因素及其重要性排序是怎样的？

产品供应链是直播商务的竞争力所在，价格、质量、稀缺、品牌等产品特性成为了消费者购买与否的影响因素。不同的电商平台、主播都在建立自己的产品供应链，比如快手平台建立了好物联盟，作为快手自建的分销与推广平台，不断靠近供应链源头，降低产品的分销成本，关注产品的品牌与质量。已有研究表明，享乐、低价、即用等普遍性产品属性因素对线下冲动性购买具有积极影响（Kacen et al.，2012）。阿摩司等（Amos et al.，2014）则发现价格、产品功能和对质量的看法等产品属性对冲动性购买也有影响。然而，直播商务中产品的属性对冲动性购买的影响是否和其他商务形式保持一致呢？

因此，本书通过结构方程模型从产品一般属性和在直播情境中特有属性的视角来探讨消费者冲动性购买行为的使用因素，并通过人工神经网络分析对结构方程模型中具有显著影响的前因变量进行重要性排序。

第四，直播商务中，直播场景特征如何对消费者冲动性购买产生影响，其中的作用机制与边界条件是什么？

场景在直播商务实践中得到前所未有的重视，良好的场景氛围能快速吸引消费者，导航系统界面的友好型、便捷度会加速与消费者的互动，在短时间内达到引流的效果。信息技术的进步（更好地展示感官刺激）和消费者更多通过网上购物，使消费者在网上环境中对刺激做出反应，这与传统购物环境中的反应方式大致相同（Kacen，2003），并刺激在线冲动购买行为（Park et al.，2012）。李和彭（Li and Peng，2021）则探讨了直播场景特征（临场感、即时反馈、互动性、娱乐性）对用户给主播赠送礼物的影响。但是，从直播商务中氛围线索的角度讨论消费者冲动性购买的影响还比较欠缺。

因此，本书通过多元线性回归探讨直播场景氛围线索对消费者冲动性购买意愿的影响，探讨消费者心流体验的中介作用和中庸思维的调节作用。

1.2　研究目的和意义

1.2.1　研究目的

近年来，直播商务在中国及其他东南亚国家得到迅速发展，如何有效吸引、刺激消费者产生冲动性购买行为，如何从"人—货—场"研究视角有效构建直播商务中消费者冲动性购买的影响因素框架，在理论和企业营销实践上都具有重要意义。

本书旨在以我国直播消费者为样本，丰富"人—货—场"研究视角，系统性探讨直播商务中"人"的因素、"货"的因素和"场"的因素对冲动性购买的影响机理，打开直播商务消费者冲动性购买"黑箱"，并为直播平台、商家和主播等主体提供一定指导，研究框架如图1-2所示。具体研究目的如下所述。

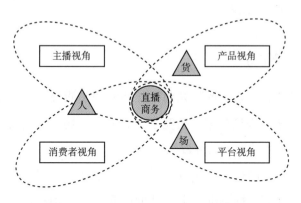

图1-2 "人—货—场"视角的研究框架

（1）深入洞察直播商务中主播行为方式的影响，通过研究主播沟通风格与直播平台类型的交互效应对消费者冲动性购买的影响，探索准社会互动的影响机制和消费者孤独感的边界条件，并对其作用关系进行深层次研究，为直播平台、商家和主播发挥"人"的功能增强营销效果提供有效的策略。

（2）深入探讨直播商务中消费者认知的影响，通过构建消费者相对剥夺感对冲动性购买的理论模型，揭示逃避动机、感知自我效能、自我损耗的链式作用机制与组合效应，并对其作用关系进行深层次研究，为直播平台、商家和主播有效结合"人"的差异增强营销效果提出相应的对策。

（3）深入分析直播商务中产品属性的影响，通过构建直播商务中不同的产品属性对消费者冲动性购买的理论模型，揭示产生效果的影响因素，并对其作用关系进行深层次研究，为直播平台、商家和主播利用"货"的价值提高营销效果给予合理的建议。

（4）深入理解直播商务中场景特征的影响，研究构建直播场景氛围线索对消费者冲动性购买的理论模型，揭示心流体验的中介作用和消费者中庸思维的调节作用，并对其作用关系进行深层次研究，为直播平台、商家和主播把握"场"的作用提高营销效果带来一定的启示。

1.2.2 研究意义

1.2.2.1 理论意义

本书通过"人—货—场"视角系统性构建了直播商务中消费者冲动性购买影响因素的理论框架，拓宽了"人—货—场"研究视角的应用场景，完善了冲动性购买的研究成果。

第一，从主播的视角，探讨直播商务中主播沟通风格与直播商务平台类型的交互效应，探索准社会互动的中介机制和消费者孤独感的调节作用，丰富了冲动性购买的理论文献。

近年来，沟通风格受到许多学者的关注，他们认为沟通风格在解释销售差异上具有显著性和情境性，不能简单决定何种沟通风格对加强消费者的购买意愿更有用，而需要结合顾客风格等情境因素而灵活改变（Williams and Spiro，1985；Miles et al.，1990；Hu et al.，2017）。并且，现有沟通风格与消费者行为的研究主要集中在 AI 机器人领域（Liebrecht et al.，2020），关于直播场景主播的沟通风格需要进一步探讨。本书拟从沟通理论的角度探讨主播沟通风格与直播商务平台类型的交互效应，并探索可能的作用机制和边界，回应了吴娜等（2020）、吴娜（2021）关于主播沟通风格研究的呼吁，拓宽了沟通理论的应用场景，进一步完善了主播行为方式影响消费者冲动性购买的相关研究。

第二，从消费者的视角，探讨直播商务中消费者相对剥夺感与冲动性购买的关系，以及逃避动机、感知自我效能、自我损耗在其中的影响机制，为今后冲动性购买提供了参考。

现有直播场景中消费者冲动性购买行为影响因素的研究主要关注了产品展示形式的清晰度和互动性等营销策略因素（Cheng，2020）、主播和他人积极情绪等人际环境因素（Cheng，2020）、消费者对产品的价格估计等个体因素（Jiang and Cai，2021）。但是，个体认知是否会引发直播场景的消费者冲动购买仍然缺乏文献证明。本书拟从意义维持模型的角度探讨其中的关系,并考虑影响路径的组合效应,进一步拓宽了意义维持模型的应用场景,丰富了消费者心理认知影响冲动性购买的理论文献。

第三,从产品的视角,全面考虑了不同的产品属性对消费者冲动性购买的影响,分析了产品涉入在其中的作用,为产品属性影响消费者冲动性购买贡献了新的知识。

现有研究虽然关注了部分产品因素,比如展示产品形式的清晰度 (Cheng, 2020)、消费者对产品的价格估计 (Jiang and Cai, 2021)、产品质量与品牌 (Chen et al. , 2020),但是,缺乏完善框架探讨产品一般属性和在直播情境中特有属性的作用。同时,本书在产品涉入理论的基础上,进一步将其分为情感性涉入和认知性涉入,并探讨其在产品属性与冲动性购买间的关系,确定了不同影响路径的强弱,为直播商务中消费者冲动性购买研究提供了新的研究视角。

第四,从场景的视角,强化了直播场景氛围线索对消费者冲动性购买影响的认知,并揭示了消费者心流体验和中庸思维在其中的过程机理,为进一步的冲动性购买研究提供帮助。

现有文献分别研究氛围线索、心流体验、中庸思维及冲动性购买的居多,而将其交叉融合研究的较少,对直播场景氛围线索是否可以直接或分别以心流体验为中介,中庸思维是否发挥调节作用而间接地作用于冲动消费的研究还有待深入。本书进一步响应了其他学者应用"S - O - R"模型考虑直播商务中的消费者行为研究 (Lee and Chen, 2021; Ming et al. , 2021),对于提高直播平台的内容质量和竞争能力,增强直播营销的效果具有现实价值,同时,也有助于打开消费者冲动消费的"黑箱",丰富消费者购买行为研究领域。

1.2.2.2　实践价值

本书的实践价值表现在以下四个方面。

第一,有助于引导企业、商家和主播明确直播商务重点,结合所处平台类型，选择更加合适的沟通风格，为提高直播商务销售转化率提供直接指导。

商家和主播应该树立以"顾客"为中心的思想，结合销售所选平台的特点，实现两者的良好匹配。然后，直播平台、商家和主播应充分激发消费者在观看直播过程中的准社会互动，激发消费者产生积极的认知情感体验。最后，商家和主播应该通过大数据对消费者进行用户画像，针对孤独感程度不同的消费者采用不同的营销策略。通过对沟通风格匹配策略的有效使用，提高商家和主播沟通风格匹配策略的效果。

第二，有助于引导企业、商家和主播把握直播商务的关键，更加重视直播消费者个人认知，实行差异化的营销策略，为提高直播营销效果提供重要的理论指导。

直播平台和主播要重视直播消费者认知。相对剥夺感作为移动互联网情境下消费者的新特点，直播平台和主播对于相对剥夺感程度差异的消费者要实行差异化的营销策略，充分利用直播平台的社交性，更加注重与消费者的沟通，提高非消费者的使用效率，增加消费者的愉悦感和沉浸感，并且要根据东方文化情境中消费者的个性、习惯，制定合理的商业策略，讲好营销故事。

第三，有助于引导企业、商家和主播厘清直播商务的路径，更加重视产品属性，更加严格地控制产品质量，运用更加灵活的话术，为提高直播商务营销效果提供重要的管理策略。

商家和主播应该合理定价，设置多样化的营销活动，通过限时限量的营销策略让消费者感受到产品的稀缺氛围，有效展示产品质量，丰富产品的使用场景，完整体现产品的多用途，让消费者认可产品的有用性，引导消费者产生积极认知，提高消费者的冲动性购买。并且，结合研究得到的产品属性影响权重，有针对性地实施营销策略。

第四，有助于引导企业、商家和主播理解直播商务的机制，更加重视场景的营造，合理有效地设计平台界面、信息内容和导航设计，为提高营销效果提供重要的对策和建议。

商家和主播将信息技术作为与消费者之间的互动媒介和传输桥梁，

开发便捷易控的沟通渠道、明了的布局和简洁的链接，补偿消费者不能通过感官直接感知商品的缺憾，增强直播平台和主播界面的活跃度，吸引更多的消费者参与。同时，平台设计嵌入体验性元素，从消费者视角提供易操作、个性化、趣味性的平台界面，加深消费者的愉悦度和沉浸感，从而有效地提高消费者的冲动性购买。

1.3　研究内容与方法

1.3.1　研究内容

本书共包含七章，每个章节的具体内容如下所述。

第1章为绪论。首先，本章在阐述研究背景的基础上，提出了研究问题，详述了研究内容。其次，总结了采用的研究方法和内容结构，阐明了全书的研究架构。最后，阐述了本书的创新点。

第2章为文献综述与研究框架。对直播商务相关的研究进行回顾，并对冲动性购买相关话题进行了文献计量分析，总结出直播商务和冲动性购买的研究现状，并识别出该研究背景下的热门研究主题。基于精炼出的文献，综述了直播商务和冲动性购买的相关研究，包括定义、现状等相关文献。在理论基础方面，本章内容分别对"人—货—场"分析视角进行了文献回顾，并对"人—货—场"下的直播商务消费者冲动性购买进行了总结。

第3～6章分别介绍了四个研究内容。基于说服理论，研究一探讨主播沟通风格对消费者冲动性购买的影响；基于意义维持模型，研究二分析消费者相对剥夺感对冲动性购买的影响；基于产品涉入理论，研究三厘清了产品属性对消费者冲动性购买的影响；基于"S－O－R"模型，研究四阐明了直播场景氛围线索对消费者冲动性购买的影响。四个研究在问题提出、理论基础与假设推演、研究设计与方法、数据处理与结果分析、章节小结等部分进行详细阐述。

第 7 章为总结与展望。本章在总结全书主要结论的基础上，提出研究的理论贡献和实践启示，进一步总结了研究的局限性，展望了未来研究的可能。

1.3.2 研究方法

本书采用定量和定性相结合的研究方法，在大量研读文献和理论基础上，构建理论模型。为保障研究结论的准确性、规范性和严谨性，采用具体方法如下。

（1）文献研究法。对近 5 年来《消费者研究》（Journal of Consumer Research）、《管理信息系统季刊》（MIS Quarterly）、《国际信息管理杂志》（International Journal of Information Management）、《人类行为计算》（Computers in Human Behavior）、《管理世界》、《心理学报》、《南开管理评论》等中英文高水平杂志的相关论文进行阅读和整理，然后结合我国直播商务及其消费者的本土特点和时代特质，提出研究论点、思路和支撑理论，从而对变量关系进行假设推导，构建理论模型，为后续研究奠定扎实的理论基础。

（2）情景实验法。本书采用情景模拟的方法主动操纵实验条件，人为地改变研究对象的存在方式和变化过程。如在研究一中，以情景代入的方式将被试者代入不同的购物情景当中，通过实验进行定量研究。

（3）问卷调查法。为了确保数据结果的准确有效，本书采用国内外成熟量表，根据样本特点对量表进行调整，并对采集的我国直播商务消费者的数据进行整理和初步推断。

（4）统计分析法。本书主要采用 SPSS、MPLUS、Smart PLS 分析软件进行数据处理，包括单因素方差、多因素方差、独立样本 t 检验、验证性因子分析、相关分析、回归分析、结构方程模型等，以保障量表的信效度，验证各假设的数据结果，全面分析直播商务中研究一、研究二、研究三、研究四中各变量间的关系。

（5）模糊集定性比较分析法。本书采用模糊集定性比较分析（fsQCA）

检验研究二中非对称性的因果关系和复杂的配置组合形成的因果关系，探究直播商务中消费者冲动性购买的前因形成机理，区分消费者冲动性购买的充分或必要条件，分析直播商务中消费者冲动性购买前因的配置组合。

（6）人工神经网络分析法。本书通过人工神经网络法（artificial neural network，ANN）对直播商务中消费者冲动性购买的相关变量进行输入，分析研究三中变量之间的非线性关系，通过自学习能力，自动调节网络节点间的连接权重来拟合变量间的关系，具有较好的预测精度。

图1-3展示了本书的总体结构，包括理论基础、研究内容和分析方法，及其与各章节的分布关系。

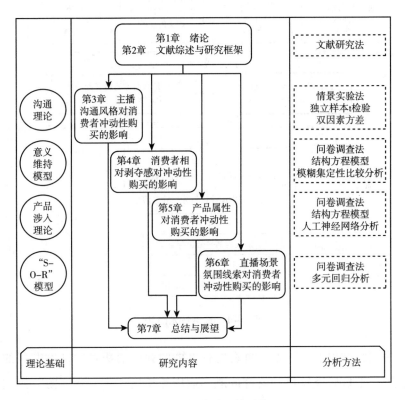

图1-3 本书的总体结构

1.3.3 技术路线

根据以上研究问题和研究思路,按照"发现问题—分析问题—解决问题"的基本流程,绘制了研究的技术路线,如图 1-4 所示。

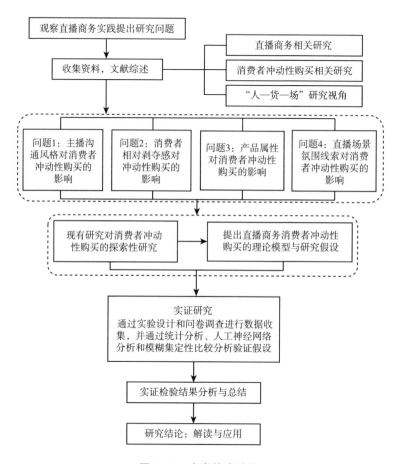

图 1-4 本书技术路线

在研究过程中,首先,明确现有直播商务中消费者冲动性购买的研究概况,剖析研究缺口和研究问题,运用并拓展"人—货—场"研究视角的作用场景,为实证分析奠定理论基础;其次,把握"人—货—场"研究视角中的关键问题,从"人"(主播和消费者)的角度、"货"(产品）的角度和"场"（场景氛围）的角度进行独立的实证分析，并通过情景实验和问卷调查得到研究结果，为后续的研究结论、理论价值、管理启示和不足及展望提供证据支持；最后，以上述研究结果为依据，注重与已有研究进行对比，明确研究发现所在，也从"人—货—场"视角为理论文献和管理实践提供新的知识，找准本书的不足之处并提出未来研究的突破口。

1.4　研究的创新之处

本书基于市场营销学、社会心理学与信息系统学等学科的理论研究成果，从消费者、主播、产品和场景氛围四个方面对直播商务中消费者冲动性购买进行了深入探究。消费者冲动性购买作为复杂多变的消费者态度和行为，刺激因素也相对更加多样。因此，本书聚焦主要变量对冲动性购买的影响，建立消费者冲动性购买的研究模型，具有以下三个方面的创新之处。

第一，重点考察了直播商务中消费者冲动性购买的影响因素，丰富了当前对直播商务消费者冲动性购买前因的研究，深化了对直播商务消费者冲动性购买的理解。已有研究大多从社会临场感、吸引力、可信度、购买便利性和产品价格等变量探讨对直播商务消费者冲动性购买的影响，但是模型中考虑的关键因素还不够全面。通过引入"人—货—场"的研究视角，整合主播沟通风格、消费者相对剥夺感、产品属性、场景氛围线索等关键要素，讨论这些要素与冲动性购买的关系连接，对直播商务消费者冲动性购买的形成过程进行了比较深刻的解读，也为后续直播商务消费者冲动性购买研究带来了新思路。

第二，深入拓展了主播、消费者、产品、场景因素对直播商务消费者冲动性购买的作用机制，系统性刻画了直播商务消费者冲动性购买的形成路径。具体而言，本书分别剖析了准社会互动、逃避动机、感知自我效能、自我损耗、产品涉入和心流体验如何产生并作用于消费者冲动性购买。通过不同的研究视角，详细揭示具体情境中直播商务消费者冲动性购买的形成机制，打开了直播商务消费者冲动性购买的"黑箱"，进一步深化了当前对直播商务消费者冲动性购买现象的认识，并为直播平台、商家和主播如何有效激发消费者冲动性购买提供了更具针对性的策略。

第三，从平台类型和个体特质因素探讨了直播商务消费者冲动性购买的调节作用，系统性揭示了直播商务消费者冲动性购买有效性的边界条件。为了深刻理解直播商务消费者冲动性购买的产生，除了考察"人""货""场"因素的直接作用，还进一步揭示了上述作用的边界条件。研究一聚焦于主播沟通风格与直播商务平台类型的交互作用及消费者孤独感的调节作用，研究四探究了中庸思维在消费者冲动性购买中的负向影响，为今后个体特质在消费者行为中的研究提供了新参考。总而言之，探讨这些调节变量的影响深化了对直播商务消费者冲动性购买的认识，拓展了当前研究对直播商务消费者冲动性购买边界条件的理解。

1.5 本章小结

本章内容基于直播商务实践，归纳了四个主要的问题，指出研究背景与问题，明确研究目的与意义，概括各章研究内容，阐述本书分析所需方法，提出本书的技术路线，然后从三个方面凝练了本书的创新之处。

第2章　文献综述与研究框架

本章从三个方面进行国内外文献的梳理和分析，即直播商务相关的研究、消费者冲动性购买相关的研究和"人、货、场"相关的研究。在梳理各方面文献后进行简要述评，旨在通过对已有文献的分析，了解本书与已有文献研究的关系，把握研究发展脉络，为后续研究奠定理论基础。

2.1　直播商务

近年来，由于互联网技术的发展和移动终端的普及，网络直播逐渐成为社会生活的常态，并衍生为新的网络商业风口（Hu et al.，2017）。在网络直播中，个体能够成为主播并共享自己的实时视频，也能作为观众参与到自己喜爱的直播间，最终实现用户与主播、用户与用户之间的扁平化、平等化和实时化交流（Hu et al.，2017；Zhao et al.，2018）。除了这种实时交流互动的"表演"外，直播也经常被当作有效的营销工具。直播促进了在线购物的真实性、可视化和交互性，聚焦于消费者更细致、更垂直的需求，吸引潜在消费者，提高转化率，并产生更快的销售效果（Hu and Chaudhry，2020）。例如，淘宝、京东等传统电商平台都纷纷开展了直播商务活动。与直播商务实践相伴而生的学术研究，也认识到直播商务的重要性，虽然关注时间较短，但处于迅速增长时期。本节主要集中对直播商务的概念及其衍生的相关研究进行综述。

2.1.1 概念界定

2.1.1.1 定义

传统电商的产品销售模式受限于信息技术，商家凭借图片、文字等形式单一的宣传方式向消费者介绍产品信息。在这种模式下，消费者只能单向浏览，在线阅读静态产品内容（如文字、图片、录制视频等）来获取产品信息，需要消耗大量精力去寻找产品，比较替代品并根据不同类型的信息进行评估，无法全面、准确、实时掌握产品信息，也不能享受到产品购买带来的实用价值和娱乐体验，因此消费者对产品的购买可能存在一系列的不确定性和风险感知，一定程度上减少了消费者的产品购买率（Kozlenkova et al.，2017；Xu et al.，2020）。

而在线直播平台不仅为主播精心构建了一个虚拟直播空间，更为消费者打造了一个实时追踪动态、获取准确信息的平台。在这里，观众可以与心仪的主播建立深厚的虚拟社交联系，实现即时的互动体验，同时在欣赏主播精彩表演的同时，享受一段轻松愉悦的娱乐时光（Sjöblom and Hamari，2017）。因此，直播商务作为一种新的商业模式应运而生，并显示出巨大的潜力。在电子商务和传统电视直播购物基础上，并得益于信息技术的持续发展，而衍生成即时互动、提供准确的产品（服务）信息、为消费者带来"真实"感受，并吸引消费者沉浸购买的直播商务形式。它包括直播媒体空间、直播媒体技术和基础设施所形成的网络环境，提供实时交互、娱乐、社交活动和具有无缝可用性线索的商务模式（Wongkitrungrueng and Assarut，2020；Xu et al.，2020）。总的来说，虽然现有的直播商务吸引了部分国内外学者的眼光，但尚未形成完善的、有针对性的、可操作的直播商务框架，其对消费者行为的影响路径、作用机制与边界条件尚未完全厘清。

由于直播商务的形成时间较短、发展迅速，学术界目前关于直播商务的定义尚未形成共识，大多结合具体的研究内容进行阐述。表2-1对相关具有代表性的定义进行了回顾，并分析了其共同点。

表 2 – 1　　　　　国内外学者对直播商务的代表性定义

文献	定义
Cai et al（2018）	一种通过直播整合实时社交互动的新型电子商务
Cai and Wohn（2019）	电子商务的一个子集，通过直播整合实时社交互动以促进购物
Xu et al（2020）	通过直播平台进行电子商务活动和交易的过程
Lee and Chen（2021）	主播利用电脑、手机等网络终端在直播中推广产品，并在短时间内提供购物链接以促进交易的营销行为
谢莹等（2019）	由于网络直播技术与线上销售平台的发展而出现的新型在线销售模式，主播通过直播平台采取演示和经验分享等形式，将产品信息更生动、立体地呈现在消费者眼前，提升其对推荐产品的购买意愿
赵树梅和梁波（2021）	通过某些大型平台（如互联网、展会、节庆活动等），使用直播技术进行商品线上或现场展示、咨询服务、引导销售的新型商业服务方式
李淼和华迎（2021）	集成实时信息流、实时社交互动进行商务活动的新兴商业模式，通过全方位实时展示和社交互动等方式，来辅助商品销售与促进消费的社交商务行为
费鸿萍和周成臣（2021）	基于直播平台开展的具有促进消费者参与和购买特征的新型线上销售模式

综合表 2 – 1 的分析，直播商务可以定义为以直播平台和信息技术为基础，保持了直播的趣味与互动，为消费者带来良好的营销体验，并明显促进了消费者对产品（服务）消费的直播销售活动。也就是说，直播商务是直播行业与垂直领域电商的结合，既具有直播强社交与高互动的优势，又融合了电子商务的产品销售目标。直播增强了数字营销的可信度，消费者通过与主播进行实时聊天，会更加关注焦点产品，也拉近了零售商与消费者的距离（Clement Addo et al.，2021）。与传统电商相比，直播商务在产品展示、时间成本、购物体验和销售逻辑等方面具有显著优势（Li et al.，2021b）。许多平台提供直播购物服务，比如，2016 年 5月淘宝在其 App 嵌入了直播功能，开辟了包含穿搭美妆、潮电数码、吃喝玩乐等数十个板块。通过直播平台，主播能够为消费者提供全面、即时更新的基本信息，比如商品特点、细节等使用内容。消费者在直播平台界面的评论区实时发送咨询问题或反馈意见，而主播、商家则在直播

间给观看直播的消费者发放红包或限时优惠券，以达到消费者"边聊边看边买"的营销效果。

2.1.1.2 特点

直播商务兼具多感官、强互动与高社交性的特征，为消费者营造了轻松愉悦的购物环境。第一，直播商务可以实现直观画面与声音的即时呈现。直播商务允许主播（在线卖家）以实时视频展示产品（Sun et al.，2019)，让消费者通过接触视听信息获得直观的感官刺激。第二，直播平台上主播与消费者的及时互动，让消费者能够获取最适合自己需求的个性化产品信息，获得身临其境、引人入胜的购物体验，并增强其与主播、商家间的关系（Haimson and Tang，2017; Wohn et al.，2018)，消费者可以更多观察到主播的外表和个性，从而对直播的外表、态度、魅力和能力产生好感（Hu et al.，2017)，也能让主播与商家精准掌握消费者的需求痛点及消费聚焦点，并适时调整营销策略。第三，直播商务给电商平台、商家、主播带来了全新的信息呈现形式，同时给消费者熟悉产品信息带来了更多可能，消费者可以通过在评论区提问，主播、商家通过语言讲解或亲身示范来即时回答问题，为客户提供高度个性化的服务和指导，更生动、便捷地让消费者形成对产品（服务）的深刻认识，刺激消费者产生更强的购买意愿，提高营销效果（Kim and Park，2013; Chen et al.，2017; Zhou et al.，2018)。

2.1.1.3 与其他商务形式的比较

直播商务作为一种全新的影响消费者购买的方式，具有将实时交互性与电子商务相结合的社交商务属性（Kang et al.，2021)。也就是说，直播商务既保持了传统社交媒体的特性，又具有某些独有的特征，如同时性（Scheibe et al.，2016)和真实性（Tang et al.，2016)。在直播商务过程中，主播的表情、语言及相关产品信息能够实时传递给消费者，虽然主播与消费者存在一定的空间距离，但是消费者可以通过在评论区发送文本信息与主播进行即时沟通，主播实现了与多位消费者进行直接、同时交流（Wongkitrungrueng et al.，2020），这提供了一种实时沟通的感觉（Bründl et al.，2017）。因此，直播商务属于社交商务的一种特殊形式。为了更好地理解直播商务的本质，表 2 - 2 对直播商务与其他商务形式进行了比较。

表 2 - 2 　　　　　　　　直播商务与其他商务形式的比较

项目	线下商务	电子商务	社交商务	直播商务
时空距离	地理上相近（Kozlenkova et al.，2017）	空间和时间的分离（Pai and Tsai，2011）	空间和时间的分离	空间上分离，但时间上接近
交流方式	面对面的口头/非口头交流	文字对文字的书面交流。有限的口头/非口头交流（Benedicktus et al.，2010）	各种交流方式并存，以文字为主	面对文字的交流
身份识别	可以观察到客户—卖家的身份	有关客户—卖家身份的信息是有限的（Rotman，2010）	依赖于社交圈分享，可以观察到客户的身份（Lin et al.，2017）	可以观察到卖家的身份
产品评价	产品评价最简单（Degeratu et al.，2000）	产品评价很困难	基于社交圈的互相分享，产品评价简单（Zhang and Benyoucef，2016）	通过实时视频，产品评价更容易
互动形式	商家与一个或几个客户同步互动	商家通过聊天框与一位客户进行互动	商家与消费者无明显互动，主要是用户生成内容（Huang and Benyoucef，2013）	商家与许多客户同步互动
消费模式	有限的搜索式 + 发现式	搜索式	发现式	发现式

资料来源：结合 Wongkitrungrueng et al（2020）的研究整理。

　　为进一步厘清直播商务的内涵，有必要理解直播商务可能存在的类型。国内外学者结合自己的研究场景、研究目的和研究视角，提出了不同的分类标准。一种是按照直播平台的类型对直播商务进行分类，包含商业活动的直播平台（例如抖音、快手）、电商或集成了直播功能的电商移动应用程序（例如淘宝、京东）、添加直播功能［例如脸书生活（Facebook Live）］以促进销售的社交网站（Wongkitrungrueng et al.，2020）。另一种是按照主播类型对直播商务进行分类，包括商家日常自我直播、明星网红代理直播、平台策划 PGC 直播（费鸿萍和周成臣，2021）。因此，借鉴已有学者研究成果，直播商务可以分为两种类型：一种是在已有的电商平台搭载直播功能，引入内容创作者，形成"电商＋直播"的运营模式；另一种是在短视频/直播平台内嵌电商功能，接入第三方电商平台或自建商务平台，形成"直播＋电商"的运营模式。

2.1.2 相关研究

2.1.2.1 影响因素

直播商务，即通过直播的实时互动促进商品/服务销售的理念也得到学术界的普遍认同，但是发展仍然处于起步阶段（Chen et al.，2020；Xu et al.，2020）。目前，对直播商务的研究呈现增长态势但仍然有限（Sun et al.，2019）。具体来说，集中于以下四个方面。

第一，已有研究探讨了直播商务中消费者的个体体验与动机。海姆森和唐（Haimson and Tang，2017）通过脸书（Facebook）与色拉布（Snapchat）直播的对比，发现了沉浸感、即时性、互动性和社会性是用户观看现场直播的重要吸引力来源。蔡等（Cai et al.，2018）以消费者动机理论为基础，提出了消费者在直播购物过程中的享乐动机和功利动机，并考察了这两种动机与购买意愿之间的关系。尹（Yin，2020）验证了感知易用性、情境因素和跟随他人的行为显著影响购买意愿，其中感知有用性的影响相对较小。胡等（Hu et al.，2017）研究发现，消费者在观看直播过程中可以获得良好功能体验、信息体验、娱乐体验和情感价值体验，这些体验会增加消费者信任和促进购买行为。冯俊和路梅（2020）应用 SOR 模型，并通过问卷调查，实证检验了消费者信任和心流体验在社会临场感和冲动性购买意愿间的间接作用。李琪等（2021）则基于详尽可能性模型（Elaboration Likelihood Model，ELM）和多重态度理论，将直播观众卷入度作为直播商务中的关键边缘线索，论证了其在感知信息有效性和情感态度中的积极作用。

　　第二，已有研究分析了直播商务中的主播特征。费鸿萍和周成臣（2021）通过行为实验证明了不同的主播类型（传统明星和网络主播）对消费者品牌态度和购买意愿的影响。鲁钊阳（2021）则通过计量经济学的方法证明了女性主播、政府官员主播和现场采摘场景直播分别比男性主播、非政府官员主播和非现场采摘场景直播对生鲜农产品电商发展的影响更为显著。杨楠（2021）则采用结构方程模型讨论了网红直播带货对消费者品牌态度的影响机制，其中网红直播带货的专业性、匹配度均对消费者信任和品牌态度产生正向影响。孟陆等（2020）通过混合研究方法，归纳、演绎证明了网红的可信性、专业性、技能性、互动性和吸引力作为信息源特性，能够对消费者购买意愿产生正向影响。吴娜等（2020）以相似吸引理论为基础，通过对 619 名直播消费者的调查，证明了主播与用户沟通风格相似性对消费者购买意愿的影响机制。马（Ma，2021）则认为，知名度高的网红推荐的产品更可能迎合消费者的自我展示需求，主播则可以被认为是时尚潮流的引领者，促进消费者的感知享受、社交互动和社交存在。

　　第三，已有研究论证了直播商务中的平台因素。黄思皓等（2021）基于精细加工可能性模型，证明了直播平台特征作为中央路径，对消费者的沉浸体验和满意度具有积极作用。龚等（Gong et al.，2020a）基于自我决定理论，从直播平台外观设计的角度探讨了其对消费者冲动性购买的影响，并发现了心理所有权和自我效能在其中存在的链式中介机制。龚等（2020b）则探讨了直播平台的信息内容对消费者冲动性购买的正向影响，并探讨了心理距离的中介作用和主播钦佩感的调节作用。卢等（Lu et al.，2018）研究认为，直播间氛围、直播的新奇性和直播的真实性，对用户态度和购买意愿具有显著影响。

　　第四，已有研究考察了直播商务中的产品影响。陈等（Chen et al.，2020）基于精细加工可能性模型，通过 545 名消费者问卷调查数据，证明了产品质量和感知主播知识对消费者购买意愿和愿意花费更多的直接路径。张等（Zhang et al.，2020b）利用准实验以及两个实验设计，证明了产品类型会调节直播对感知不确定性的负向影响。朴和林（Park and

Lin，2020）基于名人代言和匹配假设的相关研究，探讨了在中国网红直播购物的背景下，主播与产品匹配影响感知吸引力和可信度，产品内容匹配影响对内容的功利和享乐态度。陈和林（Chen and Lin，2018）指出，通过与主播的互动，消费者可以知道实际展示的产品使用信息、乐趣和体验。

2.1.2.2　结果变量

参与意图与购买意愿是直播商务研究中最普遍的结果变量（Chen et al.，2020；Ma，2021；Sun et al.，2019；Zhang et al.，2020b）。因为直播平台能够完美地迎合消费者对信息、参与和互动的需求，进一步增强消费者在线购物的愉快体验（Ma，2021），并产生了更大的动力来刺激冲动消费和享乐消费等消费行为。在此过程中，消费者获得了丰富的体验，如观看直播、与主播互动、唤醒感，并可能还希望在他们的社交网络中分享消费体验，例如通过脸书、微信、微博等方式（Xu et al.，2020）。

2.1.2.3　模型采用

从理论模型的应用来看，国内外学者还将管理信息系统的相关理论、模型衍生到直播商务的情境中，在丰富直播商务理论基础的同时，也增加了这些理论与模型的解释能力。苏（Su，2019）以技术接受模型为理论基础，探讨了感知有用性、感知易用性、沉浸体验、社会临场感和感知乐趣与消费者态度的关系，形成一个直播商务的消费者技术接受模型。马（2021）借鉴了使用与满足理论、网络外部性理论来评估直播购物意图的前因，提出了三种可能的消费者在直播背景下的购物意图：享乐（感知享受）、功利（效用和自我呈现）和社会满足（社交互动、社交存在）。陈等（2020）和李琪等（2021）则基于精细加工可能性模型，通过收集消费者的问卷数据，分析了直播商务中消费者购买意愿的影响路径。王和吴（Wang and Wu.，2019）应用了多媒体学习和信息搜索理论，对产品交互性、沟通即时性、同侪提示度等三种消费者参与的机制进行了分析，证明其对消费者态度和购买意愿的影响。孙等（Sun et al.，2019）

从 IT 可供性的角度构建了理论模型，研究了直播如何影响中国社交商务客户的购买意愿，探讨了能见度可供性、元语音可供性和指导性购物可供性能够通过直播参与影响消费者的购买意愿。谢莹等（2019）将通信领域的社会临场感理论引入直播商务的消费者行为中，探讨了社会临场感对消费者从众行为的积极影响，并分析了顾忌、用户产生信息信任度和唤醒作为其关系中的中介机制，自我构建和消费者与主播关系强度作为其可能的边界条件。

2.1.3　简要述评

通过对国内外已有研究的回顾，直播商务具有以下特点：一是国内外研究的区域相对集中，以东亚、南亚国家为主，比如现有研究大多以中国、韩国和泰国的直播消费者为样本。而中国直播商务的发展迅速且具有代表性（Ming et al.，2021），现有研究中很大一部分样本集中在中国，因此，本书基于中国情境探讨直播消费者购买行为具有重要的价值。二是国内外研究侧重点存在明显差异性，国内大量的研究属于定性分析，以更加宏观的视角分析直播商务产业的现状、问题和对策，而国外研究以实证研究居多，大多集中在某一特定因素的微观层面。本书通过调查中国直播消费者这一微观样本，为中国情境下的直播商务研究贡献新的知识。三是国内外研究相对宽泛，不够系统。已有研究大多将直播电商的特点与传播相结合，从吸引力、视听体验、沉浸理论等某个具体的点切入，缺乏从整体层面思考建构影响模型，并且方法较为单一，几乎没有混合研究方法对结论相互验证或进一步分析。因此，本书通过结构方程模型与人工神经网络、模糊集定性比较方法相结合的混合研究方法，对研究结果进行互相支持、印证和补充，以提高结论的解释力。

2.2　冲动性购买

冲动性购买在 20 世纪 40 年代正式作为学术研究的对象，广告机构通过对超过 50 种产品的调查，研究杜邦的消费者购买习惯，冲动性购买研究自此开始萌芽。随后，随着信息技术的发展，消费者的冲动性购买行为更加普遍，许多国内外学者对其进行了探讨。本节通过发展脉络、概念界定、相关研究、分析方法和研究述评对冲动性购买进行回顾。

2.2.1 概念界定

2.2.1.1 定义

冲动性购买是一种十分常见的消费者行为，成为市场营销的重要研究领域，不同的学者从不同视角进行了定义（Vohs and Faber，2007）。斯特恩（Stern，1962）较早对冲动性购买进行研究，并对其进行了分类。随后的研究将冲动性购买和计划外购买作为同义词使用（Kollat and Willett，1969），导致学者们认为冲动性购买与产品相关。在 20 世纪 80 年代，路克（Rook，1987）、路克和霍赫（Rook and Hoch，1985）的一系列论文阐明了冲动性购买的本质，明确了冲动性购买与个人相关，而非产品类别。这也导致了学术界对冲动性购买的重新定义，即消费者内部产生的立即购买的突然而强烈的冲动（Beatty and Ferrell，1998；Rook，1987）。一种普遍的观点认为，冲动性购买是突然、难以抗拒和享乐的复杂购买过程，在这种过程中，没有仔细考虑所有相关信息和选择，便很快做出购买决策（Bayley and Nancarrow，1998；Rook，1987）。琼斯等（Jones et al.，2003）则研究显示，冲动购物者是在不考虑后果的情况下做出意想不到的、不反映实际的、即时的购买决定。还有学者对冲动性购买的定义表达了其他的观点，如：冲动性购买是一种非计划性购买，倾向于快速决策和主观上的立即拥有（Luo，2005；Lee and Wu，2017）。

随着 20 世纪末信息技术的不断进步，电子商务得到了飞速发展，消费者的在线冲动性购买进入了学者们的视野。库法里斯等（Koufaris et al.，2001）则继续采用了线下购物场景中非计划性购买的概念。然而该概念存在一定的学术争议，即冲动作为一种不计后果的消极行为，会削减消费者认知在冲动性购买中的效果，同时也未重视外界环境的刺激作用（Hausman，2000）。除了检验线下零售动态在多大程度上适用于在线环境之外，学者们对在线冲动性购买的研究往往强调所嵌入购物网站功能的作用（Chan et al.，2017）。比如，用户可能会在浏览社交媒体或与其他用户互动时遇到他们不打算购买的产品或服务的推荐。在这种情况下，产品推荐会导致冲动性购买，这是一种突然的、强大的、持久的冲动，当受到环境中所遇到的刺激时立即购买（Yadav et al.，2013）。

国内学者在国外研究的基础上，也结合实际进行了总结。如李秀荣和梁承磊（2009）认为，冲动性购买是一种事前没有计划，在特定的环境刺激下产生的突发的、不计后果的购买行为。张洁梅和孔维铮（2021）研究表明，冲动性购买是消费者在接收到网络负面口碑的刺激后，唤醒不同强度的负面情绪，并且当消费者无法控制自己时，所产生的购买行为。张伟等（2020）则认为，冲动性购买是消费者事先没有购买计划或购买计划不明确，在借助各种移动端设备进入购物网站后，在营销刺激和系统操作等因素的综合作用下产生的购买倾向。

2.2.1.2　特征

阿卜杜勒萨拉姆等（Abdelsalam et al.，2020）对已有的研究进行系统性综述，发现冲动性购买具有以下六个方面的特征：（1）购买的意图和计划，如消费者在进入商店之前就计划并打算进行购买；（2）做出购买决定的时间，如个人花时间做出购买决定或突然当场决定；（3）购买伴随着强烈的感觉；（4）对购买后果的反映；（5）深思熟虑的购买，如消费者思考了对社交商务中在线冲动性购买的理解；（6）做出购买决定是对刺激的结果或反应。学者们对冲动性购买的界定都围绕上述某个方面或者多个方面，大多数的定义都集中在购买的意图和计划上，其次是做出购买决定的时间，以及伴随着购买的情绪（Abdelsalam et al.，2020）。因此，阿卜杜勒萨拉姆等（2020）得出结论，有必要进一步探讨冲动性购买的内涵，得到一个清晰、全面和通用的概念。以他们的研究为基础，本节进一步总结、完善了冲动性购买的特征，如表 2-3 所示。

表 2 – 3　　　　　　　　　　　冲动性购买的特征

特征	意义	参考文献
无计划的	购买之前没有预期计划	Vonkeman et al.（2017），Park et al.（2012）
无意识的	购买之前没有预先打算	Beattyand Ferrell（1998），Mittal et al.（2016）
快速做出购买决策	购买决定非常快速做出，没有消耗时间	Wu et al.（2016），Lim et al.（2017）
不可抗拒的	消费者会感觉到突然间有很强的冲动促使购买	Verhagenand Van Dolen（2011），Stern（1962）
不加思考地购买	消费者没有考虑是否需要和其他选择	Verhagen and Van Dolen（2011），Liao et al.（2016）
享乐性的	与情感和社会心理动机相关的享乐购买行为	Dey and Srivastava（2017），Sharma et al.（2006）
复杂性的	复杂的购买过程，可能具有满足多种需求的愿望	Bayley and Nancarrow（1998），Hausman（2000）
情感性的	在本质上是情绪化的，通常与情绪冲突有关	Sultan et al.（2012），Dey and Srivastava（2017）
刺激的结果	当个体在店铺做出购买决策的时候受到了刺激	Parboteeah et al.（2016）

2.2.2　发展脉络

通过文献计量分析回顾了冲动性购买的发展脉络。第一，对冲动性购买的文献进行统计分析，了解发文趋势。第二，通过 CiteSpace 软件进行共被引网络分析，了解学者的关注点及未来研究趋势。

2.2.2.1　国外发展动态

国外对消费者冲动性购买的研究起步较早，在 1960 年，沙弗（Shaffer）就讨论了冲动性购买或在店铺决策对食品购买的影响。国外学者关于冲动性购买研究的年度发表论文情况如图 2 – 1 所示。

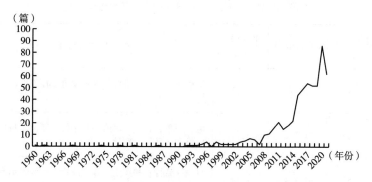

图 2 – 1　国外学术期刊"冲动性购买"发文趋势

注：该图根据 Web of Science 数据库篇名精确检索数据绘制而成。检索时间为 2021 年 8 月 21 日。

从文献总量来看，国外的冲动性购买发文数量前期趋于平稳，中后期发文量明显增加，说明冲动性购买这一领域逐渐引起了国外学者的关注和重视；从发展阶段看，经历了 1960～1992 年的零星萌芽期、1993～2008 年的波动发展期、2009～2021 年的急速增长期 3 个阶段。从 20 世纪中后期开始，消费者冲动性购买开始引起国外学者的关注，主要的学术群体为营销学和农业经济学领域的学者，随着 20 世纪末互联网的发展，电子商务走进了消费者的视野，在线零售迎来了发展期，如何刺激消费者在线购买产品成为了实业界和学术界需要回答的重要课题。2008 年世界经济危机之后，全球经济出现复苏，加上直播、短视频、社交商务的出现，消费者冲动性购买的行为更加明显，作为有效的营销策略，业界和学术界保持了很高的研究热情和产出。

对国外冲动性购买研究领域内相关文献的引文进行共现，并按照词频排序统计，提取前 20 个重要关键词，如表 2 – 4 所示。统计结果显示，消费者、网络购物、大学生等关键词是除了冲动性购买（行为）本身外出现频次最多的，从高频关键词出现的年份来看，时间压力、体验营销、预期后悔、体验后悔、面子、购买意愿、心理机制、在线冲动购买、网络购物等关键词首次出现时间较晚，是近年来冲动性购买研究的热点问题。

表 2 - 4   1960～2021 年国外"冲动性购买"聚类结果分析

聚类编号	聚类成员数	Silhouette 值	平均引用年份	聚类标签（LLR）
0	91	0.892	2017	直播商务；社交平台；购买按钮；心流理论；感知风险
1	55	0.911	2010	电子商务；在线冲动购买；个性；刺激—机体—反应模型；环境心理学
2	55	0.929	2017	自我一致性；神经质；食物浪费；消费者福利；品牌创新力
3	54	0.923	2012	概念框架；新兴市场；冲动购买行为；视频人种学；预测性分析
4	42	0.861	2013	购买冲动；销售促进；社会社区；因素分析；体育消费者
5	36	1	1998	主题分析；自我形象；性别；购物；强迫性购买
6	35	0.854	2012	中介；冲动性购买倾向；注意力缺失与多动症；内在享受；纵向研究
7	33	0.97	2001	免费试吃；特别价格优惠；事件营销；满意度；健康食品产品
8	33	0.931	2014	稀缺性；浏览；偶然性；脸书商务；社交商务
9	31	1	2007	参与；网络购物行为；心态；目标；资源耗竭
24	9	0.988	2016	社会期望偏差；绿色态度；政治取向；风险偏好；人工饲养的肉类

为了进一步了解国外冲动性购买研究领域热点话题的演变路径，考虑到 1992 年前的研究相对零散、不连续，为了更好地在时序图谱中展示研究发展趋势，本节选择了以 1992～2021 年的数据为样本，生成了关键词聚类的时序图谱（见图 2 - 2）。结合关键词的出现顺序可知，在 2007 年前，在冲动性购买研究领域，学者们主要是从消费者线下购物行为入手，讨论消费者个性、情感、品牌、实体店的影响因素。2007 年后，学者们更多关注在线消费者冲动性购买行为，包括不同电子商务、社交商务以及直播商务的消费者冲动性购买。

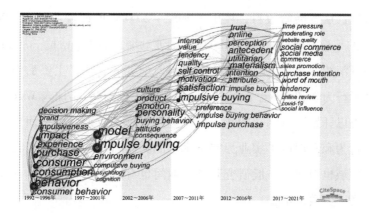

图 2 - 2   1992～2021 年国外"冲动性购买"研究关键词时序图谱

2.2.2.2   国内发展动态

相比较而言，国内对消费者冲动性购买的研究起步较晚，1982 年有学者在讨论消费者心理时提到了冲动性购买，但并未专门研究。1997 年才有学者陈云卿在管理科学文摘翻译了冲动性购买的外文期刊摘要。黄维梁（1999）则对冲动性购买行为进行了分析，探讨了影响因素并提出了营销对策。

消费者冲动性购买研究领域年度发表论文情况如图 2 - 3 所示。

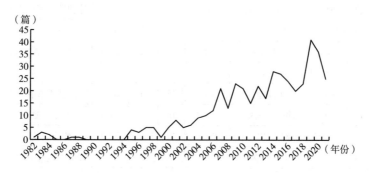

图 2 - 3   1982～2021 年国内学术期刊"冲动性购买"发文趋势

注：该图根据中国知网期刊数据库篇名精确检索数据绘制而成。检索时间为 2021 年 8 月 21 日。

从文献总量来看，我国冲动性购买发文数量呈间歇式增长，2008 年以后发文量明显增加，说明冲动性购买这一领域逐渐引起了国内学者的关注和重视；从发展阶段看，经历了 1982～2000 年的缓慢萌芽期、2001～2008 年的平稳发展期、2009～2021 年的波动增长期 3 个阶段。从 21 世纪初开始，消费者冲动性购买开始引起国内学者的关注，主要的学术群体为消费者行为学和心理学领域的学者，随着中国 2001 年加入 WTO，2003 年阿里巴巴开始运营网上购物，零售业迎来了开放期，更全面地了解消费者的行为和心理成了实业界和学术界的共同需要，在消费者行为学和心理学领域也引起了一股研究热潮，期间也有研究消费者冲动性购买的学术文章，但数量不多。

对冲动性购买研究领域内相关文献的关键词进行共现，并按照词频排序统计，提取前 20 个重要关键词，如表 2－5 所示。统计结果显示，消费者、网络购物、大学生等关键词是除了冲动性购买（行为）本身外出现频次最多的，从高频关键词出现的年份来看，网络购物、非理性消费、感知价值和心流体验等关键词首次出现时间较晚，是近年来冲动性购买研究的热点问题。

表 2－5　　1982～2021 年国内"冲动性购买"研究文献高频关键词及中心性

序号	频次	年份	关键词	中心度	序号	频次	年份	关键词	中心度
1	220	1983	冲动性购买	0.6	11	14	2008	冲动性购买行为	0.02
2	179	2000	冲动消费	0.41	12	14	2007	情感反应	0.01
3	149	1982	冲动购买	0.56	13	12	2009	自我建构	0
4	80	1983	消费者	0.18	14	11	2012	非理性消费	0
5	57	2004	大学生	0.07	15	11	2009	女性消费者	0
6	42	2005	冲动性消费	0.12	16	11	2005	冲动购物	0.01
7	23	2012	网络购物	0.03	17	9	2009	购后评价	0
8	23	1998	消费行为	0.04	18	9	2005	冲动性购买意愿	0
9	20	2008	自我控制	0.02	19	8	2015	感知价值	0.01
10	19	2009	影响因素	0.02	20	8	2014	心流体验	0

为了观察冲动性购买研究领域热点话题的演变路径，本书生成了关键词聚类的时序图谱，如图 2－4 所示。结合关键词的出现顺序可以发现，在 2003 年前，在冲动性购买研究领域，学者们主要是从消费者线下

购物行为入手，关注冲动性购买的影响因素，即促使消费者产生冲动性
购买行为的原因以及这些因素对影响消费者冲动性购买的权重。学者们
从各个角度更为精确地去定义冲动性购买这一概念。2003年后，学者们
开始关注大学生群体的冲动性购买行为，由于大学生即将成为拥有旺盛
消费能力的群体，喜欢彰显个性，追求异质性，更加容易产生冲动性购
买行为，对大学生的冲动性购买具有理论和实践的双重意义。同时，学
者的目光逐渐转向电子商务、社交商务和直播商务中消费者的冲动性购
买，关注消费者的风险感知、价值感知、心流体验、社区团购、移动支
付、体验营销等新兴话题。

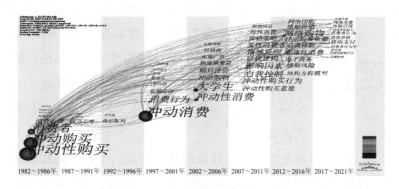

图2-4　1982~2021年国内"冲动性购买"研究关键词时序图谱

2.2.3　相关研究

2.2.3.1　影响因素

斯特恩（1962）相对较早地开始对冲动性购买进行研究，他将其分
成四类：提醒式、诱导式、计划式及纯冲动式购买。自此开始，学术界
对冲动性消费行为的研究日益增加。通过对已有研究进行梳理，发现影
响冲动性购买的因素包括两大类：一类是外部环境影响，如产品影响、
市场影响和情境影响，如氛围、限时促销、口碑等（Abdelsalam et al.，
2020）；另一类是内部因素刺激，包括个性、文化、购物享受倾向、物质主
义和冲动购买倾向的影响（Herabadi et al.，2009；Amos et al.，2014）。

　　具体而言，从外部层面来看，产品因素的影响成为学者研究的重点。斯特恩（1962）探讨了产品生命周期和冲动性购买之间的相关性，他认为如果产品生命周期越短，就更可能刺激消费者产生冲动性购买。迪特玛等（Dittmar et al.，1996）分析了不同类型的产品可能导致消费者冲动性购买的可能性不一样，比如奢侈品相较于一般耐用品而言，消费者产生冲动性购买的可能性更大。帕克等（2012）研究表明，服装产品属性由选择的多样性、价格和感官属性三个因素组成，其中选择的多样性和感官属性对冲动性购买有直接影响。多拉基亚（Dholakia，2000）研究显示，产品的差异化程度越高，越能引发消费者冲动购买。陈等（2019）研究表明，产品相关信号（如替代表达和审美吸引力）影响消费者的冲动购买。产品的价格最容易刺激消费者冲动性购买（Lin and Chuang，2005），因此也成为卖家常用的实施营销策略的关注点，比如已有研究探讨了优惠券（Harmancioglu et al.，2009）、价格促销（Zhou and Gu，2015）、折扣（Masouleh et al.，2012；Xu and Huang，2014）和免费产品（Lo et al.，2016）等的影响。

　　市场因素的影响也被认为是导致冲动性购买的关键。艾耶尔和阿赫拉瓦特（Iyer and Ahlawat，1987）研究表明，一些冲动性购买会在杂货店等小商铺内发生。那么，产品的摆放位置、店铺整洁程度、店铺装修布置、氛围（如背景音乐的选取）、广告等营销因素都可能对冲动性购买产生影响（Badgaiyan and Verma，2015）。贝克等（Baker et al.，1992）、卡劳福和米勒瓦（Crawford and Melewar，2003）认为，研究货架摆设对冲动性购买来说具有重要的价值。韦克菲尔德等（Wakefield et al.，2008）调查表明，在购买香烟以外的物品时，25.2%的吸烟者至少有时会因为看到香烟陈列而冲动性购买香烟。在过去12个月内尝试戒烟的吸烟者中有38%和最近戒烟者中有33.9%因看到零售卷烟展示而产生了购买香烟的冲动。巴蒂和拉蒂夫（Bhatti and Latif，2014）通过对344份来自巴基斯坦超市和自助商店中样本数据的实证分析，发现橱窗展示、论坛展示、地面销售和商店品牌名称与消费者的冲动购买行为有显著的关联，其中论坛展示与消费者的冲动性购买呈负相关，而橱窗展示、地面销售和商店品牌名称则与消费者冲动性购买呈正相关关系。巴杰扬和韦尔马（Badgaiyan and Verma，2015）认为，店铺的音乐能够影响消费者决策过程，那些精心挑选的音乐可以让消费者保持积极情绪，从而产生冲动性购买。藤代和克里斯彭（Tendai and Crispen，2009）研究表明，售货员良好的修养、热情的接待和中肯的建议都可能激发消费者的购买冲动。

情境因素的影响同样被认为是导致冲动性购买的重要原因。艾耶尔和阿赫拉瓦特（1987）、贝蒂和弗瑞尔（Beatty and Ferrell，1998）等关注了消费者面临的时间压力与冲动性购买间的联系，大多数的研究都证明了消费者在商店停留的时间越长，产生冲动性购买的机会就越大（Foroughi et al.，2012；Badgaiyan and Verma，2015）。还有学者从金钱可用性的角度探讨冲动性购买，并认为它是冲动性购买过程中的一个重要促进因素（Beatty and Ferrell，1998），原因在于金钱可用性会影响相应消费者的购买力（Foroughi et al.，2012），更多的钱将意味着更多的机会以及个人沉迷于购买活动的能力（Badgaiyan and Verma，2015）。此外，许多研究也认识到同伴在影响购买结果中的作用，亲戚朋友的同侪影响一定程度上会强化消费者的购买决定，对于吸引更多情侣、朋友或消费者群体的商店，通常在业绩方面会更好（Underhill，2009），但家庭成员的存在会减少这种冲动，具体还应考虑所在人群属于集体主义还是个人主义（Badgaiyan and Verma，2015）。

此外，在线的冲动性购买则更多考虑平台因素的影响，比如电子商务中网站刺激的影响（Chan et al.，2017），作为嵌入在购物网站中的信息提示，消费者可以通过感官接触到刺激信息（Eroglu et al.，2001）。张伟等（2020）讨论了移动商务中的消费者冲动性购买，他们认为，个性化推荐、视觉吸引力和系统易用性等移动情境因素，会以感知唤醒和感知愉悦两种消费者情绪为中介，进而影响到消费者冲动性购买意愿。龚等（2020a）讨论了直播商务中的消费者冲动性购买问题，他们的研究表明，直播平台的外观设计会通过自我效能和心理距离的链式中介作用而对冲动性购买产生影响。

一些研究阐述了内部层面的影响因素，如前所述，个性、年龄、教育程度、物质主义和冲动购买倾向等可能会对冲动性购买产生影响。夏尔马等（Sharma et al.，2014）表明，消费者冲动性是由认知、情感和行为构成的三维结构。当消费者在购物时突然感到有购买特定产品的冲动时，就会产生非预期购买，而当购买没有参与评估过程时，这种冲动购买是不能反映的（Rook and Fisher，1995），也就是说，冲动购买倾向对冲动性购买影响显著（Badgaiyan and Verma，2014）。巴杰扬和韦尔马（2014）通过对印度 508 名消费者的数据进行结构方程模型分析，发现物质主义、购物享受倾向和冲动购买倾向三个变量与冲动性购买存在显著正相关。随后，巴杰扬等（2016）在后续研究中发现，冲动购买倾向与自我控制之间具有显著的负相关关系。梁等（Leong et al.，2018）则基于脸书商务，考虑了不同的人格特征（即宜人性、外向性、开放性、神经质和尽责性）对冲动性购买的影响。特弗列特和赫斯坦（Tifferet and Herstein，2012）研究表明，与男性相比，女性的冲动购买水平更高，而且冲动购买是由感官线索触发的，因此零售商可以在对女性更有吸引力的商店中，更多运用感官线索的营销策略。张等（Zhang et al.，2018）通过对 315 名有使用团购网站经验被试的数据分析，结果表明教育和性别显著影响冲动购买行为。

2.2.3.2 概念分类

一般而言，冲动性购买包括购买冲动（冲动性购买意愿、冲动性购买倾向、冲动性购买欲望）和冲动购买（冲动性购买行为）两个方面（Badgaiyan and Verma，2015）。"购买冲动"与"冲动购买"之间存在关联，很重要的原因是在店铺的闲逛浏览会导致物理上的接近（Beatty and Ferrell，1998；Foroughi et al.，2013），然后会煽动或影响冲动，导致购买冲动与冲动购买有关（Beatty and Ferrell，1998）。然而，由于购买产品的冲动是享乐主义和复杂的，并且会导致在满足感和内疚感之间有一个摇摆不定的情绪冲突，也许这就是购买冲动并不总是导致实际冲动购买的原因（Trandafilović et al.，2013）。因此，本书在第 3 章和第 4 章考虑了整体的冲动性购买，第 6 章分析了冲动性购买意愿，第 5 章证明了冲动性购买意愿对冲动性购买行为的影响。

2.2.4　分析方法

曼道夫和兰伯蒂（Mandolfo and Lamberti，2021）通过对冲动性购买进行系统性综述，发现大多数研究（94%）在评估冲动性购买时采用了定量方法，包括自我报告（63%）、实验室调查（26%）和实地观察（11%）。而剩下采用定性方法的研究主要通过面对面访谈的形式。

2.2.4.1　自我报告

自我报告要求被试使用由李克特 5 点、7 点量表或情感语义量表进行自我评估（Mandolfo and Lamberti，2021）。从已有的关于消费者行为文献来看，使用多条目心理测量的封闭式问题量表，大多参考了比较成熟的研究（Mehrabian and Russell，1974；Watson et al.，1988；Silvera et al.，2008；Lucas and Koff，2017）。还存在其他类型的研究，比如假设研究的目的是发现新的冲动性购买类型，就会在使用调查问题时要求受访者自己判断封闭式语义量表的分数（Chih et al.，2012；Liu et al.，2013）。当使用自我报告来评估冲动性购买时，通常会将其作为一种人格特质，或者是作为对过去购买行为回忆的衡量标准（Mandolfo and Lamberti，2021）。具体而言，从冲动性购买相关人格特质的视角通常通过多条目量表测量，目前采用范围最广的是路克和费希尔（Rook and Fisher，1995）、温等（Weun et al.，1998），以及维普兰肯和赫拉巴迪（Verplanken and Herabadi，2001）开发的量表。另外，对回忆购买行为的调查方式也比较多，比如通过多条目李克特量表评价计划外购买行为（例如，"我最终花的钱比最初计划花的钱多"，"买的比我计划买的多"）（Mattila and Wirtz，2008）和购买的自发性（Verhagen and Van Dolen，2011），通常利用一个直接的问题（即"你多久会一时冲动买东西？"）（Kacen and Lee，2002），或者是利用想象的购物情况。这些要求受试者偏离个人购物目标，并让自己假想到一个给定的购物场景中，向虚构的第三个角色建议购买选择（例如，"玛丽是一名 21 岁的大学生，有一份兼职工作"）（Rook and Fisher，1995）。

2.2.4.2 实验室调查

曼道夫和兰伯蒂（2021）认为，不管是在线冲动性购买（Adelaar et al.，2003；Parboteeah et al.，2009），还是一般线下的冲动性购买（Vohs and Faber，2007），实验室调查存在着多样性，都可以在控制的环境中刺激和观察。通过引发实际的冲动性购买行为或操纵实验情景以分析他们对购买意图的影响。阿德拉尔等（Adelaar et al.，2003）测试了三种不同的数字媒体，以不同的线索为特征，来评估它们对冲动性购买的影响。德弗里斯和费尼斯（De Vries and Fennis，2019）通过多项研究检查本地品牌如何诱导低水平的解释，促进冲动性购买行为。其他研究使用了辅助性设备更精确测量消费者在受到刺激后的身体状态。比如，雷布勒等（Rebollar et al.，2015）分析了包装设计元素的布局如何影响潜在买家在冲动购买中的视觉扫描路径，通过眼动仪得到受试者在与特定产品最初短暂视觉接触中看到内容的信息。王翠翠等（2020）则通过眼动实验探究消费者对不同在线评论形式的有用性感知差异。此外，也有部分研究通过功能性磁振共振成像来测量皮层下神经激活，并结合刺激性产品包装来深入研究冲动购买的潜在过程（Hubert et al.，2018）。

2.2.4.3 实地观察

该方法考虑在实际购物环境中评价消费者的冲动性购买（Mandolfo and Lamberti，2021），主要通过观察消费者在自然环境（通常是购物场所）中是否会产生实际购买。例如，贝蒂和弗瑞尔（1998）通过消费者购物前和购物后体验的商场拦截调查，将实际购买与最初计划的购买进行比较。该方法要求第一次接触时受试者确定他们的购物计划，然后将其与购物旅行后的实际购买进行比较，以区分购买过程的性质。类似方法调查了计划外购买项目的比例（Mohan et al.，2013；Bellini et al.，2017）或从个人购物日记中收集的实际冲动购买的数量（Jones et al.，2003）。

此外，随着技术的发展，通过虚拟现实技术调查消费者的冲动性购买成为可能。比如，施纳克等（Schnack et al.，2020）通过创建沉浸式虚拟便利店，受试者在其中浏览并进行实际购买，同时跟踪行为指标。

2.2.4.4　定性访谈

研究冲动性购买的访谈遵循一种半结构化的格式，类似于与单个受访者进行开放和自然的对话（Dittmar et al.，1995）。该技术涉及主题文本分析，即对语言信息的解释和进一步分类，使其成为理解与冲动性购买的意义和动机有关的模式（Dittmar and Drury，2000）。另外，也有研究采用友谊配对访谈或自我记录（Bayley and Nancarrow，1998）。友谊配对访谈是访谈技术的一个细分，其中招募的被试为研究者所熟悉的，以自发的方式探讨态度、动机和行为。自我记录要求受访者以第三人称的视角将他们的经历写下来（Bayley and Nancarrow，1998）。例如，从受访者的记录中可以推断出购买后的后悔或计划外和冲动性购买之间的联系等因素（Dittmar and Drury，2000）。此外，通过将定性访谈与定量观察相结合，迪特玛等（1995）为与身份相关的产品和冲动性购买之间的关系提供了证据。

2.2.5　简要述评

冲动性购买是一种十分常见的消费者行为，大量国内外学者对其进行了研究。通过对国内外冲动性购买已有研究的回顾，发现国外研究起步早，对冲动性购买的研究文献非常丰富，我们从概念、测量、分类、方法等视角进行了系统探讨；国内起步相对较晚，但是大量的学者正不断充实已有研究体系，结合中国情境下消费者的特征，创建中国消费者冲动性购买的量表，贡献东方的营销策略。但是，消费者冲动性购买是个十分复杂且动态变化的过程，也亟须在已有研究基础上，结合新情境、新特点不断充实、完善。目前国内外的相关研究还是以线下冲动性购买居多，近年来线上冲动性购买研究也在快速增长。而消费者的选择具有情境性，应该结合具体的场景进行讨论。总之，本书探讨了中国场景下的消费者冲动性购买，根据已有文献关于方法的建议，通过问卷调查和情境实验开展研究，并从不同的视角分析可能的影响因素，并厘清这些因素之间的影响机制，具有理论和现实的价值。

2.3　"人—货—场"研究视角

"人—货—场"研究视角最早出自阿里集团的新零售理论。从传统零售到新零售，"人—货—场"研究视角在商业实践中得到广泛应用，但是学术界对其还缺乏足够的关注。本节在对其含义进行探讨并分析相关研究的基础上，提出应用"人—货—场"视角的研究思路。

2.3.1　基本含义

"新零售"虽然具有其特殊性，却仍然无法逃避零售的根本特点（王宝义，2019）。刘官华等（2017）认为，与传统零售相比，新零售的核心主体仍然是"人、货、场"三要素，但是底层逻辑发生了改变。"人"从消费者升级到了用户、"货"从标准工业品升级到个性化产品、"场"从卖场升级到场景。通过重构用户认知、重识产品创新和持续动态运营，带来产品人格化、增值持续化、场景社群化的升级（刘官华等，2017）。除此之外，其他国内学者也提出了对"人—货—场"含义的看法，如表2－6所示。

表2－6　　　　国内学者关于"人—货—场"的代表性含义

文献	"人"的视角	"货"的视角	"场"的视角
王先庆和雷韶辉（2018）	以顾客体验为核心	让顾客在场景中准确把握产品或服务所传递的价值	利用人工智能、大数据、云计算等高新技术，构建全新购物场景

续表

文献	"人"的视角	"货"的视角	"场"的视角
江婷（2019）	从消费者升级到用户，在注重消费者功能性需求的同时，也要重视用户对使用产品增值服务的体验	更加注重用户对产品使用多元化、复杂化的趋势	实现"人货合一"，让产品与用户更加匹配，缩短其心理距离
胡佳（2020）	基于消费者的中心和信任关系，构建客户服务的新模式，使得零售服务更加柔性化	零售商与供应链上游构建互利合作关系，实施产品、服务一站式方案，构建新型的运营管理模式，使零售服务更加扁平化和共享化	多场景的不断形成和融合，促进利益分配模式发生调整，进一步促进了零售服务的共享化和融合化

　　"人—货—场"视角的相关要素在国外经典的营销学和消费者行为学的文献中多次被强调。例如，"人"的因素中，科特勒等（Kotler et al.，2016）认为，个性、自我观念、生活方式和价值观等个人特征会影响消费者决策，如易和斋（Yi and Jai，2020）探讨消费者信念、欲望和情感对其冲动购买行为的影响。本书认为，意见领袖与主播的概念类似，都是会对消费者产生影响的个体。具体而言，意见领袖是指对一个特定产品或产品种类提供非正式建议或信息的人（Kotler et al.，2016）。更直接的证据是，主播的吸引力、可信度、专业性在直播商务中对消费者冲动性购买产生影响（Lee and Chen，2021）。"货"即指产品或服务，科特勒等（2016）将任何一种能被提供来满足市场欲望或需要的东西定义为产品，产品的形式、特色、性能质量、一致性质量、耐用性、可靠性、可维修性、风格和定制化则是产品和服务差异化的重要指标，如琼斯等（2003）证明了冲动购买倾向中产品特性的作用。关于"场"的含义，科特勒等（2016）在网站涉及的关键要素中，指出首要要素就是场景（context），即布局和设计。

　　因此，如图 2 - 5 所示，本书构建了"人—货—场"的三角关系，"人"即消费者和主播，消费者是直播商务的服务对象，主播是直播商务的提供方，两者共同构成了"人"的要素，主播通过营销手段加强与消费者的心理联系，提高营销效果。"货"是指产品或服务的价格、质量、稀缺等要素，为直播商务中竞争力的重要体现。而外在的营销刺激则构成了"场"的要素，如直播间的色彩、布局、导航，这些"场"的要素则是直播商务成功与否的保证。

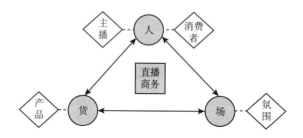

图 2-5　直播商务中的"人—货—场"研究视角

2.3.2　相关研究

现有关于"人—货—场"视角的研究大致分为两个思路。一部分研究通过对若干案例的归纳，得到普遍性的"人—货—场"应用框架。吴娜（2021）通过对访谈数据的编码与归纳，发现了直播商务场景化架构组成因素——"人"的因素、"货"的因素和"场"的因素，并基于"人—货—场"的研究视角探讨了主播沟通风格对消费者购买意愿的影响。王宝义（2019）在从"人—货—场"角度得到新零售模式总体特征的普遍性规律的基础上，分析了盒马模式、小店模式、美团模式、平台赋能摸索、社交引流模式和拼购模式。

另一部分研究通过对普遍性规律的演绎，介绍了具体企业应用"人—货—场"研究视角的策略。齐朋利（2020）介绍了快手电商重塑"人—货—场"关系的做法，具体来说，从"人"的角度而言，不断引入优质品牌、优质主播、优质机构；从"货"的角度而言，增强供应链竞争优势，让品牌、工厂、农场直供等源头商品成为特色；从"场"的角度而言，通过升级功能侧、加持百亿补贴、扶持公域流量等有效手段建立一个完整的、有竞争力的销售闭环。罗冰（2018）则基于"人—货—场"的视角探讨快速消费品的升级策略，比如要打造以消费者为核心的全渠道供应链，推行跨界场景营销。

2.3.3 简要述评

通过对国内外已有研究的回顾，本书认为作为中国情境实践凝练出的研究视角，"人—货—场"在目前企业"新零售"战略中得到了广泛应用，但是目前理论价值仍然有待挖掘，并且其能够将本书各章有机统一于直播商务消费者冲动性购买的主题中。因此，本节简要回顾了国内"人—货—场"视角的相关研究，并将其融合到直播商务研究中，期望能为"人—货—场"研究视角贡献新知。

2.4 研究框架

通过前面的分析，本节将直播商务中消费者体验与动机、主播特征、平台因素、产品影响等四个影响因素，与冲动性购买中产品因素、市场因素、情境因素、平台因素、个体内部因素等五个方面联系起来，形成了本书的四个主要研究内容，即主播行为方式、消费者认知、产品属性和场景氛围对直播商务消费者冲动性购买的影响，并与"人—货—场"的研究视角进行了对应，具体如图 2-6 所示。也就是说，"人—货—场"的研究视角是本书合适的切入口。

具体而言，首先，本书将"人"分为"主播"和"消费者"，并将主播行为方式聚焦于主播沟通风格。主播沟通风格指的是买卖双方在互动中采用的格式、仪式或仪态（Sheth，1975），并被已有研究证明了其在直播商务的重要性（Lu et al.，2018），有助于主播与消费者的线上实时互动沟通，进而实现销售目标（吴娜等，2020）。某些特定场景中，沟通风格比沟通内容更重要（Lu et al.，2018）。因此，响应吴娜（2021）的研究，将主播沟通风格作为重要的主播行为方式，探讨其在直播商务中消费者冲动性购买的作用。

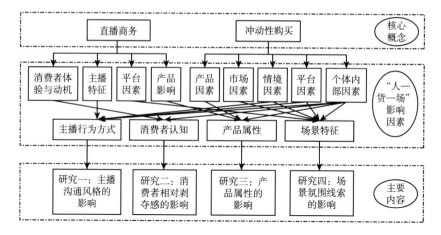

图 2 - 6 直播商务、消费者冲动性购买与"人—货—场"研究视角

其次，将消费者认知聚焦于相对剥夺感。相对剥夺感指的是个体通过与参照群体进行横向或纵向比较评价，认知到不公平以及自身处于不利地位，进而体验到愤怒和不满等负性情绪的一种主观认知和情绪体验（Reh et al.，2018）。相对剥夺感作为一种常见的个体负性认知，个体会通过一系列策略来摆脱这种状态，其中可能的途径就是冲动性购买。因此，本书尝试探讨消费者相对剥夺感作为个体认知，建立其与冲动性购买的关系连接。

再次，聚焦"货"的作用，探讨了产品属性对消费者冲动性购买的作用，并将产品属性分为一般属性和在直播情境中的特有属性。已有研究对线下产品属性进行了大量的研究（Dholakia，2000；Lin and Chuang，2005；Park et al.，2012；Chen et al.，2019），证明了享乐、低价、即用等一般产品属性对消费者购买决策的影响（Kacen et al.，2012）。除了这些对产品具有普遍影响的因素外，本书还考虑了产品信息即时反馈和感知主播产品知识等直播场景中产品特有属性的作用。

最后，关注"场"的作用，探讨了直播场景氛围线索对消费者冲动性购买中的作用。氛围指的是有意识地设计空间创造特定的买方效应，特别是能够产生情感效应并提高消费者购买率的购物环境（Kotler，1973），环境线索和氛围在零售业中的重要性在已有研究中得到了证明

（Floh and Madlberger，2013）。因此，本书进一步地在直播商务场景中分析氛围线索的作用，论证了已有研究结论在直播商务场景的适用性。

2.5 本章小结

结合前面的回顾，我们发现已有文献大多聚焦于单一视角分析冲动性购买，比如"S－O－R"模型（Lee and Chen，2021；Ming et al.，2021）属于应用最广的研究框架。也有研究基于多个视角探讨，比如供应商和买家（Leeraphong and Sukrat，2018）。但是冲动性购买是十分复杂且不断动态变化的过程，现有研究仍然不够系统全面，可能遗漏其他产生影响的重要变量。并且"人—货—场"的研究视角在业界得到足够的重视，但在学术界的研究应用还有待丰富。本书认为"人—货—场"是探讨直播商务中消费者冲动性购买研究的合理解释视角，通过从"人—货—场"梳理影响直播商务中冲动性购买的相关因素，尝试拓展"人—货—场"的应用场景，为直播商务中冲动性购买模型的建立及进一步分析提供理论基础。

具体而言，由于问题研究的主体是不同因素之间的作用，因此本书将"人"的因素分别聚焦在主播和直播消费者，并通过文献梳理，主要放在主播沟通风格与直播消费者的相对剥夺感上，以此来探讨形式各异的主播沟通风格怎样搭配，才能使消费者冲动性购买。面对不同程度相对剥夺感的消费者，主播应该如何采用营销策略才能最大限度激发消费者冲动性购买。进一步地，本书将"货"的因素着眼于直播间推荐的产品，并通过文献梳理，主要放在产品本身的属性与直播商务中特有的产品属性。了解这些产品的影响路径，并对影响因素的重要性进行排序。最后，由于"场"的因素体现在氛围线索，并通过文献梳理，对"场"的因素的相关研究，主要关注直播间外观设计、导航系统和信息内容等。以此来研究在不同的直播间氛围线索中，直播场景氛围线索如何影响消费者冲动性购买的问题。

第3章 主播沟通风格对消费者
冲动性购买的影响

本章基于沟通理论，从主播行为方式的角度，探讨主播沟通风格与直播商务平台类型的交互作用对消费者冲动性购买的影响，分析准社会互动在其中的中介作用，以及消费者孤独感的调节作用。

3.1 问题提出

与消费者建立牢固关系被认为是提高消费者忠诚、为企业带来利益的有效途径。因此，企业将培养与消费者间的良好关系作为重要营销手段，在企业与消费者之间形成连接。直播商务作为当下热门的销售方式，主要通过主播与消费者的线上实时互动沟通实现销售目标，在此背景下，主播沟通风格的选择显得格外重要。实现消费者与主播之间的实时互动沟通也是直播商务最大的特点。一般而言，沟通包括沟通内容和沟通方式两个部分，沟通风格是买卖双方在互动中采用的格式、仪式或仪态（Sheth，1975）。卢等（2018）对中国消费者的直播实践进行了实证研究，发现在中国情境下，主播采取的沟通风格比沟通内容更为重要。根据以往的研究，沟通风格在解释销售差异上具有显著性，且沟通风格具有情境性，以消费者为导向具有压倒一切的重要性（Williams and Spiro，1985）。

现有研究虽然意识到直播商务中主播沟通风格的重要性，且意识到沟通风格可能需要与其他因素交互才会产生效果。比如研究了主播沟通风格与消费者沟通风格的相似性（吴娜等，2020），但是直播商务平台具有不同的类型（Han，2021；Kang et al.，2021；Si，2021），这些不同类型平台的作用还没有明确。因此，本书聚焦以下问题：

- 不同类型的主播沟通风格和直播商务平台类型的交互是否对直播商务中消费者冲动性购买有影响？
- 主播沟通风格和直播商务平台类型的交互是否会通过中介作用机制来影响消费者冲动性购买？
- 这种影响是否会受到个体心理因素的调节？

3.2　理 论 基 础 与 假 设 推 演

3.2.1　说服理论

说服被认为是个体期望通过交流影响他人自主判断和行动的过程（Jones and Simons，2017）。说服是一个基本的人类行为，在人际关系、大众传播、政治、经济等社会互动的所有方面中，人们试图影响他人的思想和行为（Gardikiotis and Crano，2015）。说服是信息发送者有意影响或鼓励观看者，使他们相信某些事情或采取某些行动（Li and Liu，2020）。换句话说，说服的目的是改变一个人的态度和行为，以及培养一种信仰（Moriarty et al.，2014）。

说服理论提供了丰富的信息，详细说明了人们何时以及如何被说服。说服过程涉及信息源、信息、信道和信宿等四个要素，这些要素共同决定说服过程是否达到效果（Berlo et al.，1969）。在直播商务领域，信息源就是主播，信息就是品牌广告内容，信道就是如视频、图文、直播视频等广告传播的工具，信宿就是广大消费者。主播通过信道将品牌信息传递给消费者，即完成一轮信息传递过程，接下来消费者会对信息进行处理。成功的营销传播应该影响消费者的意见或对事物的判断，激发起他们购买产品的需要和意向，如在产品或服务上花钱，购买或使用推荐品牌而不是其他品牌。然而，在线影响者营销的嵌入性限制了说服知识的激活（van Reijmersdal and van Dam，2020），营销中遇到的困难是如何触动和说服消费者改变他们的想法和态度，形成购买意向。

3.2.2 主播沟通风格与直播商务平台类型的影响

说服是一种影响他人的行为，比如推荐购买产品（Gardikiotis and Crano，2015）。已有研究表明，在线客服的沟通风格会影响消费者与在线客服之间的关系（van Dolen et al.，2007）。在互动过程中，消费者会对主播的沟通风格做出反应或判断（Keeling et al.，2010；Verhagen et al.，2014）。总体上，沟通风格可分为两类：社交导向和任务导向。社交导向的沟通风格更注重个人和社交，旨在建立良好的客户关系，满足客户的情感需求，进行个性化互动。而任务导向沟通风格具有高度目标导向性和目的性，注重效率和最低成本、努力程度和付出时间（Keeling et al.，2010；Verhagen et al.，2014）。例如，抖音和快手的素人直播更多使用亲密的话语与顾客交流，属于社交导向的沟通风格；而淘宝的"WY直播"则使用较为直接的话语介绍产品，与观众之间的互动偏少，相对而言更属于任务导向的沟通风格。

参考韩（Han，2021）的分类，直播商务平台可以大致分为两种，一种是传统电商直播平台，即在传统电商平台上增加直播功能，各商家可以在自己的店铺中进行直播（Chen and Cai，2020）。人们对原本熟悉的购物平台的信赖会较容易延伸到直播间购物中，因此这类平台更加受到消费者的信任和青睐，比如淘宝直播、京东直播、苏宁直播、拼多多直播。另一种是娱乐内容直播平台，最初通过主播借助自身的才艺或者基于共同的兴趣制作图文、视频、直播等内容，吸引用户、获得流量，然后通过直播卖货，将流量变现的平台。例如微博、抖音、哔哩哔哩、小红书等，利用内容优势开展电商直播，促进社交分享。

说服理论认为，单一的大众传播并不能直接导致个体态度的改变，而应该考虑到各种条件的制约。已有研究常常通过沟通风格与其他因素的匹配来实现研究目的。比如，查塔拉曼等（Chattaraman et al.，2019）验证了用户互联网能力与数字助理沟通风格的匹配对社交、功能和行为意图的影响。德西科等（De Cicco et al.，2020）探讨了交互方式与化身的匹配对社交存在的影响。因此，我们将沟通风格和直播电商类型进行匹配，社交导向的沟通风格会增强主播与观众之间的心理联结，使主播与顾客之间的人际关系更加紧密，从而购买主播推荐而自己并未有计划购买的产品（服务），娱乐内容直播平台通过主播的才华或基于共同的兴趣吸引用户，获取流量，然后伺机变现，这两者更加吻合。而任务导向的沟通风格会让观众感知到主播的专业性，集中注意力于主播推荐的产品，然后产生冲动性购买行为，传统电商直播平台的主播侧重于如何快速推销商品，达到抽取佣金的效果，这两者更加匹配。综上所述，我们提出以下假设。

假设 3 - 1：主播沟通风格和直播商务平台类型对消费者冲动购买产生交互影响。

假设 3 - 1a：在社交导向的情况下，相对于传统电商型，娱乐内容型的直播电商平台会使消费者产生更强的冲动购买。

假设 3 - 1b：在任务导向的情况下，相对于传统电商型，娱乐内容型的直播电商平台会使消费者产生更低的冲动购买。

3.2.3 准社会互动的中介作用

社交媒体用户不仅具有娱乐动机，也渴望媒体的陪伴（Rubin and McHugh，1987）。在描述媒体角色和用户关系时，准社会互动被认为是与媒体人物面对面关系的错觉（Horton and Richard Wohl，1956）。从概念上讲，与人际关系或互动不同，准社会互动涉及一种非常薄弱的单方面心理联系（Zafar et al.，2020；Zheng et al.，2020），会让个体形成与他们最喜欢的媒体人物有很强人际关系的错觉（Hung et al.，2011）。媒体人物的社会和形象吸引力被认为是准社会互动的预测因素（Perse and Rubin，1989），随着奖励性"互动"或重复观看次数的增加，对媒体个性的吸引力会逐步增加（Rubin and McHugh，1987）。鲁宾和麦克休（Rubin and McHugh，1987）发现，作为社会或工作伙伴，具有社会吸引力的媒体人物为发生准社会互动提供了更好的解释机制。胡等（2017）认为，主播与用户的互动具有准社会互动的特征，如果主播感知到用户的存在并调整沟通风格或肢体语言，创造双向沟通的错觉，就会触发用户的准社会互动感知（Dibble et al.，2016）。通过真实生活展现自己的主播，便有机会和直播用户建立共情，而当直播用户认同一个主播的生活态度，并通过直播深度参与他的生活时，主播和直播用户之间就建立了强于其他内容形式的准社会互动。

进一步地，由于消费者可以在社交媒体上与人物直接沟通，并像朋友一样评论自己的生活，这种准社会互动氛围有助于培养媒体名人和观众之间的亲密社交关系（Labrecque，2014；Chung and Cho，2017），减少消费者的顾虑，促使其产生冲动性购买。已有研究也证明了准社会互动成为社交媒体对其用户产生影响的机制（Colliander and Dahlén，2011；Labrecque，2014；Yuan et al.，2016；Chung and Cho，2017；Gong and Li，2017），比如，在口碑、说服知识、产品推广和代言中的作用（Hwang and Zhang，2018；Ledbetter and Meisner，2021）。所以，准社会互动是解释主播对消费者购买行为影响的一个特别合适和有用的视角（Lee and Watkins，2016）。翔等（Xiang et al.，2016）发现，社交商务平台提供了普通用户与名人和专家交流的机会，用户可能会模仿名人与其他用户的风格并遵循他们的推荐，最终可能会冲动购买。直播平台属于社交商务平台的一种，能够有效缩短普通用户与主播间的心理距离，为普通用户提供了一个与主播交流并形成社交关系的可能，这种关系越密切，消费者对主播推荐的产品信息（例如促销信息或产品评论）越了解，冲动性购买主播推荐产品（服务）的可能性越高（Xiang et al.，2016；Vazquez et al.，2020；Zafar et al.，2020）。根据以上分析，提出以下假设。

假设 3-2：准社会互动在主播沟通风格和直播商务平台类型对消费者冲动购买的影响中发挥中介作用。

3.2.4　孤独感的调节作用

孤独感指的是当一个人的社会关系网络在某些重要方面存在缺陷时发生的不愉快经历（Perlman and Peplau，1982），常常与不利和负面的结果相关（Wang et al.，2021），缺乏亲密或社会关系可能导致孤独（Weiss，1973）。现代社会孤独感非常普遍（陈瑞和郑毓煌，2015；文思思等，2017），尤其是对于信息技术迅速发展、直播兴起的当下而言更加明显，但目前研究较少聚焦于消费者孤独感（Wang et al.，2021；Yan and Sengupta，2021）。已有研究证明个体的孤独感越高，越感觉到自己对生活、外界事件发生缺乏控制，这一结论在对青少年的研究（Peltzer and Pengpid，2017）、大学生的研究（Moeller and Seehuus，2019）和老年人的研究（Agren and Cedersund，2020）中都得到了验证。在消费领域，消费者通过补偿性消费来应对情感孤独（Loh et al.，2021），例如，斯奈德和纽曼（Snyder and Newman，2019）研究表明，在品牌及其社区成员之间建立归属感，这样做可以更好地满足相关性需求并减少消费者的孤独感。米德等（Mead et al.，2011）研究表明，如果短暂地刺激个体的孤独感（例如，要求他们想象一个可能感到孤独和没有朋友的未来），会导致他们参与更多加强社会联系的消费活动。比如，增加购买表明群体归属的产品的倾向（例如，大学腕带），愿意消费不合胃口的食物等。作为直播平台的内容创作者，主播通过实时沟通满足用户的多样化需求，获得用户的参与、沉浸与消费。对于孤独感较强的个体来说，根据直播商务平台类型的不同，他们更容易受到与直播商务平台类型相匹配的主播沟通风格的影响，立即、迅速地购买那些本来并不打算购买的产品，触发冲动性购买。基于此，我们提出以下假设。

假设 3-3：消费者孤独感调节主播沟通风格和直播商务平台类型对消费者冲动购买的影响；在消费者孤独感高的情况下，表现为无论主播沟通风格与直播商务平台类型是否匹配，都会产生较强的消费者冲动性购买；而在消费者孤独感低的情况下，主播沟通风格和直播商务平台的类型越匹配，消费者冲动性购买越强。

综合以上理论分析与假设推演，研究模型如图 3 - 1 所示。

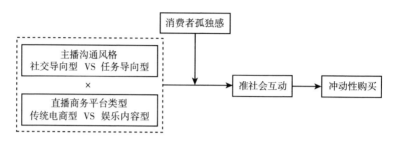

图 3 - 1　主播沟通风格对消费者冲动性购买的理论模型

3.3　研究设计与结果分析

3.3.1　预实验

为了检验不同直播商务平台类型是否有不同沟通风格的偏好，本书对实验材料进行了前测。具体操纵信息如下所述。

（1）传统电商直播平台就是在传统电商平台上镶嵌直播功能，变成电商的"附属品"。消费者主要带着预定的购物目标进入电商平台。起初直播流量主要由电商平台的流量驱动，从直播平台收到足够大且持续的流量开始，直播就被用来反哺电子商务。目标是在短时间内实现"直播 + 电商"模式的"促销效果"，增加直播消费者潜意识地接受和购买直播中促销商品的可能性。

（2）娱乐内容直播平台就是在已有娱乐内容型直播平台上融入电商功能，形成"直播 + 电商"的营销模式。消费者进入平台的初始目的在于娱乐与社交，并没有预设购物目标。因此，消费者通过欣赏主播的才华、故事或其他直播内容来寻求休闲和娱乐。沉浸在直播的过程中，消费者可能会在线购买主播推荐的产品。

58 名参与者（M_{age} = 29.207，SD = 4.595；男性 22 人，女性 36 人）随机分成两组，每组 29 人。本书用"该平台以销售为导向"的题项测量任务导向型沟通风格（1 = 非常不同意，7 = 非常同意），用"该平台以休闲为导向"的题项测量社交导向型沟通风格（1 = 非常不同意，7 = 非常同意）。独立样本 t 检验的结果表明，在主播的任务导向沟通风格下，传统电商型直播平台的得分显著高于娱乐内容型直播平台（$M_{传统电商型直播平台}$ = 5.966，SD = 0.944 VS. $M_{娱乐内容型直播平台}$ = 3.655，SD = 1.914；$t(56)$ = 5.830，$p < 0.001$）；在主播的社交导向沟通风格下，娱乐内容型直播平台的得分显著高于传统电商型直播平台（$M_{娱乐内容型直播平台}$ = 5.724，SD = 1.251 VS. $M_{传统电商型直播平台}$ = 3.172，SD = 1.649；$t(56)$ = 6.640，$p < 0.001$）。这也说明了主播任务导向的沟通风格和传统电商型直播平台更加匹配，主播社交导向的沟通风格和娱乐内容型电商直播平台更加匹配。

3.3.2　实验一

本书旨在检验主播沟通风格和直播商务平台类型对消费者冲动性购买的影响，即检验假设 3 - 1a/b 是否成立。实验一采用 2（主播沟通风格：任务导向/社交导向）×2（直播商务平台类型：传统电商型/娱乐内容型）的组间实验设计。

3.3.2.1　被试与设计

本书使用 G × Power 进行了事前功效分析，当设定组数为 4、自由度为 1、效应量（f）为 0.25、显著性水平为 0.05、Power 值为 0.80 时，样本量最少需要 180。本书通过 Credamo 平台（www.credamo.com）招募 200 名被试（M_{age} = 29.480，SD = 5.772；男性 65 人，女性 135 人），对于完成所有问题并通过甄别题项的被试给予红包奖励。

3.3.2.2　实验材料

为了操纵主播沟通风格，我们采用图片设计了主播沟通风格与直播商务平台类型的对话界面。直播商务平台类型的情景描述与预实验完全一样，主播沟通风格的情景文字描述为以下两类。

第一类：

主播说：大家好，欢迎来到二哥直播间，如果你愿意参与，请点击关注。

粉丝@绿枫问：能再看看防晒喷雾吗？

主播答：好的，这款防晒喷雾温和亲肤，化学物理双重防晒，养肤美白。喷到手臂上，一推一抹就行。

粉丝@绿枫问：有什么优惠吗？

主播答：到手价29.9元包邮，数量有限，看中了及时下单，马上卖完！

主播说：再来看下一件商品——牙刷。明星代言，丁香医生认证，软胶刷头，刷毛采用一次性成型技术，高科技纳米除菌，轻松去除牙垢，使口气清新。"牙刷头"和"牙刷柄"是分离（组合）的，可以单独更换"刷头"，更加灵活。那么，价格是多少呢？

粉丝@绿枫答：不低于50元。

主播答：那是其他直播间的价格，这里下单19.9元包邮到家，1支牙刷送6个刷头，超值！赶紧下单。

主播说：本次直播就快要结束了，感谢大家这3小时的陪伴，我们下场直播再见！

第二类：

主播说：家人们，欢迎大驾光临二哥直播间，关注主播不迷路，主播带你上高速！

粉丝@绿枫问：能再看看防晒喷雾吗？

主播答：@绿枫，你看，这款防晒喷雾非常温和亲肤，化学物理双重防晒，有养肤美白成分的。看就这样喷到手臂上，一推一抹，就OK了！

粉丝@绿枫问：有什么优惠吗？

主播答：家人们，到手价29.9元包邮到家，现在只有少量备货了，如果你看中了一定要及时下单，马上就要卖完了哦！

主播说：家人们，我们再来看下一件二哥精挑细选的好货——牙刷！这是明星代言，丁香医生认证的，质量有保障的哟！你看，软胶刷头、刷毛采用一次成型技术，高科技的纳米技术确保你摆脱任何细菌和牙龈感染，持久保持清新口气，和牙齿问题说拜拜。牙刷头和手柄是分开的，所以你可以很方便地在手柄上装上一个全新的替换刷头，灵活性更强哦。那么，家人们猜猜价格多少"上车"？

粉丝@绿枫答：不会低于 50 元。

主播答：那是其他主播的价格，二哥家精选 19.9 元包邮到家，买 1 支牙刷再送 6 个刷头，这非常超值的哦！赶紧下单吧。

主播说：本场直播就快要结束了，我很舍不得家人们，感谢家人们这 3 小时的陪伴，我们下场直播一定要来哦！

为了检验主播沟通风格操纵的有效性，参考代理个性工具（agent persona instrument）（Ryu and Baylor，2005；Chattaraman et al.，2019）量表，采用以下条目作为任务导向型与社交导向型的操纵检查。任务导向型的沟通风格采用了 4 个题项（主播高效地介绍了这些材料；主播只关注相关信息；主播扮演了一个指导者的角色；主播专注于他的产品销售任务），通过李克特 7 点量表进行测量，Cronbach's α 值为 0.699。社交导向型的沟通风格采用了 4 个题项（主播很有娱乐性；主播展示了他/她的个性；主播很有幽默感；主播试图与他/她的粉丝建立关系），通过 7 点量表进行测量，Cronbach's α 值为 0.862。

直播商务平台类型的操纵材料与预实验完全一样，在被试阅读完所有材料后，让他们在给定选项中选择经常访问的直播平台，并通过撰写文字回想使用体验（引导题项如：您为什么要访问这个平台？您通常在什么时候访问这个平台？当您访问该平台时，您对该平台有什么期望？这个平台有什么特点？您喜欢或不喜欢它的什么？您最近看的是哪场直播？推荐了哪些产品？您有多喜欢这个主播？）

冲动性购买的量表参考维尔哈根和范·多伦（Verhagen and van Dolen，2011）的研究，并结合研究情景进行了修改，采用了 4 个题项（这场直播会让我自发地购买这个牙刷；即使我没有计划购买牙刷，观看这段直播也会诱使我购买这个牙刷；即使我不打算购买牙刷，看这个主播推荐也会改变我的想法；当我真实加入这场直播对话时，我可能无法拒绝购买这个牙刷），通过 7 点量表进行测量，Cronbach's α 值为 0.841。

3.3.2.3 实验流程

第一，在实验开始前，研究者会告知每一名被试此次实验是关于直播商务消费者行为的调查，结果仅供学术研究之用，所有题项均无对错之分，根据个人情况进行选择，并提醒被试实验是自愿参与、要求年满18 周岁、允许随时终止作答，确保其对实验过程的知情、同意。第二，在确保每位被试者了解实验目的和要求之后，200 名被试随机进入 4 个场景中，如果被试出现明显的前后语义矛盾或全选同一答案，将通过 Cre-damo 平台再次招聘被试完成该场景的实验。第三，被试阅读直播平台类型的介绍材料，并通过选择、文字撰写回想最近的使用体验。被试阅读主播沟通风格的操纵材料，并通过测试题项来判断被试完成的质量（区分消费者本身打算购买的产品和未打算购买的产品）。第四，在被试阅读完所有材料后，让他们填写所有题项。填写冲动性购买量表（对未打算购买产品的消费意愿）、沟通风格的前测量表和相应的人口统计学变量题项，包括年龄、性别、婚姻状况和教育程度等。

3.3.2.4 数据分析

操纵检验。独立样本 t 检验的结果表明，在任务风格的对话条件下，任务导向的得分显著高于社交导向（$M_{任务导向}$ = 5.380，SD = 0.804 VS. $M_{社交导向}$ = 4.698，SD = 0.879；$t(198)$ = 5.730，$p < 0.001$）；在社交风格的对话条件下，社交导向的得分显著高于任务导向（$M_{社交导向}$ = 5.758，SD = 0.673 VS. $M_{任务导向}$ = 4.555，SD = 1.004；$t(198)$ = 9.949，$p < 0.001$）。因此，本实验操纵是成功的。

假设检验。以主播沟通风格和直播商务平台类型为自变量，消费者冲动性购买为因变量进行双因素方差分析。结果表明，主播沟通风格的主效应不显著（$F(1, 196) = 3.678$，$p = 0.057$，$\eta_p^2 = 0.018$），直播商务平台类型的主效应不显著（$F(1, 196) = 0.160$，$p = 0.689$，$\eta_p^2 = 0.001$），但主播沟通风格和直播平台类型的交互效应显著（$F(1, 196) = 25.799$，$p < 0.001$，$\eta_p^2 = 0.116$），假设 3 – 1 成立。进一步进行简单效应分析，在主播任务导向沟通风格的条件下，消费者在传统电商型直播平台的冲动性购买显著高于娱乐内容型直播平台（$F(1, 196) = 7.701$，$p = 0.001$，$\eta_p^2 = 0.053$，$d = 0.672$，95% CI[0.269，1.075]），假设 3 – 1a 得到验证；在主播社交导向沟通风格的条件下，消费者在娱乐内容型直播平台的冲动性购买显著高于传统电商型直播平台（$F(1, 196) = 10.563$，$p < 0.001$，$\eta_p^2 = 0.071$，$d = 0.763$，95% CI[0.357，1.169]），假设 3 – 1b 得到验证。具体结果如图 3 – 2 所示。此外，我们也发现控制变量（如性别、年龄、婚姻状况）对消费者冲动性购买不存在显著的影响，所以后续研究未将其纳入考虑范畴。

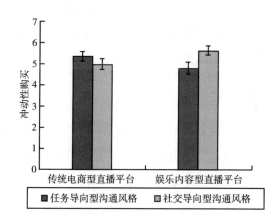

图 3 – 2　主播沟通风格和直播商务平台类型对消费者冲动性购买的影响

3.3.2.5　结果讨论

实验一验证了主播沟通风格和直播商务平台类型对消费者冲动性购买的交互作用。即在主播采用任务导向型沟通风格的情境下，传统电商型直播商务平台会使消费者产生程度更强的冲动性购买，而当主播采用社交导向型沟通风格时，娱乐内容型直播商务平台会使消费者产生程度更强的冲动性购买，为假设 3 - 1、假设 3 - 1a、假设 3 - 1b 提供了初步验证。

3.3.3 实验二

本书旨在检验准社会互动在主播沟通风格和直播商务平台类型方面对消费者冲动性购买影响的中介作用，即检验假设 3 - 2 是否成立。实验二采用 2（主播沟通风格：任务导向型/社交导向型）×2（直播商务平台类型：传统电商型/娱乐内容型）的组间实验设计。

3.3.3.1 被试与设计

本书使用 G×Power 进行了事先的统计功效分析，当组数为 4，自由度为 1，效应大小（f）为 0.25，显著性水平为 0.05，Power 值为 0.80时，需要样本量为 180。本书通过 Credamo 平台（www. credamo. com）招募 200 名受试者（M_{age} = 29.460，SD = 6.526；男性 63 人，女性 137 人），完成所有问题并通过筛选问题项目（即：你在这次直播中原本打算买什么？主播介绍的第二个产品是什么？）。

3.3.3.2 实验材料

为了操纵主播沟通风格，我们采用图片设计了主播沟通风格与直播商务平台类型的对话界面。直播商务平台类型的情景描述与预实验完全一样，主播沟通风格的情景文字描述为以下两类。

第一类：

主播说：大家好，欢迎来到小宝直播间，如果你愿意参与，请点击关注。

粉丝@向日葵问：能再看看素食豆干吗？

主播答：好的，这款网红豆干全网销量 8000 多万袋，原料选用东北非转基因黄豆，营养丰富、口感细腻。120 度高温灭菌制作确保安全，吃出植物蛋白的鲜香浓郁，让你欲罢不能。

粉丝@向日葵问：有什么优惠吗？

主播答：到手价 30 包 19.9 元包邮，数量有限，看中了及时下单，马上卖完！

主播说：再来看下一件商品——太阳能充电宝。10000 毫安超大容量，持久续航。太阳光加电源双充，适合户外使用。0.9cm 超薄机身可以装入皮夹携带，通过权威机构的安全鉴定，提供 10 多项安全防护，采用智能芯片保护手机充电，兼容所有手机型号。那么价格是多少？

粉丝@向日葵答：不低于 80 元。

主播答：那是其他直播间的价格，这里下单 33.9 元包邮到家，再额外赠送多接口充电线，超值！赶紧下单。

主播说：本次直播就快要结束了，感谢大家这 3 小时的陪伴，我们下场直播再见！

第二类：

主播说：家人们，欢迎大驾光临小宝直播间，关注主播不迷路，主播带你上高速！

粉丝@向日葵问：能再看看素食豆干吗？

主播答：@向日葵，你看，这款网红豆干全网销量已经超过 8000 多万袋，原料选用的是来自东北种植的非转基因黄豆，家人们都知道黑土地上种植的作物营养丰富、口感更好哦！再通过 120 摄氏度高温灭菌工艺制作，安全更有保障呐。看，我咬一口，满嘴都是植物蛋白的鲜香浓郁，我赌你会情不自禁地继续吃下去！

粉丝@向日葵问：有什么优惠吗？

主播答：家人们，到手价 30 包 19.9 元包邮到家，现在只有少量备货了，如果你看中了一定要及时下单，马上就要卖完了哦！

主播说：家人们，我们再来看下一件小宝精挑细选的好货——太阳能充电宝！10000 毫安超大容量，一次充电让你摆脱电量顾虑。特别是太阳光加电源双充，有光就能充电，非常适合家人们在户外活动时使用。0.9cm 超薄机身方便携带，看，能轻松装入皮夹。这是权威机构出具的安全鉴定报告，10 多项安全防护技术，智能芯片让充电更安心。还配备 LED 电筒，兼容市面上所有品牌的手机哦。那么，家人们猜猜价格多少

"上车"？

粉丝@向日葵答：不会低于80元。

主播答：那是其他直播间的价格，小宝家精选33.9元包邮到家，再额外赠送多接口充电线，这非常超值的哦！赶紧下单吧。

主播说：本场直播就快要结束了，我很舍不得家人们，感谢家人们这3小时的陪伴，我们下场直播一定要来哦！

我们重新编制了刺激材料，并使用了与实验一相同的7点量表对主播沟通风格进行了测量。主播的任务导向型沟通风格Cronbach's alpha值为0.797，社交导向型的沟通风格Cronbach's α值为0.751。

准社会互动的量表根据沃尔弗等（Wulf et al.，2021）的建议，参考了哈特曼和戈德霍恩（Hartmann and Goldhoorn，2011）的研究，包含在看这个片段时，我有一种感觉，那就是：（1）主播意识到了我；（2）主播知道我在那里；（3）主播知道我意识到了他/她；（4）主播知道我注意到他/她；（5）主播知道我对他/她有反应；（6）主播对我说的话或做的事有反应。通过7点量表进行测量，Cronbach's α值为0.724。

冲动性购买的量表参考维尔哈根和范·多伦（2011）的研究，并结合研究情景进行了修改，采用了4个题项（这场直播会让我自发地购买这个太阳能充电宝；即使我没有计划购买太阳能充电宝，观看这段直播也会诱使我购买这个太阳能充电宝；即使我不打算购买太阳能充电宝，看这个主播推荐也会改变我的想法；当我真实加入这场直播对话时，我可能无法拒绝购买这个太阳能充电宝），通过7点量表进行测量，Cronbach's α值为0.827。

3.3.3.3 实验流程

第一，在实验开始前，研究者会告知每一名被试者此次实验是关于直播商务消费者行为的调查，结果仅供学术研究之用，所有题项均无对错之分，根据个人情况进行选择，并提醒被试实验是自愿参与、要求年满18周岁、允许随时终止作答，确保其对实验过程的知情、同意。第二，在确保每位被试者了解实验目的和要求之后，200名被试随机进入4

个场景中，如果被试出现明显的前后语义矛盾或全选同一答案，将通过 Credamo 平台再次招聘被试完成该场景的实验。第三，被试阅读直播平台类型的介绍材料，并通过选择、文字撰写回想最近的使用体验。被试阅读主播沟通风格的操纵材料，并通过测试题项来判断被试完成的质量（区分消费者本身打算购买的产品和未打算购买的产品）。第四，在被试阅读完所有材料后，让他们填写所有题项。填写冲动性购买量表（对未打算购买产品的消费意愿）、准社会互动量表、沟通风格的前测量表和相应的人口统计学变量题项，包括年龄、性别、婚姻状况和教育程度等。

3.3.3.4　数据分析

操纵检验。独立样本 t 检验的结果显示，在任务型沟通风格的对话条件下，任务导向型的得分显著高于社交导向型（$M_{任务导向型} = 5.467$，$SD = 0.614$ vs. $M_{社交导向型} = 4.508$，$SD = 1.253$；$t(198) = 6.882$，$p < 0.001$）；在社交型沟通风格的对话条件下，社交导向型的得分明显高于任务导向型（$M_{社交导向型} = 5.586$，$SD = 0.921$ vs. $M_{任务导向型} = 4.795$，$SD = 0.921$；$t(198) = 7.128$，$p < 0.001$）。因此，这个实验操纵是成功的。

冲动购买。以主播沟通风格和直播商务平台类型为自变量，以消费者冲动购买为因变量，进行了双因素方差分析。结果显示，主播沟通风格的主效应不显著（$F(1, 196) = 0.201$，$p = 0.655$，$\eta_p^2 = 0.001$），直播商务平台类型的主效应也不显著（$F(1, 196) = 0.015$，$p = 0.903$，$\eta_p^2 = 0.000$），但主播沟通风格和直播商务平台类型的交互效应是显著的（$F(1, 196) = 15.594$，$p < 0.001$，$\eta_p^2 = 0.074$），所以假设 3 – 1 成立。然后进一步进行简单效应分析。在传统电商直播平台的条件下，消费者对主播任务型沟通风格中的冲动性购买明显高于社交型沟通风格（$M_{任务导向型} = 5.455$，$SD = 0.652$；$M_{社交导向型} = 5.025$，$SD = 0.878$；$F(1, 196) = 7.322$，$p = 0.007$，$\eta_p^2 = 0.025$，$d = 0.556$，95% CI[0.157, 0.956]），所以假设 3 – 1a 得到了验证；在娱乐内容型直播平台的条件下，消费者对主播社交型沟通风格的冲动性购买明显高于任务型沟通风格（$M_{社交导向型} = 5.525$，

$SD = 0.639$；$M_{任务导向型} = 4.985$，$SD = 1.189$；$F(1,196) = 8.287$，$p = 0.004$，$\eta_p^2 = 0.041$，$d = 0.566$，95% $\text{CI}[0.166, 0.966]$），所以假设 3-1b 得到验证，具体如图 3-3 所示。

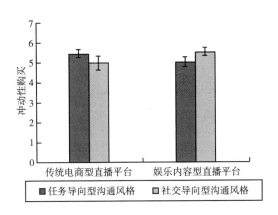

图 3-3　主播沟通风格和直播商务平台类型对消费者冲动性购买的影响

中介作用。以准社会互动 6 个问项的平均值作为被试的准社会互动得分，并按照海斯（Hayes，2017）提出的 Bootstrap 方法进行中介效应检验（重复抽取的样本数设置为 5000，置信度为 95%），数据分析结果显示，准社会互动的中介作用的检验结果不包含 0（LLCI = -0.2080，ULCI = -0.0039），表示"准社会互动"发挥了中介作用，主播沟通风格和直播商务平台类型的交互项通过准社会互动影响消费者冲动性购买的间接效应为 -0.0986，而主播沟通风格和直播商务平台类型的交互项对消费者冲动性购买的直接效应仍然显著（LLCI = -0.7732，ULCI = -0.0324），准社会互动发挥着部分中介效应。这一结果支持了假设 3-2。

3.3.3.5　结果讨论

在实验一的基础上，实验二再次验证了主播沟通风格和直播商务平台类型对消费者冲动性购买的交互作用，即在主播采用任务导向型沟通风格的情境下，传统电商型直播商务平台会使消费者产生程度更强的冲动性购买，而当主播采用社交导向型沟通风格时，娱乐内容型直播商务平台会使消费者产生程度更强的冲动性购买，假设 3-1、假设 3-1a、假设 3 - 1b 得到再次验证。并检验了准社会互动的中介作用，证明了假设 3 - 2。

3.3.4 实验三

本书旨在检验消费者孤独感的调节作用，即检验假设 3 - 3 是否成立，并对整个模型进行检验。实验三采用 2（主播沟通风格：任务导向型/社交导向型）×2(直播商务平台类型：传统电商型/娱乐内容型) 的组间实验设计。

3.3.4.1 被试与设计

本书使用 G×Power 进行了事先的统计功效分析，当组数为 4，自由度为 1，效应大小（f）为 0.25，显著性水平为 0.05，Power 值为 0.80 时，需要样本量为 180。本书通过 Credamo 平台（www. credamo. com）招募 240 名受试者（M_{age}=30.646，SD=5.829；男性 80 人，女性 160 人），完成所有问题并通过筛选问题项目（即：你在这次直播中原本打算买什么? 主播介绍的第二个产品是什么?）。

3.3.4.2 实验材料

为了操纵主播沟通风格，我们采用图片设计了主播沟通风格与直播商务平台类型的对话界面。直播商务平台类型的情景描述与预实验完全一样，主播沟通风格的情景文字描述为以下两类。

第一类：

主播说：大家好，欢迎来到浩子直播间，如果你愿意参与，请点击关注。

粉丝@清风问：能再看看蛋黄酥吗?

主播答：好的，这款蛋黄酥中蛋黄咸沙、红豆清甜、咸甜软糯、口感细腻、老少皆宜。现做现发、新鲜美味。6 种口味、自行选择，礼盒装特别适合送亲朋好友，显档次!

粉丝@清风问：有什么优惠吗？

主播答：到手价6个19.9元包邮，数量有限，看中了及时下单，马上卖完！

主播说：再来看下一件商品——凡士林情侣润唇膏。水润、不油腻，没有添加香精，含有维生素E，持续润唇对抗干裂。外观漂亮，绿色、红色两款可选。轻便小巧，外出、家用都很方便。涂抹方便、吸收很快，特别适合睡前使用。那么价格是多少呢？

粉丝@清风答：不低于30元。

主播答：那是其他直播间的价格，这里下单9.9元两个包邮到家，超值！赶紧下单。

主播说：本次直播就快要结束了，感谢大家这3小时的陪伴，我们下场直播再见！

第二类：

主播说：家人们，欢迎大驾光临浩子直播间，关注主播不迷路，主播带你上高速！

粉丝@清风问：能再看看蛋黄酥吗？

主播答：@清风，你看，这款蛋黄酥精选优质咸蛋黄，加入颗粒饱满的红豆，咸甜软糯、口感细腻、非常适合老人小孩吃。现做现发，确保家人们收到货都是最新鲜的哟！现在有6种口味，大家根据喜好自己选择。用礼盒包装送亲朋好友，特别有面儿！

粉丝@清风问：有什么优惠吗？

主播答：家人们，到手价6个19.9元包邮到家，现在只有少量备货了，如果你看中了一定要及时下单，马上就要卖完了哦！

主播说：家人们，我们再来看下一件浩子精挑细选的好货——凡士林情侣润唇膏！特定配方补水锁水滋润唇部，一点也不油腻。没有添加香精，含有维E成分，可以很长时间润唇，防止唇部干裂。颜值非常高，绿色、红色两款可根据需要自己选择哦。重量很轻不占地方，特别适合放在包包里。外出用、家里用都方便。你看，就这样涂抹上去，很方便，一下子就吸收了，非常适合睡前使用。那么，家人们猜猜价格多少"上车"？

粉丝@清风答：不会低于 30 元。

主播答：那是其他直播间的价格，浩子家精选 9.9 元两个包邮到家，这非常超值的哦！赶紧下单吧。

主播说：本场直播就快要结束了，我很舍不得家人们，感谢家人们这 3 小时的陪伴，我们下场直播一定要来哦！

我们重新编制了刺激材料，并使用了与实验二相同的 7 点量表对主播沟通风格和准社会互动进行了测量。主播的任务导向沟通风格 Cronbach's alpha 值为 0.716，社交导向沟通风格 Cronbach's alpha 值为 0.878，准社会互动 Cronbach's α 值为 0.724。

冲动性购买的量表参考维尔哈根和范·多伦（2011）的研究，并结合研究情景进行了修改，采用了 4 个题项（这场直播会让我自发地购买这个润唇膏；即使我没有计划购买润唇膏，观看这段直播也会诱使我购买这个润唇膏；即使我不打算购买润唇膏，看这个主播推荐也会改变我的想法；当我真实加入这场直播对话时，我可能无法拒绝购买这个润唇膏），通过 7 点量表进行测量，Cronbach's α 值为 0.713。

消费者孤独感的量表参考皮特斯（Pieters，2013）的研究，采用了 10 个题项（我与身边的人合得来；我缺少陪伴；我很少与人合得来；我不觉得孤单；我是一个外向的人；我感觉被排除在外；我觉得被人孤立；我愿意时能找到伙伴；当我沉闷时我觉得非常不开心；我觉得人们在我身边但并不关心我），通过 5 点量表进行测量，Cronbach's α 值为 0.971。

3.3.4.3　实验流程

第一，在实验开始前，研究者会告知每一名被试者此次实验是关于直播商务消费者行为的调查，结果仅供学术研究之用，所有题项均无对错之分，根据个人情况进行选择，并提醒被试实验是自愿参与、要求年满 18 周岁、允许随时终止作答，确保其对实验过程的知情、同意。第二，在确保每位被试者了解实验目的和要求之后，240 名被试随机进入 4 个场景中，如果被试出现明显的前后语义矛盾或全选同一答案，将通过 Credamo 平台再次招聘被试完成该场景的实验。第三，被试阅读直播平台类型的介绍材料，并通过选择、文字撰写回想最近的使用体验。被试阅读主播沟通风格的操纵材料，并通过测试题项来判断被试完成的质量（区分消费者本身打算购买的产品和未打算购买的产品）。第四，在被试阅读完所有材料后，让他们填写所有题项。填写冲动性购买量表（对未打算购买产品的消费意愿）、准社会互动量表和消费者孤独感量表、沟通风格的前测量表和相应的人口统计学变量题项，包括年龄、性别、婚姻状况和教育程度等。

3.3.4.4　数据分析

操纵检验。独立样本 t 检验的结果显示，在任务型沟通风格的对话条件下，任务导向型的得分显著高于社交导向型（$M_{任务导向型} = 5.402$，$SD = 0.692$ VS. $M_{社交导向型} = 5.106$，$SD = 0.716$；$t(238) = 3.256$，$p = 0.001$）；在社交型沟通风格的对话条件下，社交导向型的得分明显高于任务导向型（$M_{社交导向型} = 5.681$，$SD = 0.978$ VS. $M_{任务导向型} = 5.165$，$SD = 1.230$；$t(238) = 3.601$，$p < 0.001$）。因此，这个实验操纵是成功的。

冲动购买。以主播沟通风格和直播商务平台类型为自变量，以消费者冲动购买为因变量，进行了双因素方差分析。结果显示，主播沟通风格的主效应不显著（$F(1, 236) = 0.712$，$p = 0.400$，$\eta_p^2 = 0.003$），直播商务平台类型的主效应也不显著（$F(1, 236) = 1.303$，$p = 0.255$，$\eta_p^2 = 0.005$），但主播沟通风格和直播商务平台类型的交互效应是显著的（$F(1, 236) = 131.426$，$p < 0.001$，$\eta_p^2 = 0.358$），所以假设 3 - 1 成立。然后进一步进行简单效应分析。在传统电商直播平台的条件下，消费者对主播任务型沟通风格中的冲动性购买明显高于社交型沟通风格（$M_{任务导向型} = 5.213$，$SD = 0.576$；$M_{社交导向型} = 4.154$，$SD = 0.640$；$F(1, 236) = 79.450$，$p < 0.001$，$\eta_p^2 = 0.252$，$d = 1.739$，95% CI[1.319, 2.160]），所以假设 3 - 1a 得到了验证；在娱乐内容型直播平台的条件下，消费者对主播社交型沟通风格的冲动性购买明显高于任务型沟通风格（$M_{社交导向型} = 5.046$，$SD = 0.700$；$M_{任务导向型} = 4.179$，$SD = 0.678$；$F(1, 236) = 53.276$，$p < 0.001$，$\eta_p^2 = 0.184$，$d = 1.258$，95% CI[0.867, 1.650]），所

以假设3-1b得到验证，具体如图3-4所示。

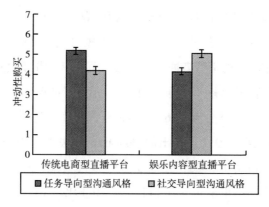

图3-4 主播沟通风格和直播商务平台类型对消费者冲动性购买的影响

调节作用。以消费者孤独感10个问项的平均值作为被试的孤独感得分，按照海斯（2017）提出的Bootstrap方法进行调节效应检验（重复样本数设定为5000，置信度为95%）。孤独感的调节效应不包含0（LLCI = -0.1730，ULCI = -0.0051），说明消费者孤独感调节了主播沟通风格与直播商务平台类型的交互效应对冲动购买的影响，所以假设3-3得到了验证。进一步地，我们考察了消费者孤独感在主播沟通风格与直播商务平台类型的匹配（即任务型沟通风格与传统电商型直播商务平台更加匹配，社交型沟通风格与娱乐内容型直播商务平台更加匹配）对消费者冲动性购买的影响，孤独感的调节效应系数为-0.3277，95% CI不包括0

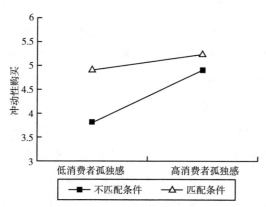

图3-5 消费者孤独感的调节效应

［LLCI = -0.4764，ULCI = -0.1789］。根据艾肯等（Aiken et al.，1991）提出的方法和程序进行简单斜率分析，调节效应如图 3-5 所示。在消费者孤独感高的情况下，表现为无论主播沟通风格与直播商务平台类型是否匹配，都会产生较强的消费者冲动性购买；而在消费者孤独感低的情况下，主播沟通风格和直播商务平台类型越匹配，消费者冲动性购买越强。

中介作用。以准社会互动 6 个问项的平均值作为被试的准社会互动得分，并按照海斯（2017）提出的 Bootstrap 方法进行中介效应检验（重复抽取的样本数设置为 5000，置信度为 95%），数据分析结果显示，准社会互动的中介作用结果不包含 0（LLCI = -0.1912，ULCI = -0.0133），表示"准社会互动"发挥了中介作用，消费者孤独感对主播沟通风格和直播商务平台类型的交互项通过准社会互动影响冲动性购买的间接效应为 -0.0913，而主播沟通风格与直播商务平台类型的交互项对消费者冲动购买的直接影响仍然显著（LLCI = 0.5496，ULCI = 1.634）。这一结果进一步支持了假设 3-2。参照前一部分的分析，我们同样考察了准社会互动在消费者孤独感调节主播沟通风格与直播商务平台类型的匹配对冲动性购买之间关系的中介作用。分析结果显示，准社会互动的中介作用系数为 -0.1259，95% CI 不包括 0（LLCI = -0.2011，ULCI = -0.0571），进一步表示"准社会互动"发挥了中介作用。

3.3.4.5 结果讨论

在实验一、实验二的基础上，再次验证了主播沟通风格和直播商务平台类型对消费者冲动性购买的交互作用，即在主播采用任务导向型沟通风格的情境下，传统电商型直播商务平台会使消费者产生程度更强的冲动性购买，而当主播采用社交导向型沟通风格时，娱乐内容型直播商务平台会使消费者产生程度更强的冲动性购买，假设 3-1、假设 3-1a、假设 3-1b 得到再次验证。同时，进一步检验了准社会互动的中介作用，证明了假设 3-2。此外，考察了消费者孤独感在主播沟通风格与直播商务平台类型的交互效应对冲动性购买中的调节作用，在消费者孤独感高的情况下，表现为无论主播沟通风格与直播商务平台类型是否匹配，都会产生较强的消费者冲动性购买；而在消费者孤独感低的情况下，主播沟通风格和直播商务平台类型越匹配，消费者冲动性购买越强，所以假设 3 - 3 得到了验证。

3.4　本章小结

本章基于沟通理论，采用了情景实验方法，分析了直播商务中主播沟通风格与直播商务平台类型的匹配对消费者冲动性购买的影响。如表 3 - 1 所示，本章提出的所有假设都得到验证。

表 3 - 1 　　　　　　　　　本章所有假设检验结果

假设检验	结果
主播沟通风格和直播商务平台类型对消费者冲动性购买产生交互影响	支持
在社交导向的情况下，相对于传统电商型，娱乐内容型的直播商务平台会使消费者产生更高的冲动性购买	支持
在任务导向的情况下，相对于传统电商型，娱乐内容型的直播商务平台会使消费者产生更低的冲动性购买	支持
准社会互动在主播沟通风格和直播商务平台类型对消费者冲动购买的影响中发挥中介作用	支持
消费者孤独感调节主播沟通风格和直播商务平台类型对消费者冲动购买的影响。在消费者孤独感高的情况下，表现为无论主播沟通风格与直播商务平台类型是否匹配，都会产生较强的消费者冲动性购买；而在消费者孤独感低的情况下，主播沟通风格和直播商务平台类型越匹配，消费者冲动性购买越强	支持

具体来看，第一，主播沟通风格和直播商务平台类型的交互作用对消费者冲动性购买具有积极作用，但这二者单独对消费者冲动性购买却不存在影响。在主播社交导向型沟通风格的条件下，娱乐内容型的直播商务平台的影响会更加强烈；而在主播任务导向型沟通风格的条件下则完全相反。即任务型沟通风格与传统电商型直播商务平台更加匹配，社交型沟通风格与娱乐内容型直播商务平台更加匹配。已有研究探讨了沟通风格在产品销售、售后服务中的效果（van Dolen et al. ，2007；Chattaraman et al.，2019；De Cicco et al.，2020），在已有研究基础上，本书进一步证明了沟通风格的作用。此外，吴娜等（2020）证明了主播沟通风格与消费者沟通风格相似性对产品购买意愿的影响。查塔拉曼等（2019）研究表明，虚拟购物助理的沟通风格与用户互联网能力、用户交流方式的交互对在线购物任务的作用。这也侧面说明了主播沟通风格不会单独产生影响，可能需要结合其他因素共同作用。本书参考韩（2021）关于直播商务平台类型的分类，并将其引入与主播沟通风格的交互效应中，为今后的直播商务消费者冲动性购买研究提供了新的影响因素。

第二，主播沟通风格和直播商务平台类型的交互作用会通过准社会互动影响消费者冲动性购买。已有研究探讨了社交媒体情境中对消费者购买影响机制中，准社会互动发挥着中介作用（Lee and Watkins，2016；吴娜等，2020）。在冲动性购买领域中，本书则响应巴斯克斯等（Vazquez et al.，2020）在社交商务研究中的呼吁，较早地将准社会互动作为直播商务消费者冲动性购买的中介机制。研究表明，直播商务领域与社交商务类似，与具有影响力的他人之间会产生准社会互动，而非真实的互动。准社会互动同样是一种非常重要的视角，有助于打开直播商务中冲动性购买的"黑箱"。

第三，消费者孤独感在其中发挥着调节作用，并且，在消费者孤独感高的情况下，表现为无论主播沟通风格与直播商务平台类型是否匹配，都会产生较强的消费者冲动性购买；而在消费者孤独感低的情况下，主播沟通风格和直播商务平台类型越匹配，消费者冲动性购买越强。孤独感作为重要的人格特质，近年来才进入营销学者的视野，关于其如何影响消费者决策的研究仍然不够充分（Chen et al.，2021）。已有研究表明孤独的消费者更注重物质（Pieters，2013），更可能进行冲动消费（Sinha and Wang，2013）。遵循这样的思路，本书进一步将消费者孤独感引入直播商务的场景中，并证明了其发挥的调节效应，为我们深刻理解直播商务中的个人特质提供了新思路。

第4章　消费者相对剥夺感
对冲动性购买的影响

　　本章基于意义维持模型，从消费者认知的视角，探讨消费者相对剥夺感对冲动性购买的影响。并通过结构方程模型分析逃避动机、感知自我效能、自我损耗的中介作用，通过模糊集定性比较分析揭示上述不同前因如何匹配和相互作用，在考察影响冲动性购买的单个变量净效应的基础上，进一步探索其多个前因的组合效应。

4.1　问题提出

　　据我们所知，目前对直播的研究很少关注个体心理特征的作用。而相关研究发现，人际比较更易形成消极的心理倾向，比如相对剥夺感、不公平感等（Kim et al.，2018）。个体的相对剥夺感（individual relative deprivation，IRD）是个体通过与参照群体横向或纵向比较评价，认知到不公平以及自身处于不利地位，进而体验到愤怒和不满等负性情绪的一种主观认知和情绪体验（Reh et al.，2018）。频繁的相对剥夺感会给个体的心理和行为带来负面影响（Smith et al.，2012）。意义维持模型为缓解个体的负面情绪提供一个有用的理论视角。根据意义维持模型，当个体的生命意义遭到违反后，为了维持生命意义，会选择其他补偿行为（Heine et al.，2006）。因此，用户通过选择观看直播，逃避现实生活和情绪问题（Chen and Chang，2019），更可能购买主播推荐的产品来规避个体的负性生活体验，现在从这个视角的研究仍然缺少。此外，现有文献仍然缺乏有效的理论框架来解释个体认知对直播商务消费者行为的作用。

基于以上所述，我们在这项研究中提出的基本问题如下。

- 在直播商务中，消费者相对剥夺感和冲动性购买行为间的关系是什么？
- 在上述关系中，影响它们的作用机制是什么？
- 这些因素怎么组合才会促进/抑制个体产生冲动性购买行为？以及这些组合路径的差异性？

4.2　理论基础与假设推演

4.2.1　意义维持模型

意义维持模型从个体心理需求来源的角度，分析自我不确定感的应对方式。意义维持模型认为，人类是意义的创造者，它们通过建立连贯的联系，识别模式并在以前未遇的场景和环境中找到关联来实现意义（Heine et al.，2006）。也就是说，个体需要通过预期关系的心理表征来感知事件，从而按照对世界的理解来组织事件（Proulx and Inzlicht，2012）。海涅等（Heine et al.，2006）认为，意义是自我与世界以一种预期的方式联结起来，而人类是天生的意义寻求者，确定感需求、归属感需求、自尊需求和精神永存的需求等构成了一套完整的意义系统。意义是关系性的，并以预期和可预测的方式将个体、社区、经验和想法彼此联系起来（Li et al.，2020）。"意义"构成一个完整的意义系统，包含着个体对外部世界、自我，以及自我与世界关系等的认识（Proulx and Heine，2010）。

当个体感知到意义侵犯后，会通过重新建立连贯的关系和有意义的联想来重建意义（Li et al.，2020）。具体而言，当新经验与个体基于意义系统做出的预期相违背时，便发生了意义违反，并诱发意义维持的动机。不确定、不一致和预期违背是意义违反最常见的三种分类（Markman et al.，2013）。厌恶激起在意义违反和行为补偿过程中扮演着承上启下的角色，是后续行为补偿的直接动力（左世江等，2016）。如果从间接意义的角度来进行意义的补偿，那么就属于流动补偿，这也是意义维持模型的核心假设（左世江等，2016）。系统的破坏可以通过肯定其他意义框架（例如，从属关系）来补偿（Yang，2020）。也就是说个体如果体验到意义感的缺失，就可能通过流动补偿的方式来进行弥补，这样就可以保持意义系统的完整性。期望和经验之间的不一致会导致厌恶激起状态和系列旨在减少厌恶激起的常见补偿行为（Pinquart et al.，2021）。

因此，将相对剥夺作为一种意义违反的形式会引起厌恶激起，消费者可能会试图通过流动补偿来减少这种激起。具体来说，这种补偿可能包括通过观看直播和冲动性购买主播推荐的产品来逃避这种厌恶激起。

表4-1对意义维持模型相关的国内外研究进行了梳理。

表4-1　　　　　　　　意义维持模型相关的国内外研究总结

文献	主题	期刊
Mara and Appel (2015)	与一个陌生的、非常像人类的机器人的对抗（恐怖谷现象）可能会违反我们的意义框架，而科幻小说的叙述可以补偿这种意义的缺失	Computers in Human Behavior
Ali et al. (2017)	当意义和连贯性受到威胁时，偏见作为一种补偿策略，会促使个人启动并升级为激进化的道路	Aggression & Violent Behavior
胡月等 (2018)	彩民购彩可以弥补个体感知命运控制后的生命意义感	心理学报
Randles et al. (2018)	将暂时增加工作记忆能力作为对人们经历不确定性的补偿策略	PLOS One
Yang et al. (2019)	使用自尊作为一种流动补偿的模式，来弥补由于自我不确定性而造成的意义中断	Biological Psychology
Yang et al. (2020)	自我的不确定性增加了过去和现在自我之间的主观距离，评估过去自我的过程有助于个人处理对现在自我的不确定感	Social Behavior and Personality

4.2.2 相对剥夺感与冲动性购买

个体相对剥夺是社会比较过程导致的结果，其特点是负面评价和主观的挫折感（Mishra and Novakowski，2016）。近年来，一些研究表明，各种形式的相对剥夺（如收入不平等）（Cuesta and Budría，2015）与个人的身体和心理健康密切相关。如果个体在日常生活中经历相对剥夺，可能会产生严重的负面影响，如不信任（Yu et al.，2020）、赌博（Callan et al.，2011）、酗酒（Bloomfield et al.，2019）、焦虑（Gero et al.，2017），甚至自杀（Pak and Choung，2020）。即使个体所处的社会阶层较高，但如果设定一个更高水平的参照群体，也可能产生相对剥夺感。尤其当无法满足个体特定期待，那么对期待的享受感及对拥有可能性的信心会受到影响，个体就产生了冲突和负面情绪（即厌恶唤醒）。因此，个体相对剥夺可以被认为是一种意义违反的状态。

根据意义维持模型，我们可以预测，当个体经历高度的相对剥夺时，他们会转向流动补偿，以努力解决冲突并确保心理和情绪平衡（Bond et al.，2004；Xu and Sun，2020）。以前的研究已经指出了个人在经历相对匮乏时采取的几种应对策略，比如赌博（Callan et al.，2011）、补偿消费（Feng and Hu，2019）、游戏成瘾（Yang et al.，2021）、犯罪（Dennison and Swisher，2019），以及自我改善（Callan et al.，2011）。除此以外，冲动性购买也被认为是一种潜在的应对策略。当个体与他人进行社会比较的过程中，由于处于比较劣势，从而产生不满情绪，对个体的行为选择产生影响。比如，桑迪普和诺瓦科夫斯基（Mishra and Novakowski，2016）分析了个体相对剥夺感与冲动特征具有的正相关关系，对个体的赌博行为、反社会行为与延迟折扣行为有显著的影响。在一个日趋唯物主义的社会中，金钱和财产等物质为个体脆弱的身心提供了可靠的保护，帮助其获得控制感，减轻痛苦（Zhang and Zhang，2016）。已有研究表明，冲动购买属于物质主义的一种特殊表现形式（Dittmar and Bond，2010），那些相对剥夺感越高的个体越容易出现物质主义（Zhang and Zhang，2016；

Kim et al.，2017）。这也从侧面说明，对于物质主义的追求可能是一种补偿策略，为了缓解消极的情绪体验，购买许多本不需要但是能够提高社会地位的物质。虽然很少有直接的研究来证明它们之间的关系，但可以从自我控制和冲动性购买之间的负面关系来推断（Hofmann et al.，2012；Finley and Schmeichel，2019）。与正常消费者相比，冲动购买者更倾向于情绪化，特别是在决定购物之前更容易出现厌倦、悲伤和焦虑等负面情绪。而且，这些冲动购买的消费者在购买之后，通常感受到消极情绪得到了改善（Faber and Christenson，1996；王广峰，2019）。在社交商务的场景中，个体更愿意与社交媒体中有影响力的名人交流，减少个体的相对剥夺感（Cho，2014）。在观看直播时，那些相对剥夺感越高的个体，其自控能力越弱，并带有不良的消极情绪体验，通过与主播的交流，冲动地购买主播推荐的产品或服务。因此，根据以上讨论，我们提出如下假设。

假设4-1：直播商务中消费者的相对剥夺感对冲动性购买具有正向的影响。

4.2.3　逃避动机的中介作用

根据意义维持模型，当个体在日常生活中遇到不满意的事件时，可能会产生相对剥夺感，导致意义的违反，引起焦虑、压力、挫折等厌恶情绪，进而引发解脱情感需求和动机（Lee et al.，2007）。为了缓解相对剥夺感带来的负面情绪，个体有可能会从认知和行为层面进行应对，例如，具有强烈相对剥夺感的个体会经历更多的负面行为，如前所述，如赌博（Callan et al.，2011）和酗酒（Bloomfield et al.，2019），而这些行为又是由高水平的逃避动机刺激的。逃避动机指的是一种摆脱当前所面临的负面情绪状态的动机，也就是说在现实世界中遭受挫折的人往往有逃避现实的内在动力（Kim，2017；Li et al.，2021a）。当个体感到相对匮乏时，他们应该变得有动力去改善他们的状况（Tabri et al.，2015）。比如，卡伦等（Callan et al.，2011）研究表明，赌博提供了一种即时和戏剧性的方式来纠正感知的财务差距，为经济利益而赌博的动机已被确定为无序赌博的关键因素。类似的研究表明，逃避动机与负性生活事件的非适应性应对有关（Flack and Morris，2017），观看直播也是逃避现实的有效手段，让个体摆脱烦恼，减轻压力（Chen and Lin，2018；Chen and Chang，2019）。因此，处于相对弱势地位的个体可能会体验到较强的压力，作为意义系统的一部分，相对剥夺感可以激发出个体使用直播的逃避动机。

为了应对意义的违反，个人可能会通过冲动性购买的方式寻求补偿。已有研究表明，冲动购买可以通过个人的享乐需要（Zheng et al.，2019；Yi and Jai，2020）、寻求多样性和差异的动机（Sharma et al.，2010；Iyer et al.，2020）、缺乏自我控制（Palma et al.，2018）以及逃避负面情绪的愿望而诱发（P. Liu et al.，2019）。冲动性购买可能是逃避负面心理状态和试图改善情绪的有效途径（Silvera et al.，2008；Sneath et al.，2009）。维普兰肯和赫拉巴迪（2001）在研究中也发现了类似的结果，并指出冲动购买往往与个人想逃避负面的心理认知有关，如低自尊、负面的感觉或情绪。戴伊和斯里瓦斯塔瓦（Dey and Srivastava，2017）对商场消费的青少年进行调查，发现乐趣、社交互动、新奇、逃避现实和外界欣赏是冲动性购买的有效预测因素。与线下冲动性购买类似，我们认为，在直播商务中冲动性购买也是消费者应对现实的一种可能性的逃避行为。研究发现，逃避现实是个体观看直播和在线购物的重要内在动机，在线冲动性购买能使个体在物质上寻求满足，在短时间内缓解消极情绪（Chen and Lin，2018；Sundström et al.，2019；Zheng et al.，2019）。

因此，根据以上讨论，我们提出如下假设。

假设4-2-1：直播商务中消费者的相对剥夺感对逃避动机具有正向的影响。

假设4-2-2：直播商务中消费者的逃避动机对冲动性购买具有正向的影响。

假设4-2-3：直播商务中消费者的逃避动机在相对剥夺感对冲动性

购买的影响过程中发挥着中介作用。

4.2.4　感知自我效能的中介作用

如前所述，社会比较可能导致相对剥夺感，引发消极行为。例如，个人与团队中的其他人进行比较（Suh and Flores，2017），已被证明会诱发缺勤（Geurts et al.，1994）、低主观幸福感（Luttmer，2005）、身体压力症状增加（Walker and Mann，1987），以及身体健康状况不佳（Eibner and Evans，2005）。相反，相对剥夺也可以产生积极行为，例如，克服了内部消极反应的专业发展行为（Smith et al.，2012）。此外，当人们进行自我改善行为以减少与相对匮乏相关的不适感时，会产生积极的结果，这反过来又可能会带来成就经验（例如，积极参与提高个人就业能力的发展活动）（Zoogah，2010），从而导致自我效能的提高。李等（2018）已经证明了，自我效能在感知控制和在线购物中扮演着中介角色。参考霍切瓦尔等（Hocevar et al.，2014）的研究，将其社交媒体自我效能感的概念引申到直播商务中。具体来说，直播商务中消费者感知自我效能指的是个体对自我在直播背景下执行所需功能的能力的信念，它是个人意义补偿过程中使用的策略。当个体的相对剥夺感这一意义违反过程激发了逃避动机时，他们在直播商务中更期待与主播建立紧密的关系结构，更有可能利用其他观众对自我的认可和正面看法来补偿其负面情绪，并采用购买主播推荐的产品或服务的行为，从而产生强烈的消费者自我效能感知。

自我效能是一种更广泛的内在资源的参与，它包含了情感、认知和行为（Tsarenko and Strizhakova，2013）。感知自我效能与动机密切相关，会受内部线索的影响而发生改变（Gist and Mitchell，1992）。在自我效能的基础上，个人可以决定为特定活动做准备及应采取的行动，比如逃避现实、枯燥的日常工作，实现正常的心态、环境和/或生活方式的暂时转移（Chung et al.，2014）。观看直播成为一个逃避日常生活的机会，成为了逃避动机的具体化表现（Chen and Lin，2018；Chen and

Chang，2019）。已有研究表明，个体可能通过尝试逃避对行为规范的认知意识来将注意力集中在更直接、更愉快的结果上（Alvy et al.，2011）。由于流动补偿，消费者逃避动机越强，他们就越想专注于其他事情，最好是他们擅长的部分。例如，如果消费者对某个特定的知识领域感到不确定，他们会高估自己在其他方面的能力（Alba and Hutchinson，2000）。因此，我们推测逃避动机程度较高的消费者，为了逃避生活常态，可能更希望通过一系列的购物或打赏行为与主播建立联系，享受接触新事物的乐趣和自由的感觉。总之，逃避动机的强弱影响到感知自我效能的程度。

感知自我效能会影响个体的行为选择（Gong et al.，2020a），他们会倾向于执行自己力所能及的事情，而回避超出自我能力范围的任务（Bandura，1986；San-Martín et al.，2020）。与自我效能程度较高的人相比，程度越低的个体利用和参与社交媒体相关行为和活动的可能性越小（Gong et al.，2020a）。已有研究证明，网络和计算机自我效能感是预测网络购物的最佳指标（Liu et al.，2019a）。也就是说，当消费者在网上浏览时，面对自己想要的商品，会引起使用情绪的联想，进而产生自我效能，而且感知自我效能越强烈越难以抵制，消费者产生冲动购买的概率越大。如果直播用户想要在直播平台获得主播及其他用户的青睐，感知到较高的自我效能，他们可能需要购买额外的补充和物品，比如购买主播推荐的产品、游戏使用时的道具，给主播赠送虚拟礼物等（Gong et al.，2020a）。因此，消费者在直播商务中感知到强烈的自我效能有助于促进个体重建意义系统，补偿相对剥夺导致的意义缺失。同时，消费者的厌恶情绪得到缓解，行为习惯不断强化，其冲动购买的可能性大大增加。

因此，根据以上讨论，我们提出如下假设。

假设4-3-1：直播商务中消费者的相对剥夺感对感知自我效能具有正向的影响。

假设4-3-2：直播商务中消费者的逃避动机对感知自我效能具有正向的影响。

假设 4 - 3 - 3：直播商务中消费者感知自我效能对冲动性购买具有正向的影响。

假设 4 - 3 - 4：直播商务中消费者感知自我效能在相对剥夺感对冲动性购买的影响过程中发挥着中介作用。

假设 4 - 3 - 5：直播商务中消费者感知自我效能在逃避动机对冲动性购买的影响过程中发挥着中介作用。

4.2.5　自我损耗的中介作用

自我损耗理论为解释相对剥夺和冲动性购买行为之间的关系提供了一个新的视角。自我耗损与自我控制密切相关，自我损耗是指在经过一段时间需要自我控制资源的活动后，自我控制力耗尽（Hagger et al.，2010）。已有研究表明，在企业运营过程中，繁重的任务量和高度的焦虑感会持续消耗个体的自我控制资源，导致能量消耗和自我损耗（Hagger et al.，2010；Wu et al.，2021）。因此，这种包含焦虑感在内的自我负面情绪会造成自我损耗。德沃尔等（DeWall et al.，2011）认为，假设个体完成相同的任务，相对于感知高权力地位的个体而言，感知低权力地位的个体会产生更强的自我损耗。同时，那些经济上被剥夺的个体具有更明显的认知负担，并削弱注意力（Mani et al.，2013），这也进一步证明了相对剥夺会造成自我损耗（Vohs et al.，2012）。

自我控制的内在机制是在有限的资源或能力基础上运作的（Schmeichel et al.，2010），逃避动机的增加是造成自我控制失败的一种机制（Findley，2014）。逃避动机会导致认知资源的损耗和控制的增加，导致个体拥有的心理资源量更加稀少，更容易造成认知超负荷（Roskes et al.，2013）。这也支持了逃避动机和自我损耗之间的联系（Elliot et al.，2014）。当个体感到相对匮乏时，更可能具有逃离负面情绪的动机（Smith et al.，2012）。然而，他们观看直播的逃避动机越高，可能越渴望倾向于流动补偿。为了补偿他们从相对社会地位中体验到的负面情绪，相对被剥夺的个体可能会更多地关注、专注于另一个意义域或任务，来提升改善当下的表现

(Tabri et al.，2015；Yang，2020)。因此，这些个体会在自我控制方面投入更多的身体、情感和心理资源，导致个体有限资源的自我损耗（丁倩等，2020）。因此，个体的逃避动机越强，越有可能遇到自我损耗。

个体在日常生活中经常会不可避免地消耗心理能量，为了更好地进行自我控制行为，自我控制资源的损耗会影响行为控制（李薇薇，2014；Costa and Neves，2017）。然而心理能量是有限的，当资源库里的能量被耗尽之后，个体就会进入自我损耗的状态，产生不理智的心态，对环境、行为进行控制的意愿也会随之下降（Lee et al.，2018）。博迈斯特等（Baumeister et al.，2008）认为，当自我调节的资源枯竭时，消费者倾向于做出次优的选择，并且更有可能受到欲望、冲动和渴望的影响。比如，如果个体经历了自我损耗，那么他能接受更高的商品购买价格。资源耗竭状态（由于情境自我控制需求而导致的行为调节资源耗竭）与其他负面情绪状态不同，对冲动购买的影响更大（Vohs and Faber，2007；Vohs and Baumeister，2016）。当个体进行自我损耗任务后，高损耗组的自我控制资源就被耗竭，这时候更加容易产生冲动性购买。也就是说，自我损耗程度高的个体更容易进行冲动性购买（杨博文，2015）。

因此，根据以上讨论，我们提出如下假设。

假设 4 - 4 - 1：直播商务中消费者的相对剥夺感对自我损耗具有正向的影响。

假设 4 - 4 - 2：直播商务中消费者的逃避动机对自我损耗具有正向的影响。

假设 4 - 4 - 3：直播商务中消费者自我损耗对冲动性购买具有正向的影响。

假设 4 - 4 - 4：直播商务中消费者自我损耗在相对剥夺感对冲动性购买的影响过程中发挥着中介作用。

假设 4 - 4 - 5：直播商务中消费者自我损耗在逃避动机对冲动性购买的影响过程中发挥着中介作用。

4.2.6　逃避动机和感知自我效能的链式中介作用

通过上述分析可以发现，消费者相对剥夺感既可以通过逃避动机驱动消费者冲动性购买，也可以通过感知自我效能驱动消费者冲动性购买。根据前文的讨论，我们认为逃避动机可以增强直播消费过程中的感知自我效能。根据意义维持模型，当个体激起厌恶，产生意义违反后，其会通过一系列策略来进行自我的行为补偿，最后弥补、满足自我的生命意义。遵循这样的逻辑，我们认为，消费者在日常生活中或多或少都会与更高等级阶层进行比较，出现不同程度的相对剥夺感，继而可能会通过观看直播来逃避心理上的负性情绪，感受到直播所带来的效能感，建立与平台、主播的心理联系，更多地购买主播推荐但自己原本并未打算消费的产品（服务）。因此，根据以上讨论，我们提出如下假设。

假设 4-5：直播商务中消费者逃避动机和感知自我效能在相对剥夺感对冲动性购买的影响过程中发挥着链式中介作用。

4.2.7　逃避动机和自我损耗的链式中介作用

我们进一步提出逃避动机和自我损耗在相对剥夺感对冲动性购买之间起链式中介作用。根据前文的推导，消费者相对剥夺感不仅影响逃避动机，而且影响自我损耗与冲动性购买，同时逃避动机也影响自我损耗。此外，意义维持模型表明，缓解生命意义的过程实质上就是链式中介作用的形成机制。因此，根据以上讨论，我们提出如下假设。

假设 4-6：直播商务中消费者逃避动机和自我损耗在相对剥夺感对冲动性购买的影响过程中发挥着链式中介作用。

综合以上理论分析与假设推演，图 4-1 构建了消费者相对剥夺感对冲动性购买的研究模型。

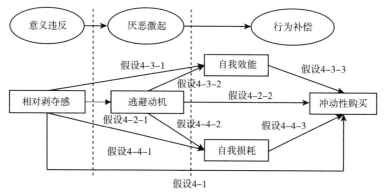

图 4-1 消费者相对剥夺感对冲动性购买的研究模型

4.3 研究设计与方法

4.3.1 测量

（1）相对剥夺感。本书采用卡伦等（2011）开发的相对剥夺感量表，共有 5 个题项，采用李克特 5 点量表计分，即"1 = 完全不符合，5 = 完全符合"。

（2）逃避动机。本书采用陈和张（Chen and Chang, 2019）使用的逃避动机量表。该量表共有 3 个题项，采用李克特 5 点量表计分，即"1 = 完全不符合，5 = 完全符合"。

（3）感知自我效能。本书改编范等（Fan et al., 2020）编制的 IT 自我效能量表。该量表共有 3 个题项，采用李克特 5 点量表计分，即"1 = 完全不符合，5 = 完全符合"。

（4）自我损耗。本书采用拉纳伊等（Lanaj et al., 2014）编制的量表。该量表共有 5 个题项，采用李克特 5 点量表计分，即"1 = 完全不符合，5 = 完全符合"。

（5）冲动性购买。该变量的测量采用维尔哈根和范·多伦（2011）开发的冲动性购买量表，共计 4 个题项，采用李克特 5 点量表计分，即

"1 = 完全不符合，5 = 完全符合"。

（6）控制变量。选取了样本的性别、年龄、婚姻状况、教育程度及月收入水平作为控制变量（Santini et al.，2019），因为这些变量与相对剥夺感、逃避动机、感知自我效能、自我损耗与冲动性购买存在一定的关联性。

变量测量题项如表 4 - 2 所示。

表 4 - 2   变量测度、因子载荷

变量	测度项	测量条目	因子载荷	参考文献
相对剥夺感	RD1	将自己所拥有的与他人相比，我感觉到自己被剥夺了（认知）	0.741	Callan et al. (2011)
	RD2	与他人相比，我认为自己处于优势地位（认知）	0.715	
	RD3	当我看到别人很富有时，我感到很愤怒（情感）	0.727	
	RD4	当我将自己拥有的与他人相比，我意识到自己很富有（认知）	0.723	
	RD5	与其他相似个体相比，我对自己所拥有的不满意（情感）	0.739	
逃避动机	EM1	我看直播是为了逃避现实	0.887	Chen and Chang (2019)
	EM2	我看直播是为了忘掉烦恼	0.888	
	EM3	我看直播是为了避免不好的感觉	0.866	
感知自我效能	SE1	我有信心自己有能力有效地使用直播来休闲/学习/工作	0.930	Fan et al. (2020)
	SE2	我不怀疑自己有能力有效地使用直播来休闲/学习/工作	0.906	
	SE3	我觉得可以放心地使用直播来休闲/学习/工作	0.916	
自我损耗	ED1	观看直播后，我觉得自己的意志力已经消失了	0.770	Lanaj et al. (2014)
	ED2	观看直播后，我觉得很累	0.781	
	ED3	观看直播后，我得花很多力气才能专心做一件事	0.788	
	ED4	观看直播后，我无法吸收任何信息	0.790	
	ED5	观看直播后，我的心思不集中	0.789	

续表

变量	测度项	测量条目	因子载荷	参考文献
冲动性购买	IB1	我购买直播间的产品（道具）或打赏是自发的	0.918	Verhagen and van Dolen (2011)
	IB2	我购买直播间的产品（道具）或打赏是无计划的	0.984	
	IB3	在看直播之前，我并没有打算购买产品（道具）或打赏	0.910	
	IB4	当我观看直播的时候，我就忍不住去购买产品（道具）或打赏	0.927	

4.3.2 数据收集和样本

为了确保被试对问卷的填写质量，本书通过"翻译—回译"所借鉴的外文成熟量表，使之符合中国人的文化情境与认知习惯。同时，合理设计注意力测试题项（Oppenheimer et al.，2009），撰写填写说明，告知问卷只针对有过直播平台消费经历的个人匿名填写，且声明问卷内容仅用于学术研究，采用设置 IP 地址的方法避免一人重复填写。对于反义题项，将数据进行了转换。此外，在问卷填写界面设置判断被试是否有过直播平台消费，删除没有观看过的被试。通过"问卷星"平台样本库精准推送问卷，并对问卷填写质量好的被试者给予现金奖励。对无效问卷剔除后，有效问卷共计 497 份。由表 4-3 可知，有效样本的构成分布合理，能够对所收集数据开展进一步分析。

4.3.3 分析方法

为了达到研究目的，根据谢和蔡（Xie and Tsai，2021）的建议，结合本书实际，通过以下步骤来分析收集的数据。第一，使用初步测试（包括异常值和正态性，拟合指数，收敛效度，信度和判别效度以及通用方法偏差）来评估测量模型。第二，基于协方差的 SEM（使用 Mplus 8.3 执行）更适合于测试探索性模型、评估预测模型（David Garson，2016），因

表 4 - 3　　　　　　　　　样本的描述性统计（N = 497）

控制变量	具体选项	频数	百分比（%）	控制变量	具体选项	频数	百分比（%）
性别	男	243	48.9	月收入水平	无收入	20	4
性别	女	254	51.1	月收入水平	500 元以下	4	0.8
婚姻状况	未婚	231	53.5	月收入水平	501～1000 元	13	2.6
婚姻状况	已婚	266	46.5	月收入水平	1001～1500 元	20	4
教育程度	小学及以下	2	0.4	月收入水平	1501～2000 元	16	3.2
教育程度	初中	29	5.8	月收入水平	2001～3000 元	23	4.6
教育程度	高中/中专	77	15.5	月收入水平	3001～5000 元	84	16.9
教育程度	大专	347	69.8	月收入水平	5001～10000 元	238	47.9
教育程度	大学本科	36	7.2	月收入水平	10001～20000 元	68	13.7
教育程度	硕士及以上	6	1.2	月收入水平	20000 元以上	11	2.2

此，用其分析研究变量间作用的净影响，并尝试厘清自变量（相对剥夺感）与因变量（冲动性购买）间可能存在的中介作用机制。第三，fsQCA（使用 fsQCA 3.0 执行）分析导致冲动性购买强弱的条件配置。第四，确定了结果变量的必要条件。第五，探讨了研究变量的预测效度。第六，基于复杂性理论的六个原则对 fsQCA 的结果进行评估（Woodside，2014）。第七，通过计算 NCA、瓶颈分析和调整阈值证明研究结论的稳健性。

4.4　数据处理与结果分析

4.4.1　对称性分析

对称性分析包括两个部分：一是对相对剥夺感、逃避动机、感知自我效能、自我损耗和冲动性购买的构成维度进行验证；二是采用基于协方差的结构方程模型检验相对剥夺感、逃避动机、感知自我效能、自我损耗和冲动性购买间的路径系数。

4.4.1.1 共同方法偏差

通过使用 Mplus 8.3 对相对剥夺感（RD）、逃避动机（EM）、感知自我效能（SE）、自我损耗（ED）和冲动性购买（IB）的因子结构进行验证性因子分析，由表 4 - 4 的各拟合指标值判断，研究模型优于其他 7 个备选模型，有效说明 RD、EM、SE、ED 及 IB 分属不同构念，表示研究量表建构效度良好。

表 4 - 4 变量间区分效度检验结果

模型	χ^2	df	CFI	TLI	SRMR	AIC	BIC	RMSEA（90% CI）
五因子模型	191.369	160	0.996	0.995	0.024	26298.997	26593.598	0.020（0.003, 0.030）
四因子模型 a	1189.302	164	0.860	0.838	0.097	27288.930	27566.697	0.112（0.106, 0.118）
四因子模型 b	1527.551	164	0.814	0.785	0.106	27627.179	27904.946	0.129（0.123, 0.135）
四因子模型 c	1054.359	164	0.879	0.859	0.108	27153.986	27431.753	0.105（0.099, 0.111）
四因子模型 d	1086.045	164	0.874	0.854	0.115	27185.672	27463.439	0.106（0.100, 0.112）
三因子模型 e	2495.437	167	0.683	0.639	0.138	28589.065	28854.206	0.167（0.162, 0.173）
二因子模型 f	3309.503	169	0.572	0.519	0.161	29399.130	29655.854	0.193（0.188, 0.199）
单因子模型 g	4546.583	170	0.404	0.333	0.206	30634.211	30886.726	0.228（0.222, 0.233）

注：a. 相对剥夺感 + 逃避动机，感知自我效能，自我损耗，冲动性购买；b. 相对剥夺感 + 感知自我效能，逃避动机，自我损耗，冲动性购买；c. 相对剥夺感 + 自我损耗，逃避动机，感知自我效能，冲动性购买；d. 相对剥夺感 + 冲动性购买，逃避动机，感知自我效能，自我损耗；e. 相对剥夺感 + 逃避动机，感知自我效能 + 自我损耗，冲动性购买；f. 相对剥夺感 + 逃避动机 + 感知自我效能 + 自我损耗，冲动性购买；g. 相对剥夺感 + 逃避动机 + 感知自我效能 + 自我损耗 + 冲动性购买。

由于 RD、EM、SE、ED 及 IB 的数据均为受访者报告，存在共同方法偏差（common method biases，CMB）的风险。本书采用 Harman 单因素方法分析，结果如表 4 – 4 所示，单因子模型的拟合指数均不理想（$\chi^2/df = 26.74$，$RMSEA = 0.228$，$CFI = 0.404$，$TLI = 0.333$，$SRMR = 0.206$），间接地表示本书不存在严重的共同方法偏差。

4.4.1.2　信度、效度分析

通过 Cronbach's α 系数、组合信度（composite reliability，CR）来衡量问卷的信度，一般而言，它们分别用来测量观察变量和潜在变量的内部一致性程度。如表 4 – 5 所示，本书所采用问卷的 Cronbach's α、CR 值的计算结果均在 0.8 以上，远高于 0.7 的阈值标准，这充分说明本书的信度较为理想。

表 4 – 5　　　　　　　　　　构念的 Cronbach's α、CR、AVE 值

变量	Cronbach's α	CR	AVE
相对剥夺感	0.850	0.850	0.532
逃避动机	0.911	0.912	0.775
感知自我效能	0.941	0.941	0.842
自我损耗	0.888	0.888	0.614
冲动性购买	0.965	0.965	0.875

测量模型的评价关注观测变量是否足以反映与其相对应的潜在变量。收敛效度是相似组项的集合收敛所达到的有效性水平。判断收敛效度共有两条标准：第一，各题项中强因子负荷大于 0.7，并且所有因子载荷在统计上显著（0.5 ~ 0.95）；第二，平均方差析出量（average variance extracted，AVE）应大于 0.5。由表 4 – 2 可知，测量模型各题项的因子载荷系数大多超过 0.7，由表 4 – 5 可知，所有构念的 AVE 值均超过了 0.5 的阈值，这两点充分表明测量模型具有良好的收敛效度。区分效度指的是一组观测变量从某一相关潜变量到模型中其他潜变量的区别程度。通过福内尔和拉克尔（Fornell and Larcker，1981）建议的方法建立判别有效性，即 AVE 值的平方根必须大于相应行和列中构造的相关性系数绝对值。从表 4 – 6 中可以看出，所有构念的 AVE 值的平方根均大于其相应行和列

中构造的相关性系数绝对值，说明观测变量可以有效地反映其潜在变量，潜在变量具有良好的区别效度。

表 4 – 6　　　　　　　　构念的均值、标准差及相关系数

变量	Mean	SD	1	2	3	4	5	6	7	8	9	10
性别	1.510	0.500										
年龄	27.770	5.702	-0.061									
婚姻	0.535	0.499	0.048	0.594**								
教育程度	3.810	0.715	0.065	-0.004	0.016							
收入	7.200	1.949	-0.040	0.486**	0.436**	0.179**						
相对剥夺感	3.039	1.014	0.028	-0.019	-0.006	-0.030	0.017	**0.729**				
逃避动机	3.137	1.217	0.032	-0.015	-0.036	0.051	0.017	0.197**	**0.880**			
感知自我效能	3.019	1.327	0.080	-0.004	-0.045	-0.015	0.003	0.165**	0.201**	**0.918**		
自我损耗	2.715	1.022	0.034	-0.028	-0.039	-0.033	-0.033	0.240**	0.218**	0.220**	**0.784**	
冲动性购买	3.044	1.288	-0.029	-0.028	-0.018	-0.099*	-0.058	0.253**	0.274**	0.248**	0.261**	**0.935**

注：Mean = 均值，SD = 标准差，对角线加粗的数字表示 AVE 值的平方根；* 表示 $p < 0.05$，** 表示 $p < 0.01$。

4.4.1.3　相关分析

采用皮尔逊相关法分析各变量之间的相关性，各研究变量的均值、标准差和相关矩阵如表4 – 6所示，研究表明：（1）性别、年龄、婚姻和收入与消费者冲动性购买不相关，而教育程度与消费者冲动性购买负相关（$\gamma = -0.099$，$p < 0.05$）；（2）相对剥夺感与逃避动机显著正相关（$\gamma = 0.197$，$p < 0.01$），与感知自我效能显著正相关（$\gamma = 0.165$，$p < 0.001$），与自我损耗显著正相关（$\gamma = 0.240$，$p < 0.01$），与冲动性购买显著正相关（$\gamma = 0.253$，$p < 0.01$）；（3）逃避动机与感知自我效能显著正相关（$\gamma = 0.201$，$p < 0.001$），与自我损耗显著正相关（$\gamma = 0.218$，$p < 0.01$），与冲动性购买显著正相关（$\gamma = 0.274$，$p < 0.01$）；（4）感知自我效能与自我损耗显著正相关（$\gamma = 0.220$，$p < 0.01$），与冲动性购买显著正相关（$\gamma = 0.248$，$p < 0.01$）；（5）自我损耗与冲动性购买显著正相关（$\gamma = 0.261$，$p < 0.001$）。

4.4.1.4　路径系数

在检验链式中介作用假设之前（H4 – 5、H4 – 6），运用结构方程模型（structural equation model，SEM）检验变量间的路径系数，研究结果如图 4 – 2 所示。结果表明，相对剥夺感对逃避动机（$\beta = 0.223$，$p < 0.001$）、感知自我效能（$\beta = 0.151$，$p < 0.01$）、自我损耗（$\beta = 0.236$，$p < 0.001$）和冲动性购买（$\beta = 0.65$，$p < 0.001$）都有显著的正向影响，逃避动机对感知自我效能（$\beta = 0.185$，$p < 0.01$）、自我损耗（$\beta = 0.192$，$p < 0.001$）和冲动性购买（$\beta = 0.186$，$p < 0.01$）都有显著的正向影响，感知自我效能和自我损耗对冲动性购买（$\beta = 0.162$，$p < 0.001$；$\beta = 0.127$，$p < 0.01$）都有显著的正向影响。此外，控制变量中性别（$\beta = -0.057$，$p > 0.05$）、年龄（$\beta = -0.005$，$p > 0.05$）、婚姻（$\beta = -0.029$，$p > 0.05$）、收入（$\beta = 0.068$，$p > 0.05$）对冲动性购买的影响不显著，只有教育程度对冲动性购买具有显著的负向影响（$\beta = -0.085$，$p < 0.05$）。结果也支持了假设 4 – 2 – 1、假设 4 – 2 – 2、假设 4 – 3 – 1、假设 4 – 3 – 2、假设 4 – 3 – 3、假设 4 – 4 – 1、假设 4 – 4 – 2、假设 4 – 4 – 3。同时，该模型各拟合指数符合要求，$\chi^2/df = 1.116$，小于 5；$CFI = 0.996$ 和 $TLI = 0.995$，超过 0.9；$RMSEA = 0.015$，$SRMR = 0.036$，小于 0.08，说明该模型拟合良好。

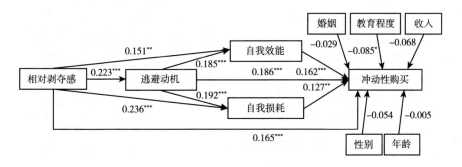

图 4 – 2　模型结果

注：＊表示 $p < 0.05$，＊＊表示 $p < 0.01$，＊＊＊表示 $p < 0.001$。

4.4.1.5 链式多重中介效应

为了进一步探究消费者相对剥夺感对冲动性购买的链式多重中介效应分析步骤，按照方杰等（2014）提出的多重中介效应建议，使用拔靴法（Bootstrap）对链式中介效应进行分析，模型拟合程度良好（χ^2/df = 1.26，CFI = 0.994，TLI = 0.993，$SRMR$ = 0.038，AIC = 26308.916，BIC = 26599.309，$RMSEA$ = 0.023），具体分为以下三个方面（见表 4 - 7）：（1）逃避动机、感知自我效能和自我损耗的特定路径中介效应，即 M1 = a1 × b1、M2 = a1 × b2、M3 = a3 × b3、M4 = d1 × b2、M5 = d2 × b3、M5 = a1 × d1 × b2 和 M6 = a1 × d2 × b3；（2）总的中介效应，即 M1 + M2 + M3 + M4 + M5 + M6；（3）对比中介效应，即 D1 = M2 - M1、D2 = M3 - M1、D3 = M3 - M2、D4 = M4 - M1、D5 = M4 - M2、D6 = M4 - M3、D7 = M5 - M1、D8 = M5 - M2、D9 = M5 - M3、D10 = M5 - M4、D11 = M6 - M1、D12 = M6 - M2、D13 = M6 - M3、D14 = M6 - M4、D15 = M6 - M5、D16 = M7 - M1、D17 = M7 - M2、D18 = M7 - M3、D19 = M7 - M4、D20 = M7 - M5 和 D21 = M7 - M6。

表 4 - 7　　　　逃避动机、感知自我效能和自我损耗的中介效应值

路径	中介效应值		置信区间	
	β	SE	上限	下限
M1：相对剥夺感→逃避动机→冲动性购买	0.050 **	0.019	0.020	0.096
M2：相对剥夺感→感知自我效能→冲动性购买	0.030 *	0.014	0.009	0.066
M3：相对剥夺感→自我损耗→冲动性购买	0.040 *	0.017	0.012	0.081
M4：逃避动机→感知自我效能→冲动性购买	0.030 *	0.012	0.010	0.060
M5：逃避动机→自我损耗→冲动性购买	0.026 *	0.012	0.007	0.056
M6：相对剥夺感→逃避动机→感知自我效能→冲动性购买	0.008 *	0.004	0.003	0.020
M7：相对剥夺感→逃避动机→自我损耗→冲动性购买	0.007 *	0.004	0.002	0.018

续表

路径	中介效应值		置信区间	
	β	SE	上限	下限
D1：M2 - M1	- 0.020	0.024	- 0.068	0.024
D2：M3 - M1	- 0.010	0.027	- 0.067	0.041
D3：M3 - M2	0.009	0.022	- 0.033	0.055
D4：M4 - M1	- 0.020	0.024	- 0.071	0.021
D5：M4 - M2	- 0.001	0.015	- 0.033	0.029
D6：M4 - M3	- 0.010	0.022	- 0.054	0.032
D7：M5 - M1	- 0.024	0.025	- 0.078	0.020
D8：M5 - M2	- 0.005	0.018	- 0.044	0.030
D9：M5 - M3	- 0.014	0.014	- 0.052	0.005
D10：M5 - M4	- 0.004	0.017	- 0.038	0.030
D11：M6 - M1	- 0.042	0.018	- 0.086	- 0.012
D12：M6 - M2	- 0.022	0.013	- 0.057	- 0.003
D13：M6 - M3	- 0.031	0.018	- 0.073	- 0.002
D14：M6 - M4	- 0.021	0.009	- 0.044	- 0.007
D15：M6 - M5	- 0.017	0.013	- 0.048	0.004
D16：M7 - M1	- 0.043	0.019	- 0.089	- 0.013
D17：M7 - M2	- 0.023	0.014	- 0.058	- 0.001
D18：M7 - M3	- 0.032	0.015	- 0.070	- 0.009
D19：M7 - M4	- 0.023	0.013	- 0.052	- 0.002
D20：M7 - M5	- 0.019	0.009	- 0.042	- 0.005
D21：M7 - M6	- 0.001	0.005	- 0.012	0.008

注：＊表示 $p < 0.05$，＊＊表示 $p < 0.01$。

将 Bootstrap 重复抽样设定为 5000 次，结果如表 4 - 7 所示，消费者相对剥夺感通过逃避动机到冲动性购买的特定路径中介效应 M1 为 0.050，通过感知自我效能到冲动性购买的特定中介效应 M2 为 0.030，通过自我损耗到冲动性购买的特定中介效应 M3 为 0.040；逃避动机通过感知自我效能到冲动性购买的特定中介效应 M4 为 0.030，通过自我损耗到冲动性购买的特定中介效应 M5 为 0.026；相对剥夺感依次通过逃避动机和感知自我效能到冲动性购买的特定中介效应 M6 为 0.008，依次通过逃避动机和自我损耗到冲动性购买的特定中介效应 M7 为 0.007，同时 M1、M2、M3、M4、M5、M6 和 M7 的置信区间上、下限均不包含 0，充分表明七个特定中介效应均显著，假设 4 - 2 - 3、假设 4 - 3 - 4、假设 4 - 3 - 5、假设 4 - 4 - 4、假设 4 - 4 - 5、假设 4 - 5 和假设 4 - 6 得到进一步支持。

此外，相对剥夺感通过逃避动机、感知自我效能和自我损耗这三个中介变量产生的总中介效应为 0.191，偏差校正的 95% CI（CI = [0.119, 0.279]）也不包含零。因此，消费者相对剥夺感对冲动性购买的影响是经由逃避动机、感知自我效能和自我损耗产生的。

从对比中介效应来看，（1）无差异地对比中介效应：①M1 与 M2 的特定中介效应之间的差异 D1 = - 0.020 不显著（偏差校正的 95% CI 包含零，CI = [- 0.068，0.024]），表明逃避动机和感知自我效能在相对剥夺感影响冲动性购买过程中发挥的中介效应相当。

②M1 和 M3 的特定中介效应之间的差异 D2 = - 0.010 不显著（偏差校正的 95% CI 包含零，CI = [- 0.067，0.041]），表明逃避动机和自我损耗在相对剥夺感影响冲动性购买过程中发挥的中介效应相当。

③M2 和 M3 的特定中介效应之间的差异 D3 = 0.009 不显著（偏差校正的 95% CI 包含零，CI = [- 0.033，0.055]），表明感知自我效能和自我损耗在相对剥夺感影响冲动性购买过程中发挥的中介效应相当。

④M1 和 M4 的特定中介效应之间的差异 D4 = - 0.020 不显著（偏差校正的 95% CI 包含零，CI = [- 0.071，0.021]），表明逃避动机在相对剥夺感影响冲动性购买过程中发挥的中介效应和感知自我效能在逃避动机影响冲动性购买过程中发挥的中介效应相当。

⑤M2 与 M4 的特定中介效应之间的差异 D5 = - 0.001 不显著（偏差校正的 95% CI 包含零，CI = [- 0.033，0.029]），表明感知自我效能在相对剥夺感影响冲动性购买过程中发挥的中介效应与其在逃避动机影响冲动性购买过程中发挥的中介效应相当。

⑥M3 与 M4 的特定中介效应之间的差异 D6 = -0.010 不显著（偏差校正的 95% CI 包含零，CI = [-0.054，0.032]），表明自我损耗在相对剥夺感影响冲动性购买过程中发挥的中介效应和感知自我效能在逃避动机影响冲动性购买过程中发挥的中介效应相当。

⑦M1 与 M5 的特定中介效应之间的差异 D7 = -0.024 不显著（偏差校正的 95% CI 包含零，CI = [-0.078，0.020]），表明逃避动机在相对剥夺感影响冲动性购买过程中发挥的中介效应和自我损耗在逃避动机影响冲动性购买过程中发挥的中介效应相当。

⑧M2 与 M5 的特定中介效应之间的差异 D8 = -0.005 不显著（偏差校正的 95% CI 包含零，CI = [-0.044，0.030]），表明感知自我效能在相对剥夺感影响冲动性购买过程中发挥的中介效应与自我损耗在逃避动机影响冲动性购买过程中发挥的中介效应相当。

⑨M3 与 M5 的特定中介效应之间的差异 D9 = -0.014 不显著（偏差校正的 95% CI 包含零，CI = [-0.052，0.005]），表明自我损耗在相对剥夺感影响冲动性购买过程中发挥的中介效应和感知自我效能在逃避动机影响冲动性购买过程中发挥的中介效应相当。

⑩M4 与 M5 的特定中介效应之间的差异 D10 = -0.004 不显著（偏差校正的 95% CI 包含零，CI = [-0.038，0.030]），表明感知自我效能和自我损耗在逃避动机影响冲动性购买过程中发挥的中介效应相当。

⑪M5 与 M6 的特定中介效应之间的差异 D15 = -0.017 不显著（偏差校正的 95% CI 包含零，CI = [-0.048，0.004]），表明逃避动机和感知自我效能的链式中介效应与自我损耗在逃避动机影响冲动性购买过程中发挥的个别中介效应无差异。

⑫M6 与 M7 的特定中介效应之间的差异 D21 = -0.001 不显著（偏差校正的 95% CI 包含零，CI = [-0.012，0.008]），表明逃避动机和感知自我效能的链式中介效应与逃避动机和自我损耗的链式中介效应无差异。

（2）有差异地对比中介效应：①M6 与 M1 的特定中介效应之间的差异 D11 = -0.042 显著（偏差校正的 95% CI 不包含零，CI = [-0.086，-0.012]），说明逃避动机和感知自我效能的链式中介效应显著弱于逃避动机在相对剥夺感影响冲动性购买过程中发挥的个别中介效应。

②M6 与 M2 的特定中介效应之间的差异 D12 = −0.022 显著（偏差校正的95% CI 不包含零，CI =［−0.057，−0.003］），即逃避动机和感知自我效能的链式中介效应显著弱于感知自我效能在相对剥夺感影响冲动性购买过程中发挥的个别中介效应。

③M6 与 M3 的特定中介效应之间的差异 D13 = −0.031 显著（偏差校正的95% CI 不包含零，CI =［−0.073，−0.002］），即逃避动机和感知自我效能的链式中介效应显著弱于自我损耗在相对剥夺感影响冲动性购买过程中发挥的个别中介效应。

④M6 与 M4 的特定中介效应之间的差异 D14 = −0.021 显著（偏差校正的95% CI 不包含零，CI =［−0.044，−0.007］），说明逃避动机和感知自我效能的链式中介效应显著弱于感知自我效能在逃避动机影响冲动性购买过程中发挥的个别中介效应。

⑤M7 与 M1 的特定中介效应之间的差异 D16 = −0.043 显著（偏差校正的95% CI 不包含零，CI =［−0.089，−0.013］），说明逃避动机和自我损耗的链式中介效应显著弱于逃避动机在相对剥夺感影响冲动性购买过程中发挥的个别中介效应。

⑥M7 与 M2 的特定中介效应之间的差异 D17 = −0.023 显著（偏差校正的95% CI 不包含零，CI =［−0.058，−0.001］），即逃避动机和自我损耗的链式中介效应显著弱于感知自我效能在相对剥夺感影响冲动性购买过程中发挥的个别中介效应。

⑦M7 与 M3 的特定中介效应之间的差异 D18 = −0.032 显著（偏差校正的95% CI 不包含零，CI =［−0.070，−0.009］），即逃避动机和自我损耗的链式中介效应显著弱于自我损耗在相对剥夺感影响冲动性购买过程中发挥的个别中介效应。

⑧M7 与 M4 的特定中介效应之间的差异 D19 = −0.023 显著（偏差校正的95% CI 不包含零，CI =［−0.052，−0.002］），说明逃避动机和自我损耗的链式中介效应显著弱于感知自我效能在逃避动机影响冲动性购买过程中发挥的个别中介效应。

⑨M7 与 M5 的特定中介效应之间的差异 D20 = -0. 019 显著（偏差校正的 95% CI 不包含零，CI = [-0. 042， -0. 005]），说明逃避动机和自我损耗的链式中介效应显著弱于自我损耗在逃避动机影响冲动性购买中发挥的个别中介效应。

尽管 SEM 结果显示了相对剥夺感和个体内部状态对冲动性购买的净影响，但我们应进一步计算条件配置以解释直播用户的预期结果（Xie and Tsai，2021）。而且，SEM 的结果基于强冲动性购买与强冲动性购买的前因条件相反而得出的。然而，预测否定结果的前因条件并不是简单地解释高程度研究结果前因的相反面（Jaw et al.，2015；Olya et al.，2019）。因此，可以通过使用 fsQCA 中的组态配置来探究前因条件与强/弱程度冲动性购买间的不对称关系。

4.4.2 非对称性分析

在 SEM 分析的基础上，我们获得了消费者冲动性购买的影响因素（即相对剥夺感、逃避动机、感知自我效能、自我损耗和受教育程度）。接下来，我们将应用模糊集定性比较分析（fsQCA）来研究这些因素组合的影响，并尝试了解不同的组合将如何影响消费者冲动性购买。fsQCA 是一种将模糊集理论与布尔逻辑相结合的分析技术，可以分析非对称数据并确定导致结果的条件变量组合，有效区分结果的必要和充分的因果条件（Fiss，2011）。

4.4.2.1 校准

fsQCA 数据校准就是对所要研究的案例进行集合隶属分数赋予的过程（Schneider and Wagemann，2012）。分析之前需要对原始数据进行校准，将其转化为值在 0 ~ 1 的模糊集（Ragin，2009）。考虑到相对剥夺感、逃避动机、感知自我效能、自我损耗和冲动性购买这五个研究条件均采用不同数目题项的成熟量表进行测量，因此需要将各相应题项均值作为各条件的赋值，并按照 95% 完全隶属值（Full In），5% 完全不隶属（Full

Out）和 50% 交叉点（Cross Point）的标准，在 fsQCA3.0 的校准选项中进行数据校准，校准详情如表 4－8 所示。此外，教育程度作为分类变量，我们按照易明等（2018）的建议，将高中及以下学历的校准为 0，大学专科学历的校准为 0.33，大学本科学历的校准为 0.67，研究生学历校准为 1。

表 4－8   连续变量的标准校准

条件	完全隶属	交叉点	完全不隶属
相对剥夺感	1.58	2.80	4.62
逃避动机	1.33	3.33	5.00
感知自我效能	1.20	2.80	4.40
自我损耗	1.00	3.00	5.00
冲动性购买	1.00	3.00	5.00

4.4.2.2 必要性分析

在进行数据校准之后，fsQCA 分析要进行单个条件的必要性检测，即判断结果的实例是否构成条件实例的子集（Ragin，2009），并根据分析结果将必要条件进行合理删除。同时，必要条件的模糊集分析可以在根据逻辑余项将复杂解简化为简约解时，减少将某些必要条件忽略的现象（里豪克斯和拉金，2017）。必要条件模糊子集关系的一致性如式（4－1）所示，覆盖率如式（4－2）所示：

$$consistency(Xi \leqslant Yi) = \frac{\sum \min(Xi, Yi)}{\sum Xi} \qquad (4-1)$$

$$coverage(Xi \leqslant Yi) = \frac{\sum \min(Xi, Yi)}{\sum Yi} \qquad (4-2)$$

在式（4－1）和式（4－2）中，Yi 是结果集，Xi 是条件集。具体而言，通过 fsQCA3.0 软件中的 "Necessary Conditions" 分析选项，计算一致性分数，当一致性分数大于 0.9，则认为该条件是结果的必要条件。本书对实现冲动性购买行为（强和弱两个程度）的单个条件进行必要性检测，得出的单个条件的一致性分数如表 4 - 9 所示，可知本书中单个条件的一致性分数均低于 0.9，不存在单个条件是高冲动性购买行为和非高冲动性购买的必要条件，说明不存在单一变量单独影响冲动性购买，即冲动性购买是被交叠的多因素、多条件影响的，并非单因素导致，各前因条件也不是引致结果的充分条件，因此所有条件保留，构建真值表。

表 4 - 9　　　　　　　QCA 方法单个条件的必要性检验

条件	强冲动性购买		弱冲动性购买	
	必要性一致性	必要性覆盖率	必要性一致性	必要性覆盖率
教育程度	0.417603	0.735877	0.426696	0.714374
～教育程度	0.837911	0.606037	0.842240	0.578765
相对剥夺感	0.707133	0.688966	0.590857	0.546945
～相对剥夺感	0.535000	0.579179	0.663997	0.682952
逃避动机	0.668446	0.717911	0.515405	0.525917
～逃避动机	0.558582	0.548172	0.723549	0.674626
感知自我效能	0.687633	0.699601	0.553110	0.534651
～感知自我效能	0.542612	0.561015	0.689230	0.677040
自我损耗	0.641294	0.701068	0.545139	0.566208
～自我损耗	0.603195	0.582598	0.712192	0.653543

注：～表示"非"，即条件不存在。

4.4.2.3　充分条件分析

对冲动性购买同时进行事实和反事实解的充分性分析，首先构建 2^k 行组成的真值表（k 表示条件数），每行对应一个条件的配置。当计算所有可能的配置时，会显示频率。本书选取了 5 个前因条件，将存在 32 条组态，按频率和一致性进行排序（Ragin，2009），对于大于 150 种情况的样本，频率阈值可以设置为 3，删除低阈值（Fiss，2011；Ragin，2009）。原始一致性（raw consistency）阈值最低为 0.75（Rihoux and Ragin，2008），根据本书的实际情况设置为 0.80（例如，Farivar and Richardson，2021）。帕帕斯和伍德赛德（Pappas and Woodside，2021）建议，不一致时的比例减少一致性（proportional reduction in inconsistency，PRI Consistency）阈值最低为 0.5（Greckhamer et al.，2018），根据本书的实际情况设置为 0.6（例如，Vinke-de Kruijf et al.，2020）。再进行路径标准化分析，可以得到复杂解、简约解和中间解。将简约解和中间解相结合，对结果进行更详细、更全面地了解（Fiss，2011）。如表 4 - 10 所示，强冲动性购买的是或非（即出现或缺失），各有 3 种条件组态，总体一致性为 0.854463，总体覆盖率为 0.445068，组合路径解释度较高。

表 4 - 10　　　　　　　　　　强冲动性购买的充分条件分析

构型	强冲动性购买		
	C1a	C1b	C2
教育程度	⊗		●
相对剥夺感		●	⊗
逃避动机	●	●	⊗
感知自我效能	●	●	⊗
自我损耗	●	●	●
一致性	0.885117	0.904057	0.837858
覆盖率	0.364279	0.352350	0.168288
净覆盖率	0.0402183	0.0348426	0.0440633
总体一致性	0.854463		
总体覆盖率	0.445068		

注：通过 fsQCA3.0 软件得出的中间解，其中"●"或"●"表示该条件存在，"⊗"或"⊗"表示该条件不存在，"●"或"⊗"表示该条件为核心条件，"●"或"⊗"表示该条件为边缘条件，"空白"表示该条件组态中同时有存在和不存在两种可能。

按照具有相同核心条件的前因构型进行归类，从而将其归纳为以下两种消费者强冲动性购买触发模式。

第一种模式 C1 的前因构型包括两个子模式（C1a 和 C1b），高逃避动机、高感知自我效能和高自我损耗为产生强冲动性购买的核心条件，说明这三者在该组态中发挥互补作用。具体来看，C1a 的另一个辅助条件为低教育程度，说明其与核心条件共同驱动强冲动性购买的产生，前因构型为"～教育程度×逃避动机×感知自我效能×自我损耗"。该组态结果显示，对于具备高逃避动机、高自我损耗的直播用户，感知到较高程度的自我效能时，产生冲动性购买的可能性更大，而学历程度越低的用户，对于直播过程接触的信息不能很好地辨别，更容易受到主播、平台的影响，产生冲动性购买。

C1b 的另一个辅助条件为高相对剥夺感，说明其与核心条件共同驱动强冲动性购买的产生，前因构型为"相对剥夺感×逃避动机×感知自我效能×自我损耗"。该组态结果显示，对于具备高逃避动机、高自我损耗的直播用户，感知到较高程度的自我效能时，产生冲动性购买的可能性更大，而如果在日常生活中感知到相对剥夺越严重的用户，缓解消极情绪的动机越明显，越容易产生冲动性购买。

第二种模式 C2 的前因构型为"教育程度×～相对剥夺感×～逃避动机×～感知自我效能×自我损耗"，高教育程度、低相对剥夺感和高自我损耗为产生强冲动性购买的核心条件，说明这三者在该组态中共同发挥作用，低逃避动机和低感知自我效能为辅助条件，说明其与核心条件共同驱动强冲动性购买的产生。该组态结果显示，对于受教育程度较高、在生活中感知到的相对剥夺低、观看直播产生自我损耗水平高的个体，如果逃避现实的渴望较低，并且观看直播只能感知到较低程度的自我效能时，产生冲动性购买的可能性更大。

如图 4 - 3 所示，绘制了三种构型的 XY 图，以表明消费者强冲动性购买及其先行条件的不对称关系。

此外，如表 4 - 11 所示，fsQCA 说明了三种导致弱冲动性购买的因果模型。第一种配置表明，消费者相对剥夺感低、逃避动机低、感知自我效能低和自我损耗程度弱等因素相结合会导致弱冲动性购买（NC1）。第二种配置表明，当消费者受教育程度高、相对剥夺感较低且用户面临

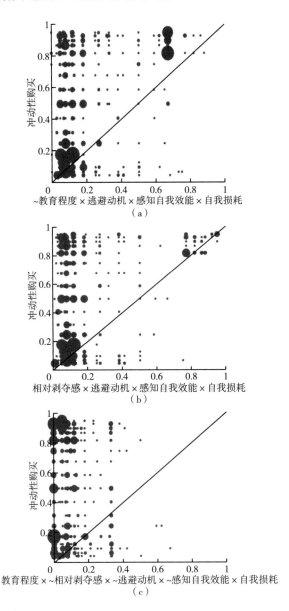

图 4 - 3　强冲动性购买的组态 XY 图

较低的逃避动机和较弱的感知自我效能时，就会出现弱冲动性购买（NC2）。第三种配置表明，弱水平的冲动性购买是低教育程度、低相对剥夺感、低逃避动机、高感知自我效能和高自我损耗等因素的结合（NC3）。

表 4 – 11　　　　　　　　　　弱冲动性购买的充分条件分析

构型	弱冲动性购买		
	NC1	NC2	NC3
教育程度		●	⊗
相对剥夺感	⊗	⊗	⊗
逃避动机	⊗	⊗	⊗
感知自我效能	⊗	⊗	●
自我损耗	⊗		●
一致性	0.877762	0.883213	0.864673
覆盖率	0.360907	0.246427	0.264144
净覆盖率	0.0927975	0.0132568	0.0712394
总体一致性	0.842311		
总体覆盖率	0.453994		

注：通过 fsQCA3.0 软件得出的中间解，其中"●"或"●"表示该条件存在，"⊗"或"⊗"表示该条件不存在，"●"或"⊗"表示该条件为核心条件，"●"或"⊗"表示该条件为边缘条件，"空白"表示该条件组态中同时有存在和不存在两种可能。

图 4 – 4 的 XY 图，表明消费者弱冲动性购买及其先行条件的不对称关系。

4.4.2.4　预测效度

根据帕帕斯和伍德赛德（2021）的建议，本书检测了预测效度，也就是研究模型在其他样本中预测因变量的程度（Gigerenzer and Brighton，2009；Woodside，2014）。预测效度非常重要，因为模型如果仅拟合良好并不一定证明可以提供良好预测水平（Pappas et al.，2016；Pappas and Woodside，2021）。所以，本书将样本分为子样本和保留样本，进行与整体样本相同的分析，将子样本获得的构型用保留样本进行测试。表 4 – 12 显示了强、弱冲动性购买的子样本构型，研究构型的总体一致性（0.829554 和 0.845265）和覆盖率（0.449789 和 0.472983 都较高）。同时，如图 4 – 5 所示，使用保留样本对子样本一致性最强的构型进行了预测效度测试，表明子样本的研究构型对保留样本同样具有较高的预测能力。

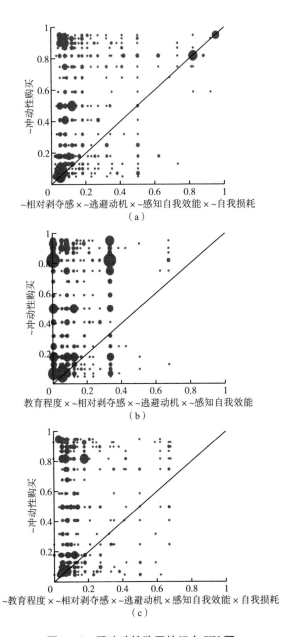

图 4 – 4　弱冲动性购买的组态 XY 图

表 4 - 12　　　　　　　　　　冲动性购买的子样本构型

类别	构型	一致性	覆盖率	净覆盖率
强冲动性购买	S1：～教育程度 × 相对剥夺感 × 逃避动机 × 感知自我效能	0.846041	0.379982	0.071458
	S2：～教育程度 × 逃避动机 × 感知自我效能 × 自我损耗	0.854454	0.378331	0.069808
	总体一致性	0.829554		
	总体覆盖率	0.449789		
弱冲动性购买	NS1：～教育程度 × ～相对剥夺感 × ～逃避动机 × ～感知自我效能 × ～自我损耗	0.901268	0.321460	0.121154
	NS2：～教育程度 × 相对剥夺感 × ～逃避动机 × ～感知自我效能 × 自我损耗	0.868135	0.264276	0.061627
	NS3：～教育程度 × ～相对剥夺感 × ～逃避动机 × 感知自我效能 × 自我损耗	0.861566	0.267426	0.076973
	总体一致性	0.845265		
	总体覆盖率	0.472983		

4.4.2.5　复杂性理论

按照伍德赛德（Woodside，2014）的建议，与谢和蔡（2021）的研究相一致，本书对 fsQCA 研究结果进行了复杂性理论六个关键原则的评价。由表 4 - 9 和表 4 - 10 可知，消费者冲动购买意愿的强或弱是由多个条件组合导致的，并不仅仅由单独的前因条件进行预测，这也支持了关键原则一。进一步地，这些多个条件变量的复杂组合（如，C1b 在表 4 - 10）足以在结果条件中始终触发强消费者冲动性购买，因此，关键原则二（配方原则）得到了支持。关键原则三（等价性原则）假设各种条件的不同组合配置都足以实现既定结果，但都不是必需的唯一路径。由表 4 - 10 可知，三种替代因果模型提供了强消费者冲动性购买的条件。类似地，从 fsQCA 出现了三种用于预测弱消费者冲动性购买的配置（见表 4 - 11），

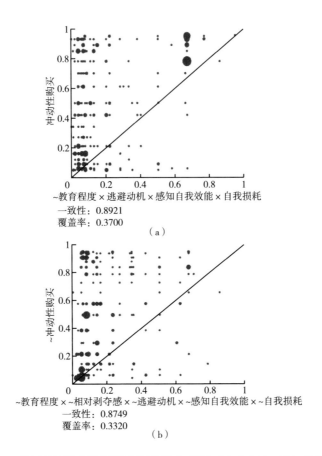

一致性：0.8921
覆盖率：0.3700
（a）

一致性：0.8749
覆盖率：0.3320
（b）

图 4 - 5 使用保持样本数据测试构型 S1 和 NS2（来自表 4 - 11）的模糊图

因此厘清实现消费者冲动性购买的替代配置可为关键原则三提供支持。关键原则四（因果不对称原则）认为，预测积极结果的配置不只是消极结果的方法相反。如表 4 - 10 与表 4 - 11 所示，强消费者冲动性购买的三种因果模型与弱消费者冲动性购买的三种配置并非完全相反。因此，关键原则四得到了支持。关键原则五假定某个条件对特定结果的出现发挥积极或消极影响，主要取决于其他条件的特征。如表 4 - 10 所示，相对剥夺感起着积极作用（C1b）和消极作用（C2）导致较强的消费者冲动性购买。因此，关键原则五得到了支持。关键原则六认为每个条件组态对结果产生的影响各不相同，均只代表相应部分影响而非整体影响，同时每个配置的覆盖率应小于 1。如表 4 - 10 与表 4 - 11 所示，每个条件组态的覆盖率都小于 1，这为关键原则六提供了支持。总体而言，所提出的因果模型支持了复杂性理论的六个关键原则。因此，复杂性理论的应用证实了相对剥夺感与个体内部状态之间复杂的相互作用，实现了直播商务中消费者冲动性购买。

4.4.2.6　稳健性检验

为了保证 fsQCA 结果的稳健性，本书通过以下三项措施进行了检验。第一，使用 R 软件进行必要条件分析（NCA）。相对于使用 fsQCA 软件而言，使用 R 软件进行必要条件分析的好处在于能够确认必要性的范围（Du and Kim，2021）。表 4 - 13 整理了使用上限回归（ceiling regression，CR）和上限包络分析（ceiling envelopment，CE）两种方法得出的校准数据的 NCA 结果（即隶属度评分）。在 NCA 中，当效应大小（d）至少为 0.1（Dul，2016），并且蒙特卡洛仿真置换检验显示效应量是显著的（Dul et al.，2020），则说明存在必要条件。整体而言，相对剥夺感和自我损耗虽然显著，但是效应量太小，不能认为是冲动性购买的必要条件。而教育程度（$p = 1.0$）、逃避动机（$p > 0.5$）和感知自我效能（$p > 0.5$）并不显著，没有通过必要条件检验。

表 4 - 13　　　　　　　　　NCA 方法必要条件分析结果

条件[a]	方法	精确度	上限区域	范围	效应量[b]（d）	P 值[c]
受教育程度	CR	100%	0.000	0.90	0.000	1.000
	CE	100%	0.000	0.90	0.000	1.000
相对剥夺感	CR	99.8%	0.003	0.86	0.004	0.010
	CE	100%	0.005	0.86	0.005	0.007
逃避动机	CR	100%	0.000	0.83	0.000	0.067
	CE	100%	0.002	0.83	0.002	0.051
感知自我效能	CR	100%	0.001	0.85	0.002	0.082
	CE	100%	0.003	0.85	0.003	0.063
自我损耗	CR	100%	0.000	0.81	0.000	0.013
	CE	100%	0.001	0.81	0.002	0.013

注：a. 核准后模糊集隶属度值。b. $0.0 \leqslant d < 0.1$："低水平"；$0.1 \leqslant d < 0.3$："中等水平"。c. NCA 分析中的置换检验（permutation test，重抽次数 = 10000）。

根据杜运周等（2020）的建议，进一步进行瓶颈分析，瓶颈水平（%）指达到结果最大观测范围的某一水平，前因条件最大观测范围内需要满足的水平值（%）。由表4-14可知，如果要实现80%的冲动性购买水平，需要0.9%水平的相对剥夺感，而其余4个条件均不存在瓶颈水平。

表4-14 　　　　　　　　　 NCA方法瓶颈水平（%）分析结果

冲动性购买	受教育程度	相对剥夺感	逃避动机	感知自我效能	自我损耗
0	NN	NN	NN	NN	NN
10	NN	NN	NN	NN	NN
20	NN	NN	NN	NN	NN
30	NN	NN	NN	NN	NN
40	NN	NN	NN	NN	NN
50	NN	NN	NN	NN	NN
60	NN	0.1	NN	NN	NN
70	NN	0.5	NN	NN	NN
80	NN	0.9	NN	NN	NN
90	NN	1.4	NN	0.6	NN
100	NN	1.8	2.2	2.1	7.8

第二，将案例数阈值由3提高至4，产生的组态基本一致（见表4-15）。

表4-15 　　　　　　　　　 冲动性购买的构型（案例数阈值4）

类别	构型	一致性	覆盖率	净覆盖率
强冲动性购买	S1：~教育程度×逃避动机×感知自我效能×自我损耗	0.885117	0.364279	0.048654
	S2：相对剥夺感×逃避动机×感知自我效能×自我损耗	0.904057	0.35235	0.036726
	总体一致性	0.890166		
	总体覆盖率	0.401005		
弱冲动性购买	NS1：~相对剥夺感×~逃避动机×~感知自我效能×~自我损耗	0.877762	0.360907	0.176593
	NS2：~教育程度×~相对剥夺感×~逃避动机×感知自我效能×自我损耗	0.864673	0.264144	0.07983
	总体一致性	0.848263		
	总体覆盖率	0.440737		

第三，将 PRI 一致性由 0.60 提高至 0.65，产生的组态基本一致（见表 4 – 16）。

表 4 – 16   **冲动性购买的构型（PRI 一致性 0.65）**

类别	构型	一致性	覆盖率	净覆盖率
强冲动性购买	S1：相对剥夺感 × 逃避动机 × 感知自我效能 × 自我损耗	0.904057	0.35235	0.35235
	总体一致性	0.904057		
	总体覆盖率	0.35235		
弱冲动性购买	NS1：~ 相对剥夺感 × ~ 逃避动机 × ~ 感知自我效能 × ~ 自我损耗	0.877762	0.360907	0.360907
	总体一致性	0.877762		
	总体覆盖率	0.360907		

4.5   本章小结

基于意义维持模型，本章主要探讨了直播商务中相对剥夺感对消费者冲动性购买的影响，分析了逃避动机、感知自我效能和自我损耗在其中的链式中介机制；同时，采用模糊集定性比较分析探讨了直播商务中触发消费者冲动性购买的前因构型。如表 4 – 17 所示，所有假设都得到验证。

表 4 – 17   **本章所有假设检验结果**

假设检验	结果
直播商务中消费者的相对剥夺感对冲动性购买具有正向的影响	支持
直播商务中消费者的相对剥夺感对逃避动机具有正向的影响	支持
直播商务中消费者的逃避动机对冲动性购买具有正向的影响	支持
直播商务中消费者的逃避动机在相对剥夺感对冲动性购买的影响过程中发挥着中介作用	支持
直播商务中消费者的相对剥夺感对感知自我效能具有正向的影响	支持

续表

假设检验	结果
直播商务中消费者的逃避动机对感知自我效能具有正向的影响	支持
直播商务中消费者感知自我效能对冲动性购买具有正向的影响	支持
直播商务中消费者感知自我效能在相对剥夺感对冲动性购买的影响过程中发挥着中介作用	支持
直播商务中消费者感知自我效能在逃避动机对冲动性购买的影响过程中发挥着中介作用	支持
直播商务中消费者的相对剥夺感对自我损耗具有正向的影响	支持
直播商务中消费者的逃避动机对自我损耗具有正向的影响	支持
直播商务中消费者自我损耗对冲动性购买具有正向的影响	支持
直播商务中消费者自我损耗在相对剥夺感对冲动性购买的影响过程中发挥着中介作用	支持
直播商务中消费者自我损耗在逃避动机对冲动性购买的影响过程中发挥着中介作用	支持
直播商务中消费者逃避动机和感知自我效能在相对剥夺感对冲动性购买的影响过程中发挥着链式中介作用	支持
直播商务中消费者逃避动机和自我损耗在相对剥夺感对冲动性购买的影响过程中发挥着链式中介作用	支持

　　具体来看，第一，SEM 结果表明：（1）直播商务中消费者相对剥夺感对冲动性购买具有正向影响。当消费者在日常生活中感知到越高的相对剥夺感，会增强其在直播平台的冲动性购买。虽然已有研究没有为直播场景中消费者相对剥夺感和冲动性购买提供直接证据，但是基于奥尔森等（Olsen et al.，2016）的研究，冲动性购买是对消极情绪的反应，这也说明了消费者相对剥夺感通过一系列复杂的社会心理变化，从而影响冲动性购买。（2）逃避动机、感知自我效能和自我损耗在相对剥夺感与冲动性购买之间的关系中起着同步、链式中介作用。具体来看，消费者的相对剥夺感会通过逃避动机进一步影响冲动性购买，也会通过感知自我效能或自我损耗进一步影响冲动性购买。同时，消费者的相对剥夺感会通过逃避动机和感知自我效能进一步影响冲动性购买，也会通过逃避动机和自我损耗进一步影响冲动性购买。已有研究证明，相对剥夺感不

仅会导致个体的消极行为，也可能促使个体产生积极的成就行为（Smith et al.，2012）。冲动性购买可能是逃避负面心理状态和试图改善情绪的有效途径（Silvera et al.，2008；Sneath et al.，2009），而积极的情绪和消极的情绪都会导致冲动性购买（Amos et al.，2014），为今后消费者个体特质视角对冲动性购买研究提供了新视角。

第二，fsQCA 结果表明：（1）触发消费者产生强冲动性购买有三类模式，其中模式一包括两种子模式。模式 C1a 为"~ 教育程度 × 逃避动机 × 感知自我效能 × 自我损耗"；模式 C1b 为"相对剥夺感 × 逃避动机 × 感知自我效能 × 自我损耗"；模式 C2 为"教育程度 × 相对剥夺感 × 逃避动机 × 感知自我效能 × 自我损耗"。比较三类触发模式，模式 C1b 的解释力要大于其他两种模式。（2）触发消费者产生弱冲动性购买有三类模式。模式 NC1 为"~ 相对剥夺感 × ~ 逃避动机 × ~ 感知自我效能 × ~ 自我损耗"；模式 NC2 为"教育程度 × ~ 相对剥夺感 × ~ 逃避动机 × ~ 感知自我效能"；模式 NC3 为"~ 教育程度 × ~ 相对剥夺感 × ~ 逃避动机 × 感知自我效能 × 自我损耗"。比较三类触发模式，模式 NC2 的解释力要大于其他两种模式。（3）较强或较弱的相对剥夺感能够触发消费者强冲动性购买行为中的两条路径，弱相对剥夺感是消费者弱冲动性购买行为三条路径中的共有因素，应该重点关注，充分考虑其前因条件的组合效应。这充分证明了假设 4 - 1。

第三，fsQCA 并不能解释前因条件之间可能存在的因果关系，而 SEM 揭示了相对剥夺感、逃避动机、感知自我效能和自我损耗的关系。因此，我们试图将实证研究结论引入定性比较分析结果的解释中。具体而言，模式 C1a 探讨了逃避动机、感知自我效能和自我损耗对冲动性购买的影响，也就是进一步支持了假设 4 - 3 - 5；模式 C1b、模式 C2、模式 NC1、模式 NC3 探讨了相对剥夺感、逃避动机、感知自我效能和自我损耗对冲动性购买的影响，也就是进一步支持了假设 4 - 3 - 4 和假设 4 - 4 - 4；模式 NC2 探讨了相对剥夺感、逃避动机、感知自我效能对冲动性购买的影响，也就是进一步支持了假设 4 - 3 - 4。

第四，有研究认为教育程度与冲动性购买负相关（Fenton-O'Creevy

and Furnham，2020），受教育程度越高的个体越可能通过理性的途径宣泄自己的负性情绪，减少冲动性购买。而本书发现，无论个体受教育程度高还是低，都有可能产生强冲动性购买和弱冲动性购买。基于 QCA 方法的研究表明，只有综合考虑多种因素的组合效应，才能更好地解释消费者相对剥夺感对冲动性购买的影响。

第5章 产品属性对消费者
冲动性购买的影响

本章基于产品涉入理论，从消费者对产品属性感知的视角构建了直播商务中消费者冲动性购买行为的研究框架。通过结构方程模型（structural equation modeling，SEM）探讨消费者冲动性购买行为的影响因素，并通过人工神经网络（artificial neural network，ANN）探讨对SEM分析中具有显著影响的前因变量进行重要性排序。研究结论有助于增强直播销售效果，扩展产品涉入理论的作用场景，揭示冲动性购买行为中的深层次作用机制，为电商企业有效利用直播开展商务活动提供参考。

5.1 问题提出

与业界对直播表现出极大的兴趣类似，学界目前也针对直播商务开展了一系列研究，主要聚焦于用户黏性（Li et al.，2021b）、用户参与行为（Hu et al.，2017；Hilvert-Bruce et al.，2018；Hu and Chaudhry，2020；Kang et al.，2021；Singh et al.，2021）、商品的购买意愿（Sun et al.，2019；Chen et al.，2020；Xu et al.，2020）、冲动性购买（Cheng，2020；Gong et al.，2020a；Jiang and Cai，2021；Lee and Chen，2021；Ming et al.，2021）。遵循已有的研究思路，本章重点探讨直播商务中的消费者冲动购买行为。但是目前相关研究还不够充分，现有研究从直播平台的特征（Gong et al.，2020a）、主播特征（Park and Lin，2020；Ma，

2021)、社会存在（Ming et al.，2021）等角度研究的居多，从直播商务中产品特征这一角度探讨比较缺乏。

已有研究证明了享乐、低价、即用等普遍性产品因素对消费者购买决策的影响（Kacen et al.，2012）。除了这些对产品具有普遍影响的因素外，本书还考虑了直播商务场景中产品的特有属性。具体而言，主播是直播商务中的内容提供者，消费者会根据主播提供的产品讲解来购买产品，结合陈等（2020）的建议，将消费者对主播产品知识的感知考虑在内。此外，直播最大的特点是实时互动性，根据李和彭（2021）的研究，我们在研究模型中加入了产品信息的即时反馈。

因此，本书基于消费者涉入理论，构建了直播商务中消费者冲动性购买行为的研究框架，为了解决以下问题：

● 产品的一般属性和在直播情境中的特有属性里哪些因素影响消费者冲动性购买？

● 上述影响因素中，重要性排序是怎样的？

5.2 理论基础与假设推演

5.2.1 产品涉入理论

涉入理论最早源于舍里夫和坎特里尔（Sherif and Cantril，1947）所提出的自我涉入，用来解释一个人对于某一事件接受不同想法的态度。克鲁格曼（Krugman，1966）将涉入概念引入消费者行为研究，并被应用到不同的领域中。但仍然将其用作解释针对消费者的决策过程，被认为是一种动机状态，即在获取、消费和存放产品时感知到的个人重要性（Celsi and Olson，1988），它是一种利用消费者的认知风格来解释其购买行为的结构。扎伊奇科夫斯基（Zaichkowsky，1985）将涉入分为广告涉入、产品涉入及购买决策涉入。其中，产品涉入是指消费者对于不同产品或品牌所提供属性差异的重视程度及相应反应的不同。米塔尔和李明洙（Mittal and Lee，1989）则提出涉入—品牌忠诚度模型，他们认为消费者在进行购买时会出现两种涉入状态，即产品涉入和品牌涉入，产品涉入指消费者在产品种类上的感兴趣程度。随后出现了一系列关于产品涉入的相关研究，如黄等（Huang et al.，2010）指出产品的特性，如认知风险、价格、象征意义、耐久性、愉悦、重要性、品牌、购买时间等，可能会影响线上用户涉入的程度。舒特玛等（Schuitema et al.，2013）研究表明，与购买和消费相关的象征价值、享乐价值或产品提供愉悦和唤起情绪的程度是触发涉入的来源。进一步研究发现，产品中技术、享乐和象征差异的更高价值将增加高度涉入消费者的购买倾向（Chao et al.，2021）。

根据已有研究，将产品涉入分为产品认知性涉入和情感性涉入（Perse，1990；Jiang et al.，2010；Drossos et al.，2014；Kang et al.，2015；Faisal et al.，2020）。产品的认知性涉入指由产品的功能性、功利性方面引起的心理反应（Zaichkowsky，1994；Drossos et al.，2014），会促使消费者在形成产品态度和意图时寻求包括推理和事实信息等相关类型的信息。情感性涉入基于感觉、情绪和心情的心理反应（Zaichkowsky，1994；Drossos et al.，2014），它是由价值表达或情感动机引起的（Perse，1990；Celuch and Slama，1998；Jiang et al.，2010）。已有研究检验了认知和情感产品涉入对消费者行为和广告的影响。如费萨尔等（Faisal et al.，2020）探讨了设计质量（即字体和美学质量、信息质量、导航质量和交互性）对认知和情感涉入的影响，最终导致持续使用意图。德索斯等（Drossos et al.，2014）则在移动广告的背景下检查认知和情感产品参与对购买意愿的影响。

尽管已有研究在线下营销和在线网购场景中建立、验证了认知—情感涉入二分法，但从未在直播商务的背景下进行过研究，直播商务的实时互动、不受时空限制的特点，可能和传统商务、社交商务存在一定差异，因此，本书将产品涉入理论引入直播商务中，探讨其在消费者冲动性购买中的解释能力。

5.2.2 产品的货币价值与产品涉入

货币功能价值（价格）被认为是从收益和成本的比较中得出的效用（Sweeney and Soutar，2001；Zhang et al.，2020a），这是一种物超所值的概念，意味着与其他选择相比存在更大的货币优势（Sheth et al.，1991）。相关研究使用了相似的概念"货币价值"，并将其作为消费者选择的主要驱动因素，比如，辛格等（Singh et al.，2021）证明了货币价值对感知价值有显著影响，感知价值能提供对具有合适货币价值服务的轻松获取。已有研究证明了产品价格对线上用户涉入程度的影响（Huang et al.，2010）。具体而言，在认知层面上，消费者涉入更多关注产品实用性价值，对产品性价比更加敏感。也就是说，如果直播间主播推荐的产品物超所值，可能会导致消费者更高水平的认知性涉入度。在情感层面上，休斯顿（Houston，1978）认为，产品的复杂性和产品特征，如价格、消费时间和地点，直接有助于情境涉入。因此，可以推断直播间产品的价格也会导致消费者的情感性涉入。根据以上论证，我们提出如下假设。

假设 5 - 1 - a：直播商务中产品的货币价值正向影响产品认知性涉入。

假设 5 - 1 - b：直播商务中产品的货币价值正向影响产品情感性涉入。

5.2.3 感知产品质量与产品涉入

感知产品质量是指消费者对产品整体卓越性或优越性的主观感知或判断（Chinomona et al.，2013；Chen et al.，2020）。消费者根据产品的感知质量和预期性能来评估产品（Slack et al.，2020）。已有研究表明，产品质量与消费者涉入存在着正相关关系（Tsiotsou，2006），但大多数都证明的是消费者涉入对感知产品质量的影响（Tsiotsou，2006；Campbell et al.，2014；Rokonuzzaman et al.，2020）。与他们的研究不一致，我们认为如果消费者认为产品质量比较高，就会更多地涉入产品中，茨奥特索（Tsiotsou，2005）为我们的研究提供了直接证据。具体来看，产品质量是消费者决策过程的重要组成部分（Rokonuzzaman et al.，2020），在观看直播时，消费者感知到主播推荐的产品质量较好，会让他们感受到实用性的认知性涉入。而如果消费者感知产品质量较高，也会引发积极的使用情绪，如福罗伊等（Foroughi et al.，2016）研究表明，核心产品质量和用户绩效表现与使用的消极情绪、积极情绪都显著相关。根据以上论证，我们提出如下假设。

假设 5 - 2 - a：直播商务中感知产品质量正向影响产品认知性涉入。

假设 5 - 2 - b：直播商务中感知产品质量正向影响产品情感性涉入。

5.2.4　感知产品稀缺性与产品涉入

感知产品稀缺性是指在短期内（例如，由于缺货）或长期内（例如，由于法律限制），消费者可获得的真实或感知商品和服务缺乏（Hamilton et al.，2019）。研究表明，消费者的看法会受到稀缺状态的影响（Shah et al.，2015）。当产品难以购买时，产品的价值就会增加，消费者就会想要更多（Akram et al.，2018），这样会增加产品的认知性涉入。同时，产品稀缺性会增加产品的感知价值和消费享受，在消费者心里创造产品的积极价值。如果将产品定位为仅在有限的时间内可用，会让消费体验更加愉快（Hamilton et al.，2019）。所以，产品的有限可用性会加深消费者情感性涉入。因此，根据以上论证，提出如下假设。

假设 5 - 3 - a：直播商务中感知产品稀缺性正向影响产品认知性涉入。

假设 5 - 3 - b：直播商务中感知产品稀缺性正向影响产品情感性涉入。

5.2.5　产品设计的功能与产品涉入

产品设计的功能指的是反映消费者对产品实现其目的的能力的感知

（Homburg et al.，2015）。已有研究表明，由于在线购物使得消费者无法全面地体验产品，因此感知功能对于在线购物来说尤其重要（Spears and Yazdanparast，2014）。产品设计功能是功能表现的可靠指标，当产品看起来会在功能上提供高水平的性能时，消费者便会对这些功能的性能形成期望（Hoegg and Alba，2011）。因此，直播时主播推荐产品设计的功能会刺激消费者产生产品认知性涉入。产品设计也会影响消费者对产品的评价、对拥有该产品的直接愿望（Reimann et al.，2010；Homburg et al.，2015），我们推断产品设计的功能正向影响情感性涉入。因此，根据以上论证，提出如下假设。

假设 5 - 4 - a：直播商务中产品设计的功能正向影响产品认知性涉入。

假设 5 - 4 - b：直播商务中产品设计的功能正向影响产品情感性涉入。

5.2.6 产品信息的即时反馈与产品涉入

即时反馈指的是对交流的反馈没有延迟的程度（Steuer，1992；Alba et al.，1997；Burgoon et al.，2002；Li and Peng，2021）。因此，产品信息的即时反馈指消费者可以与主播、同一直播间的其他用户、店铺客服进行产品性能、价格、物流、售后等信息的实时交流。在直播中，这种媒介的实时性和同步性使直播者和用户能够毫无延迟地发送或接收信息（Li and Peng，2021），让消费者更加容易对产品产生认知性涉入。相应地，消费者可能会减少他们的自我意识，而专注于直播中的体验（Li and Peng，2021）。已有研究表明，即时信息交流被认为是个性化体验的一个关键因素，让消费者不受时空的限制沟通其需求（Buhalis and Amaranggana，2015；Lei et al.，2020）。所以，消费者会对直播间主播推荐的产品产生情感性涉入。因此，根据以上论证，提出如下假设。

假设 5 - 5 - a：直播商务中产品信息的即时反馈正向影响产品认知性涉入。

假设 5 - 5 - b：直播商务中产品信息的即时反馈正向影响产品情感性涉入。

5.2.7 感知主播的产品知识与产品涉入

感知主播的产品知识是指消费者对主播产品知识深度的感知，包括主播是否对产品有深入的了解，能否在直播中及时回答消费者关于产品的问题（Agnihotri et al.，2009；Chen et al.，2020）。朴和穆恩（Park and Moon，2003）研究表明，消费者的产品涉入和客观产品知识之间的相关性在功利性产品中比在享乐性产品中要高，而对于主观产品知识而言则相反。这也为产品知识与产品涉入提供了证据。进一步而言，如果直播者拥有与产品相关的专业知识，能够有效地满足顾客的需求（Chen et al.，2020），让消费者产生对产品有用性的认知性涉入。随着消费者对主播信任程度的进一步增加，也会让消费者对主播推荐的产品产生情感性涉入。因此，根据以上论证，提出如下假设。

假设 5 - 6 - a：直播商务中感知主播的产品知识正向影响产品认知性涉入。

假设 5 - 6 - b：直播商务中感知主播的产品知识正向影响产品情感性涉入。

5.2.8 产品涉入与冲动性购买

以往的研究发现，涉入会影响品牌态度、购买意愿、广告态度和网上购物行为等因素（Bosnjak et al.，2007；Huang et al.，2010；Yang，2012）。但是关于涉入与冲动购买联系的证据有限（Drossos et al.，2014）。赵等（Zhao et al.，2019）将参与、互动和愉悦作为产品涉入的三个维度，通过购物活动中的参与、互动，获得愉悦和享受，并沉溺于购物狂欢的冲动。已有研究证明了当消费者产品涉入程度越高，冲动性购买行为的可能性也会越大（Liang，2012）。比如，肯吉兹（Cengiz，

2017）认为，购买决策涉入较高的消费者会更容易冲动消费，这种倾向在流行服饰的购买上更加明显。灿等（Chan et al.，2017）通过文献综述，系统性回顾了认知性涉入和情感性涉入作为冲动性购买的核心影响因素。具体而言，产品的认知性涉入，即消费者感受到产品实用性会让其立即产生想拥有的意愿，也更可能购买主播推荐但原先并未想要购买的产品。而产品的情感性涉入，会使消费者与主播推荐产品的联系更加紧密，产生冲动性购买意愿和冲动性购买行为。因此，根据以上论证，提出如下假设。

假设 5 - 7 - a：直播商务中产品认知性涉入正向影响消费者冲动性购买意愿。

假设 5 - 7 - b：直播商务中产品情感性涉入正向影响消费者冲动性购买意愿。

假设 5 - 8 - a：直播商务中产品认知性涉入正向影响消费者冲动性购买行为。

假设 5 - 8 - b：直播商务中产品情感性涉入正向影响消费者冲动性购买行为。

5.2.9 冲动性购买意愿与冲动性购买行为

冲动性购买意愿对冲动性购买行为的影响已经有一系列研究进行了探讨（Shen and Khalifa，2012；Zhao et al.，2019）。虽然已有研究认为，消费者可能会经常在外界刺激下产生冲动性购买意愿，但是转换为冲动性购买行为存在一定的概率，并不完全意味着消费者总是会采取行动（Rook and Fisher，1995）。尽管如此，维尔哈根和范·多伦（2011）表明，这两个因素之间存在显著的正相关关系，购买冲动为后续的购买行为提供了动力（Shen and Khalifa，2012）。阿德拉尔等（2003）也指出，购买冲动为突然的、强有力的、不可抗拒的，并证明了购买冲动与冲动购买正相关。根据已有研究的建议，本书提出了它们两者之间在直播商务中存在正相关关系。也就是说，如果消费者有强烈的购买产品的冲动，那么他们更有可能在观看直播时冲动购买该产品。因此，根据以上论证，提出如下假设。

假设 5-9：直播商务中消费者冲动性购买意愿正向影响冲动性购买行为。

综合以上理论分析与假设推演，研究模型如图 5-1 所示。

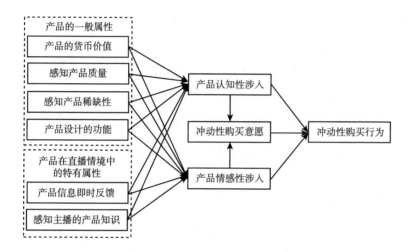

图 5-1　产品属性对消费者冲动性购买的理论模型

5.3　研究设计与方法

5.3.1　问卷设计

本书所用问卷由两部分构成：一是关于直播商务消费者冲动购买行为影响因素的调查，包括产品的货币价值（PRI）、感知产品质量（PQ）、感知产品稀缺性（PST）、产品设计的功能（PDF）、产品信息即时反馈（IF）、感知主播的产品知识（KN）、产品认知性涉入（CI）、产品情感性涉入（AI）、冲动购买意愿（BI）、冲动购买行为（IB）等 10 个潜变量；二是样本来源的人口统计学变量，包括性别、年龄、教育程度、月收入水平、周观看时间等。就问卷的设计而言，本书测量题项均采用国内外已有研究，并根据国内直播商务消费者的实际情况进行了适当修改。问卷设计采用了反向互译、专家审阅、预先调研等对题项进行了修正，确保语义、逻辑符合中国情境，具体变量测量及来源如表 5－1 所示，所有问项均采用李克特七级量表。

表 5－1　　　　　　　　　　变量测度、因子载荷

变量	测度项	测量条目	因子载荷	参考文献
产品的货币价值	PRI1	我认为直播间主播推荐的产品价格合理	0.968	Zhang et al, 2020a
	PRI2	我认为直播间主播推荐的产品物超所值	0.972	
	PRI3	我认为直播间主播推荐的产品经济实惠	0.972	
感知产品质量	PQ1	我认为直播间主播推荐的产品可以满足我的需求	0.974	Chen et al, 2020
	PQ2	我认为直播间主播推荐的产品的质量和宣传的一样	0.975	
	PQ3	我认为直播间主播推荐的产品的整体性能非常出色	0.978	
感知产品稀缺性	PST1	当我在直播间购物时，我会考虑该商品的下架时间	0.973	Akram et al, 2018
	PST2	当我在直播间购物时，我会担心购买时间有限	0.970	
	PST3	当我在直播间购物时，我会考虑该商品数量有限	0.973	
	PST4	当我在直播间购物时，我会担心该商品售罄	0.970	
产品设计的功能	PDF1	我认为直播间主播推荐的产品有可能表现良好	0.968	Homburg et al, 2015
	PDF2	我认为直播间主播推荐的产品似乎能实现它的功效	0.969	
	PDF3	我认为直播间主播推荐的产品似乎是有功能的	0.973	

续表

变量	测度项	测量条目	因子载荷	参考文献
产品信息即时反馈	IF1	在观看直播时，我可以快速发送/接收主播推荐的产品信息	0.973	Li and Peng, 2021
产品信息即时反馈	IF2	在观看直播时，我可以立即知道别人（主播、其他观众和在线客服）对主播推荐产品的看法	0.989	Li and Peng, 2021
产品信息即时反馈	IF3	在观看直播时，我可以立即让别人（主播、其他观众和在线客服）知道我对该款产品的想法	0.969	Li and Peng, 2021
产品信息即时反馈	IF4	在观看直播时，我能够较快速收到别人（主播、其他观众和在线客服）对我需要产品信息的回应	0.969	Li and Peng, 2021
感知主播的产品知识	KN1	感觉这个主播对产品很了解	0.973	Chen et al, 2020
感知主播的产品知识	KN2	如果我今天想购买产品，我只需要收集很少的信息就能做出明智的决定	0.976	Chen et al, 2020
感知主播的产品知识	KN3	我对主播的产品质量判断能力很有信心	0.969	Chen et al, 2020
产品认知性涉入	CI1	我认为直播间主播推荐的产品是我需要的	0.975	Faisal et al, 2020
产品认知性涉入	CI2	我认为直播间主播推荐的产品是有价值的	0.972	Faisal et al, 2020
产品认知性涉入	CI3	我认为直播间主播推荐的产品与我相关	0.974	Faisal et al, 2020
产品情感性涉入	AI1	我认为直播间主播推荐的产品很迷人	0.965	Faisal et al, 2020
产品情感性涉入	AI2	我认为直播间主播推荐的产品很有趣	0.966	Faisal et al, 2020
产品情感性涉入	AI3	我认为直播间主播推荐的产品很有吸引力	0.957	Faisal et al, 2020
产品情感性涉入	AI4	我认为直播间主播推荐的产品容易使人产生代入感	0.964	Faisal et al, 2020
冲动购买意愿	BI1	当我看到主播直播推荐产品（服务）的瞬间，我就想立即拥有该产品或打赏	0.985	Beatty and Ferrell, 1998
冲动购买意愿	BI2	当我看到主播直播推荐产品（服务）的时候，我产生了强烈的购买或打赏欲望	0.964	Beatty and Ferrell, 1998
冲动购买意愿	BI3	一看到主播直播推荐产品（服务），我就觉得是我想要的	0.963	Beatty and Ferrell, 1998
冲动购买意愿	BI4	之前我没计划购买，但看到主播直播推荐后又很想购买产品（服务）	0.958	Beatty and Ferrell, 1998

续表

变量	测度项	测量条目	因子载荷	参考文献
冲动购买行为	IB1	我购买了原来并不打算购买的产品，或购买虚拟礼物打赏主播	0.953	Jones et al, 2003
	IB2	我发现有很多最近通过直播购买的产品很少用	0.954	
	IB3	观看直播时购买这些产品，或购买虚拟礼物打赏主播的时候，我并没有深思熟虑	0.952	
	IB4	当我在观看直播时决定购买产品，或购买虚拟礼物打赏主播时，有种很难抗拒的、想要拥有的感觉	0.952	

5.3.2 样本选择

本书以国内直播消费者为数据来源，在招募被试时详细介绍有关参与的研究目标、操作过程、预期效益和伦理考虑，并让所有被试点击知情同意声明。考虑到样本来源的集中度、研究的便捷性，我们主要通过 Credamo 平台进行问卷发放，时间从 2021 年 2 月至 2021 年 4 月，共收回问卷 603 份，剔除无效问卷后，得到有效问卷 504 份，有效率达 83.6%。样本的人口统计特征如表 5 – 2 所示，表中的频数为调查对象的人次，频率为某类对象占总样本的百分比。

表 5 – 2　　　　　　　　样本的构成分布（N = 504）

控制变量	具体选项	频数	百分比（%）
性别	男	204	59.5
	女	300	40.5
年龄	0 ~ 18 岁	1	0.2
	19 ~ 22 岁	49	9.7
	23 ~ 28 岁	186	36.9
	29 ~ 40 岁	244	48.4
	40 岁以上	24	4.8

续表

控制变量	具体选项	频数	百分比（%）
教育程度	小学及以下	0	0
	初中	6	1.2
	高中/中专	20	4.0
	大专	51	10.1
	大学本科	383	76.0
	硕士及以上	44	8.7
月收入水平	无收入	8	1.6
	500 元以下	2	0.4
	501～1000 元	12	2.4
	1001～2000 元	23	4.6
	2001～3000 元	30	6.0
	3001～5000 元	74	14.7
	5001～10000 元	249	49.4
	10001～20000 元	93	18.5
	20000 元以上	13	2.6
周观看时间	几乎没有，少于 2 小时	19	3.8
	比较少，2～7 小时（日均不到 1 小时）	153	30.4
	中等水平，7～21 小时（日均 1～4 小时）	304	60.3
	超过 21 小时	28	5.6

5.3.3　分析方法

本书通过结构方程模型（structural equation modeling，SEM）和人工神经网络分析（artificial neural network，ANN）的两步分析方法验证了研究假设，并确定直播商务消费者冲动性购买的前因/预测因素。

5.3.3.1　结构方程模型

SEM 作为一种多元统计分析工具，可以确定对因变量在统计上具有显著影响的前因变量。结构方程模型由测量模型和结构模型组成，提供了对多个内生和外生潜变量间关系进行建模的灵活性，同时可以构建外生潜变量与显性变量之间的关系（Hsu et al.，2006）。SEM 可以分为两种，基于协方差和主成分的结构方程模型。基于协方差的 SEM 通过观察和预测的方差收敛矩阵之间的最小化差异来估计路径系数和载荷（Hsu et al.，2006）。基于主成分的 SEM 主要利用回归原理解释检验主成分间的预测与解释系数，使用的技术是偏最小二乘法（partial least squares，PLS）。PLS 使用多元回归方法估计参数，测量模型由潜变量与观测变量组成，其线性函数表达式为：

$$x = \Lambda_x \xi + \delta \qquad (5-1)$$

$$y = \Lambda_y \eta + \varepsilon \qquad (5-2)$$

其中，x 为外生测量向量；y 为内生测量向量；Λ_x 为外生测量向量 x 的因素负荷量；Λ_y 为内生测量向量 y 的因素负荷量；ξ 为外生潜在向量；η 为内生潜在向量；δ 为外生测量向量被外生潜向量解释的误差项；ε 为内生测量向量被内生潜在向量解释的误差项；ξ 与 δ 不相关，η 与 ε 不相关，δ 与 ε 不相关。

结构模型是各潜变量之间关系的说明，潜变量按照因果关系可分为外因潜变量和内因潜变量，其表达式为：

$$\eta = B\eta + \Gamma\xi + \zeta \qquad (5-3)$$

其中，B 为内在潜变量间关联的系数矩阵；Γ 为外在潜变量与内在潜变量间的回归系数矩阵；ζ 为结构方程模型中各变量的残差项，表示方程无法解释的误差值。

5.3.3.2　人工神经网络

相较于 SEM 而言，ANN 的优点在于其可以识别复杂的非线性和非补偿关系（Leong et al.，2015；Leong et al.，2013），可以提供比线性模型更高的预测精度（Chong，2013；Tan et al.，2014），也具有高度的稳健性和适应性（Sim et al.，2014）。

ANN 作为一个巨大的处理器，由大量简单的处理单元组成，被称为神经元，这类似于人类的大脑，通过重复的训练过程和突触权重来学习和存储知识。ANN 由多个结构层组成，即 1 个输入、1 个输出以及输入和输出之间的 1 个或多个隐藏层，如图 5 - 2 所示。ANN 有多种类型（Neg-nevitsky，2011），本书采用了具有输入层、隐藏层和输出层的多层感知器神经网络（MLP），因为它是电子商务领域最广泛使用的网络（Chiang et al.，2006）。通过使用激活函数（如 Sigmoid、双曲正切或反正切），输入数据通过隐藏层再反馈到输出层。在学习过程阶段，突触权重通过应用 Delta 规则在 0 到 1 的范围内反复调整，误差（即实际输出和期望输出之间的差异）由输出层计算，然后反复向后传输到输入层，直到获得最小误差。

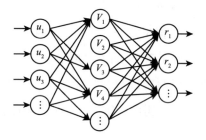

图 5 - 2 人工神经网络

已有研究已经在不同的场景中应用了系统的 SEM - ANN 方法，例如，移动社交媒体采用（Li et al.，2019）、移动学习（Alhumaid et al.，2021）、可穿戴支付（Lee et al.，2020）、移动支付（Leong et al.，2020）和 ERP 系统（Zabukovšek et al.，2019）。由于 SEM 方法仅对线性模型使用统计建模，因此当消费者做出冲动性购买时，有时它会过度简化模型的复杂性。因此，采用 ANN 分析方法可以测试产品的特征因素与消费者冲动性购买决策之间的线性和非线性关系，实现更精确的预测。此外，利用两阶段 SEM - ANN 法为产品属性与消费者冲动性购买决策间关系提供了进一步的整体理解，并通过分析观点提供了重要的方法论贡献。

5.4 数据处理与结果分析

在分析的初始阶段，通过 SEM 分析、验证对直播商务中消费者冲动性购买发挥作用的因素。此后，在第二阶段，使用 ANN 分析更准确地预测影响直播商务中消费者冲动性购买的重要因素，并对这些因素进行重要性排序。

5.4.1 偏最小二乘法——结构方程模型 (PLS – SEM)

采用 SPSS 25.0 和 Smart PLS 3.2 等统计软件进行数据分析。通过偏态和峰态的检查，显示数据呈现正态分布。同样，对所有调查项目的 Z 分数进行检查，发现都低于 3.29 的阈值限制，这表明数据没有潜在的异常值。处理后的数据采用两阶段分析：第一，估计测量模型，检查与研究相关的信度和效度等测量属性；第二，估计结构模型，检验研究假设，得出相应结论。

5.4.1.1 测量模型

（1）信度分析。

通过 Cronbach's α 系数、组合信度（composite reliability，CR）来衡量问卷的信度，一般而言，它们分别用来测量观察变量和潜在变量的内部一致性程度。如表 5 – 3 所示，本书所采用问卷的 Cronbach's α、CR 值均在 0.9 以上，远远高于 0.7 的阈值标准，这充分说明本书的信度较为理想。

表 5 – 3 　　　　构念的 Cronbach's α、CR、AVE 及 rho-A 值

变量	Cronbach's α	CR	AVE	rho-A
产品的货币价值	0.974	0.981	0.927	0.974
感知产品质量	0.977	0.983	0.936	0.977

续表

变量	Cronbach's α	CR	AVE	rho-A
感知产品稀缺性	0.973	0.982	0.948	0.973
产品设计的功能	0.966	0.975	0.908	0.967
产品信息即时反馈	0.983	0.987	0.951	0.983
感知主播的产品知识	0.972	0.981	0.946	0.972
产品认知性涉入	0.969	0.980	0.941	0.969
产品情感性涉入	0.975	0.983	0.952	0.975
冲动性购买意愿	0.969	0.980	0.942	0.969
冲动性购买行为	0.980	0.985	0.944	0.980

（2）效度分析。

测量模型的评价关注观测变量是否足以反映与其相对应的潜在变量。本书从收敛效度、区分效度和建构效度分别检验本次测量的效度。

①收敛效度。收敛效度是相似组项集合收敛所达到的有效性水平。判断收敛效度共有两条标准：第一，各题项中强因子负荷大于 0.9，并且所有因子载荷在统计上显著（0.952 ~ 0.989）；第二，平均方差析出量（average variance extracted，AVE）应大于 0.5。

从表 5 – 1 可知，测量模型各题项的因子载荷系数大多超过 0.7，从表 5 – 3 可知，所有构念的 AVE 值均超过了 0.5 的阈值，这两点充分表明测量模型具有良好的收敛效度。

②区分效度。区分效度指的是一组观测变量从某一相关潜变量到模型中其他潜变量的区别程度。本书采用两种方法来衡量区分效度。首先，通过福内尔和拉克尔（1981）建议的方法判别有效性，即 AVE 值的平方根必须大于相应行和列中构造的相关性系数绝对值。第二，Heterotrait—Monotrait（HTMT）比率估计值小于 0.90（Henseler et al.，2015）。

从表 5 – 4 中可以看出，所有构念的 AVE 值的平方根均大于其相应行和列中构造的相关性系数绝对值，同时，表 5 – 5 表明，HTMT 比率估计值都低于 0.90，说明观测变量可以有效地反映其潜在变量，潜在变量具有良好的区别效度。

表 5 - 4 构念的均值、标准差及相关系数

变量	Mean	SD	PRI	PQ	PST	PDF	IF	KN	CI	AI	BI	IB
产品的货币价值	4.467	1.980	**0.971**									
感知产品质量	4.488	1.996	0.554**	**0.976**								
感知产品稀缺性	4.395	2.098	0.496**	0.564**	**0.972**							
产品设计的功能	4.462	1.939	0.433**	0.514**	0.504**	**0.970**						
产品信息即时反馈	4.349	2.049	0.474**	0.511**	0.522**	0.453**	**0.975**					
感知主播的产品知识	4.439	2.020	0.414**	0.489**	0.419**	0.414**	0.377**	**0.973**				
产品认知性涉入	4.545	1.979	0.533**	0.537**	0.533**	0.535**	0.506**	0.441**	**0.974**			
产品情感性涉入	4.785	1.823	0.441**	0.497**	0.496**	0.426**	0.451**	0.420**	0.362**	**0.963**		
冲动购买意愿	4.794	1.829	0.373**	0.382**	0.409**	0.411**	0.386**	0.331**	0.466**	0.400**	**0.967**	
冲动性购买行为	5.227	1.552	0.414**	0.422**	0.425**	0.423**	0.394**	0.330**	0.438**	0.455**	0.371**	**0.953**

注：Mean = 均值，SD = 标准差，对角线加粗的数字表示 AVE 值的平方根。** 表示 $p < 0.01$，下同。

表 5 - 5 HTMT 比率估计值

变量	PRI	PQ	PST	PDF	IF	KN	CI	AI	BI	IB
产品的货币价值										
感知产品质量	0.570									
感知产品稀缺性	0.509	0.577								
产品设计的功能	0.447	0.528	0.517							
产品信息即时反馈	0.486	0.522	0.531	0.464						
感知主播的产品知识	0.426	0.503	0.430	0.426	0.385					
产品认知性涉入	0.549	0.551	0.545	0.551	0.518	0.454				
产品情感性涉入	0.454	0.510	0.508	0.439	0.461	0.432	0.372			
冲动购买意愿	0.383	0.391	0.418	0.423	0.394	0.339	0.478	0.410		
冲动性购买行为	0.427	0.434	0.436	0.437	0.404	0.340	0.451	0.469	0.382	

③建构效度。建构效度主要通过共性方差指数（communality）来测量。共性方差表示所有观测变量变异程度可以被潜在变量解释的程度。共性方差指数越大，表明该测量模型的建构越理想。PLS 路径建模方法选用标准化数据数值显示结果时，所计算得到的 AVE 值与共性方差值相同，因此，本章所有构念共性方差指数均大于 0.5，表明测量模型具有较好的建构效度。

5.4.1.2 结构模型

结构模型评价主要是检验结构模型的效度并评价理论建构阶段所界定的因果关系是否成立。

（1）效度检验。

根据学者的建议（Hair Jr et al.，2021），R^2用于根据所需模型的方差描述内生潜变量被外生潜变量解释的程度。当R^2大于0.26，被认为理论模型的解释力良好。统计模型的预测相关性是通过Q^2来衡量的，如果预测值大于0，那么说明模型的预测能力较好。从表5-6可知，本章模型具有较强的预测能力。对于效应量f^2，一般而言，认为0.02、0.15、0.35为效应量小、中和高的阈值，也有一系列研究（Hagerty et al.，2020；Reilly et al.，2007；Rodrigues et al.，2020）认为只需超过0.01就可以接受，因此，本书除了产品设计的功能对产品情感性涉入影响的效应量为0.009，小于0.01，其他路径效应量都可以接受。

表5-6   构念的预测能力

因变量	R^2	Q^2	自变量	效应量（f^2）
产品认知性涉入	0.474	0.442	产品的货币价值	0.043
			感知产品质量	0.013
			感知产品稀缺性	0.023
			产品设计的功能	0.053
			产品信息即时反馈	0.025
			感知主播的产品知识	0.013
产品情感性涉入	0.371	0.338	产品的货币价值	0.011
			感知产品质量	0.018
			感知产品稀缺性	0.030
			产品设计的功能	0.009
			产品信息即时反馈	0.018
			感知主播的产品知识	0.020

续表

因变量	R^2	Q^2	自变量	效应量（f^2）
冲动性购买意愿	0.279	0.258	产品认知性涉入	0.165
			产品情感性涉入	0.086
冲动性购买行为	0.304	0.272	产品认知性涉入	0.078
			产品情感性涉入	0.110
			冲动性购买意愿	0.015

（2）整体模型检验。

预测模型的适配程度通常用 GoF 这个全局准则来判断，因为它考虑了模型的性能。因此，GoF 计算方式如下：

$$GoF = \sqrt{AVE \times R^2} \qquad (5-4)$$

GoF 的基线值为 0.1、0.25 和 0.36，分别表示模型适配程度为小、中和高。根据式（5-4），可以算出 GoF 值为 0.579，这一结果也充分表明模型的适配较好。

（3）路径系数检验。

由标准化均方根残差（SRMR）为 0.015（<0.08）、dULS 和 dG 的差异距离小于 HI95% 的引导量值、NFI 为 0.950（>0.9），因此，模型拟合良好。表 5-7 总结了研究假设的实证结果。

表 5-7　　　　　　　　假设检验（N=504）

假设	路径	β 系数	T 值	p 值	结果
假设 5-1-a	产品的货币价值→产品认知性涉入	0.195	3.950	0.000	接受
假设 5-1-b	产品的货币价值→产品情感性涉入	0.106	2.008	0.045	接受
假设 5-2-a	感知产品质量→产品认知性涉入	0.114	2.292	0.022	接受
假设 5-2-b	感知产品质量→产品情感性涉入	0.152	2.663	0.008	接受
假设 5-3-a	感知产品稀缺性→产品认知性涉入	0.148	2.712	0.007	接受
假设 5-3-b	感知产品稀缺性→产品情感性涉入	0.185	3.292	0.001	接受
假设 5-4-a	产品设计的功能→产品认知性涉入	0.210	4.738	0.000	接受
假设 5-4-b	产品设计的功能→产品情感性涉入	0.093	1.742	0.082	拒绝
假设 5-5-a	感知主播的产品知识→产品认知性涉入	0.145	3.182	0.001	接受

续表

假设	路径	β 系数	T 值	p 值	结果
假设 5 - 5 - b	感知主播的产品知识→产品情感性涉入	0.134	2.614	0.009	接受
假设 5 - 6 - a	产品信息即时反馈→产品认知性涉入	0.101	2.151	0.032	接受
假设 5 - 6 - b	产品信息即时反馈→产品情感性涉入	0.136	2.856	0.004	接受
假设 5 - 7 - a	产品认知性涉入→冲动性购买意愿	0.370	8.826	0.000	接受
假设 5 - 7 - b	产品情感性涉入→冲动性购买意愿	0.269	5.960	0.000	接受
假设 5 - 8 - a	产品认知性涉入→冲动性购买行为	0.267	6.304	0.000	接受
假设 5 - 8 - b	产品情感性涉入→冲动性购买行为	0.309	6.385	0.000	接受
假设 5 - 9	冲动性购买意愿→冲动性购买行为	0.122	2.329	0.020	接受

研究结果表明，①产品的货币价值与产品认知性涉入（$\beta = 0.195$，$t = 3.950$）呈正相关，与产品情感性涉入（$\beta = 0.106$，$t = 2.008$）呈正相关，支持假设 5 - 1 - a 和假设 5 - 1 - b。

②感知产品质量对产品认知性涉入影响显著（$\beta = 0.114$，$t = 2.292$），对产品情感性涉入影响显著（$\beta = 0.152$，$t = 2.663$），接受假设 5 - 2 - a 和假设 5 - 2 - b。

③感知产品稀缺性对产品认知性涉入有正向影响（$\beta = 0.148$，$t = 2.712$），也对产品情感性涉入影响显著（$\beta = 0.185$，$t = 3.292$），接受假设 5 - 3 - a 和假设 5 - 3 - b。

④产品设计的功能对产品认知性涉入有正向影响（$\beta = 0.210$，$t = 4.738$），但对产品情感性涉入影响不显著（$\beta = 0.093$，$t = 1.742$），支持假设 5 - 4 - a，拒绝假设 5 - 4 - b。

⑤感知主播的产品知识对产品认知性涉入有正向影响（$\beta = 0.145$，$t = 3.182$），也对产品情感性涉入影响显著（$\beta = 0.134$，$t = 2.614$），支持假设 5 - 5 - a 和假设 5 - 5 - b。

⑥产品信息即时反馈对产品认知性涉入（$\beta = 0.101$，$t = 2.151$）和产品情感性涉入（$\beta = 0.136$，$t = 2.856$）均有正向影响，支持假设 5 - 6 - a 和假设 5 - 6 - b。

⑦产品认知性涉入（$\beta = 0.370$，$t = 8.826$）、产品情感性涉入（$\beta = 0.269$，$t = 5.960$）对冲动性购买意愿均显著，支持假设 5 - 7 - a 和假设 5 -

7 – b。

⑧产品认知性涉入（$\beta = 0.267$，$t = 6.304$）和产品情感性涉入（$\beta = 0.309$，$t = 6.385$）对冲动性购买行为均有正向影响，支持假设 5 – 8 – a 和假设 5 – 8 – b。

⑨最后，冲动性购买意愿与冲动性购买行为（$\beta = 0.122$，$t = 2.329$）呈正相关，支持了假设 5 – 9。

通过 R^2 的运算，本章的结构模型解释了 47.4% 的产品认知性涉入、37.1% 的产品情感性涉入、27.9% 的冲动性购买意愿和 30.4% 的冲动性购买行为。

综上所述，研究假设部分提出的 17 个假设中，有 1 个没有得到数据的证实（见图 5 – 3），其余 16 个均不同程度地得到验证。同时，研究结果也表明，因变量产品认知性涉入、产品情感性涉入、消费者冲动性购买意愿和冲动性购买行为的解释方差量较高，证实了研究模型的预测能力较好。

5.4.2　人工神经网络（ANN）

在人工神经网络分析中，每个神经元根据从输入向量 x 导出的刺激数计算其输出量。连接输入组件 – i 和隐藏神经元 – j 的权重用 Z_{ji} 表示，而连接隐藏神经元 – j 和输出神经元 – k 由 M_{kj} 表示。神经元的实际输入计算为其输入的加权和，而神经元的输出（Y_i）使用 Sigmoid 函数计算（Sharma et al.，2017）。更准确地说，对于第 j 个隐藏神经元，

$$net_j^h = \sum_{i=1}^{N} Z_{ji} x_i \text{ and } y_i = f(net_j^h) \qquad (5-5)$$

对于第 k 个输出神经元，

$$net_k^0 = \sum_{j=1}^{J+1} M_{kj} y_j \text{ and } o_k = f(net_k^0) \qquad (5-6)$$

使用参数为 λ 的 Sigmoid 函数 ［见式（5 – 7）］来控制函数的斜率（Lee et al.，2014）。在训练过程中，对于特定输入模式，输出 o_k 将会产

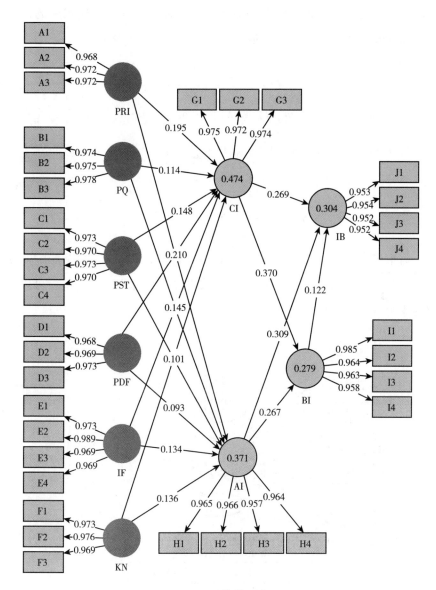

图 5-3　结构模型结果

生并匹配的每个神经元的优选响应 n_k 。随后，将权重调整到最小化的误差，并引申到下一个模式（Priyadarshinee et al. ，2017）。输出层权重 M 的权重调整公式为式（5-8），而隐藏层的权重 W 用式（5-9）计算。其中 n_{pk} 表示神经元 k 的首选输出，而 o_{pk} 表示输入模式 p 的神经元 k 的实际输出。这些权重将通过该思路不断调整，直到所有训练模式中的误差平方和 SSE［见式（5 -10）］最小化（Foo et al.，2018）。

$$f(net) = \frac{1}{1 + e^{-\lambda \times net}} \qquad (5-7)$$

$$M_{kj}(t+1) = m_{kj}(t) + c\lambda (n_k - o_k) o_k (1 - o_k) y_i(t) \qquad (5-8)$$

$$Z_{ji}(t+1) = Z_{ji}(t) + c \lambda^2 y_i x_i(t) \left[\sum_{i=1}^{N} (n_k - o_k) o_k (1 - o_k) m_{kj} \right]$$
$$\qquad (5-9)$$

$$SSE = \frac{1}{2p} \sum_{p=1}^{P} \sum_{k=1}^{K} (n_{pk} - o_{pk})^2 \qquad (5-10)$$

与李等（Lee et al.，2014）类似，本书将 SEM 中具有显著影响的路径作为输入神经元纳入神经网络分析，如图 5 -4～图 5 -7 所示，可以分解为 4 个 ANN 模型。

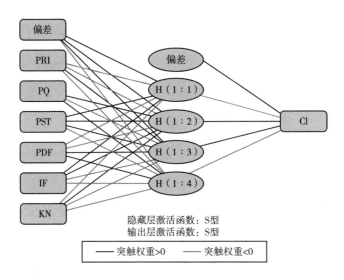

图 5 -4　模型 1——产品认知性涉入神经网络模型

4 个 ANN 模型均为 1 个输出，而输入的数量不同，即模型 1（输出——产品认知性涉入）存在 6 个输入：产品的货币价值、感知产品质量、感知产品稀缺性、产品设计的功能、产品信息即时反馈和感知主播的产品知识，模型 2（输出——产品情感性涉入）存在 5 个输入：产品的

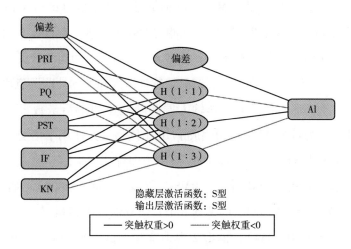

图 5 – 5 模型 2——产品情感性涉入神经网络模型

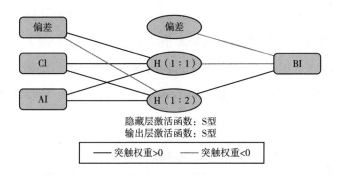

图 5 – 6 模型 3——冲动性购买意愿神经网络模型

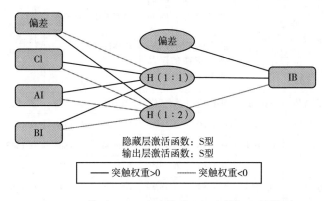

图 5 – 7 模型 4——冲动性购买行为神经网络模型

货币价值、感知产品质量、感知产品稀缺性、产品信息即时反馈和感知主播的产品知识，模型3（输出——冲动性购买意愿）存在2个输入：产品认知性涉入和产品情感性涉入，模型4（输出——冲动性购买行为）存在3个输入：产品认知性涉入、产品情感性涉入和冲动性购买意愿。

同时，将Sigmoid函数用作输入层和隐藏层的激活函数（Sharma et al.，2016）。为每个ANN模型生成了10个网络，并使用十倍交叉验证例程来避免过度拟合，其中90%的数据用于训练，10%用于测试，从训练和测试过程中获得误差均方根（RMSE）（Lee et al.，2020）。如表5－8所示，模型1中训练和测试的平均RMSE值分别为0.1714（$SD = 0.0082$）和0.1646（$SD = 0.0064$），模型2中训练和测试的平均RMSE值分别为0.1703（$SD = 0.0035$）和0.1683（$SD = 0.0128$），模型3中训练和测试的平均RMSE值分别为0.1900（$SD = 0.0051$）和0.1807（$SD = 0.0145$），模型4中训练和测试的平均RMSE值分别为0.1585（$SD = 0.0028$）和0.1569（$SD = 0.0101$）。由于两个过程的误差均方根平均值相对较小（见表5－8），表示ANN可以较好地校准数据并具有高水平的预测准确性（Lee et al.，2020）。

表5－8　　　　　　　　　　人工神经网络的RMSE值

人工神经网络	模型1输入产品的货币价值、感知产品质量、感知产品稀缺性、产品设计的功能、产品信息即时反馈、感知主播的产品知识		模型2输入产品的货币价值、感知产品质量、感知产品稀缺性、产品信息即时反馈、感知主播的产品知识		模型3输入产品认知性涉入、产品情感性涉入		模型4输入产品认知性涉入、产品情感性涉入、冲动性购买意愿	
	训练值	测试值	训练值	测试值	训练值	测试值	训练值	测试值
1	0.1638	0.1688	0.1720	0.1696	0.1876	0.1748	0.1611	0.1533
2	0.1754	0.1641	0.1716	0.1674	0.1904	0.1866	0.1543	0.1697
3	0.1674	0.1588	0.1667	0.1748	0.1927	0.1753	0.1559	0.1588
4	0.1624	0.1777	0.1687	0.1669	0.1925	0.1611	0.1583	0.1499
5	0.1803	0.1609	0.1769	0.1382	0.1899	0.1635	0.1546	0.1689
6	0.1805	0.1640	0.1713	0.1759	0.1852	0.1951	0.1619	0.1478

续表

人工神经网络	模型 1 输入产品的货币价值、感知产品质量、感知产品稀缺性、产品设计的功能、产品信息即时反馈、感知主播的产品知识		模型 2 输入产品的货币价值、感知产品质量、感知产品稀缺性、产品信息即时反馈、感知主播的产品知识		模型 3 输入产品认知性涉入、产品情感性涉入		模型 4 输入产品认知性涉入、产品情感性涉入、冲动性购买意愿	
	训练值	测试值	训练值	测试值	训练值	测试值	训练值	测试值
7	0.1586	0.1693	0.1729	0.1876	0.2018	0.1937	0.1582	0.1410
8	0.1716	0.1606	0.1686	0.1624	0.1851	0.1940	0.1612	0.1597
9	0.1822	0.1550	0.1696	0.1654	0.1850	0.1984	0.1602	0.1499
10	0.1718	0.1666	0.1644	0.1746	0.1899	0.1649	0.1591	0.1695
均值	0.1714	0.1646	0.1703	0.1683	0.1900	0.1807	0.1585	0.1569
标准差	0.0082	0.0064	0.0035	0.0128	0.0051	0.0145	0.0028	0.0101

此外，基于李等（2020）的建议，计算了与 PLS – SEM 分析中的 R^2 相似的拟合优度系数，以进一步评估 ANN 模型的性能。计算公式如下：

$$R^2 = 1 - \frac{RMSE}{S_y^2} \qquad (5-11)$$

其中，S_y^2 表示期望输出变量的方差。结果表明，输入神经元节点可以分别预测产品认知性涉入、产品情感性涉入、冲动性购买意愿和冲动性购买行为方差的 98.92%、98.48%、98.39% 和 97.28%。ANN 分析中获得的 R^2 值明显高于 PLS – SEM 分析值，这也表明内源性结构在 ANN 分析中得到了更好的解释，证明了两隐藏层的深度学习架构和 ANN 在拟合非线性关系方面的能力。

此外，本书使用敏感性分析测量预测变量的相对重要性，如表 5 – 9 所示。将平均重要性与最高重要性相除并以百分比表示，来计算所有输入神经元的归一化重要性。按照 ANN 的归一化重要性和 SEM 路径系数的顺序，模型 1、模型 2 中最重要影响变量保持一致，而模型 3、模型 4 则完全一致，表明整体分析结果的稳健性。与 SEM 不一致的是，ANN 分析中：模型 1 感知产品稀缺性由第三位排到最后一位，模型 2 后三位由感知主播

表5-9

神经网络敏感性分析

神经网络	模型1 变量相对重要性						模型2 变量相对重要性						模型3 变量相对重要性		模型4 变量相对重要性	
	PRI	PQ	PST	PDF	IF	KN	PRI	PQ	PST	IF	KN	CI	AI	CI	AI	BI
1	1.000	0.442	0.478	0.967	0.734	0.333	0.809	1.000	0.917	0.845	0.924	1.000	0.929	1.000	0.873	0.852
2	0.701	0.800	0.650	0.853	1.000	0.779	0.558	0.629	1.000	0.989	0.829	1.000	0.820	0.761	1.000	0.589
3	0.917	0.574	0.699	1.000	0.791	0.595	1.000	0.955	0.860	0.750	0.789	1.000	0.814	0.623	1.000	0.400
4	1.000	0.589	0.683	0.999	0.580	0.581	0.819	0.838	1.000	0.570	0.860	1.000	0.905	0.852	1.000	0.504
5	0.971	0.781	0.414	0.362	1.000	0.675	0.495	0.749	1.000	0.350	0.376	0.838	1.000	0.610	1.000	0.484
6	0.997	1.000	0.461	0.907	0.631	0.076	0.653	0.831	1.000	0.811	0.694	1.000	0.802	0.883	1.000	0.490
7	1.000	0.685	0.361	0.886	0.629	0.398	0.717	0.549	1.000	0.491	0.474	0.972	1.000	0.727	1.000	0.447
8	0.899	0.290	0.501	1.000	0.740	0.490	0.671	0.770	1.000	0.725	0.638	1.000	0.795	0.831	1.000	0.496
9	0.554	0.522	0.111	0.612	0.804	1.000	0.726	1.000	0.864	0.750	0.619	1.000	0.815	0.733	1.000	0.368
10	0.432	0.362	0.586	1.000	0.559	0.473	0.733	0.658	1.000	0.894	0.558	1.000	0.748	0.896	1.000	0.393
均值	0.847	0.605	0.494	0.859	0.747	0.540	0.718	0.798	0.964	0.718	0.676	0.981	0.863	0.792	0.987	0.502
归一化重要性（%）	98.66	70.41	57.58	100.00	86.98	62.89	74.48	82.76	100.00	74.42	70.13	100.00	87.95	80.18	100.00	50.88

产品知识、产品信息的即时反馈、产品的货币价值变成了产品的货币价值、产品信息的即时反馈和感知主播产品知识。这可能是由于 ANN 具有更高的预测精度，并且预测变量之间的线性和非线性关系（Oparaji et al.，2017）。也就是说，在模型 1 中，在预测到感知产品稀缺性与产品认知性涉入之间的非线性关系后，感知产品稀缺性实际上比产品信息的即时反馈、感知产品质量和感知主播产品知识的影响更小。在模型 2 中，在预测到感知主播产品知识、产品信息的即时反馈、产品的货币价值与产品认知性涉入之间的非线性关系后，它们重要性的排序发生了改变。如果仅使用单阶段分析（即 PLS – SEM），这个事实就会被掩盖，因此这展示了本书中两阶段分析方法（SEM – ANN）的价值。

5.5　本章小结

本章采用了 SEM – ANN 的两阶段分析方法，基于产品涉入理论，从产品属性的视角分析了直播商务消费者冲动性购买的影响因素。本章假设检验结果如表 5 – 10 所示。

表 5 –10　　　　　　　　　本章所有假设检验结果

假设检验	结果
直播商务中产品的货币价值正向影响产品认知性涉入	支持
直播商务中产品的货币价值正向影响产品情感性涉入	支持
直播商务中感知产品质量正向影响产品认知性涉入	支持
直播商务中感知产品质量正向影响产品情感性涉入	支持
直播商务中感知产品稀缺性正向影响产品认知性涉入	支持
直播商务中感知产品稀缺性正向影响产品情感性涉入	支持
直播商务中产品设计的功能正向影响产品认知性涉入	支持
直播商务中产品设计的功能正向影响产品情感性涉入	拒绝
直播商务中产品信息的即时反馈正向影响产品认知性涉入	支持
直播商务中产品信息的即时反馈正向影响产品情感性涉入	支持

续表

假设检验	结果
直播商务中感知主播的产品知识正向影响产品认知性涉入	支持
直播商务中感知主播的产品知识正向影响产品情感性涉入	支持
直播商务中产品认知性涉入正向影响消费者冲动性购买意愿	支持
直播商务中产品情感性涉入正向影响消费者冲动性购买意愿	支持
直播商务中产品认知性涉入正向影响消费者冲动性购买行为	支持
直播商务中产品情感性涉入正向影响消费者冲动性购买行为	支持
直播商务中消费者冲动性购买意愿正向影响冲动性购买行为	支持

具体而言，（1）在影响产品认知性涉入的六个主要前因，产品的货币价值、感知产品质量、感知产品稀缺性、产品设计的功能、产品信息即时反馈、感知主播的产品知识在 SEM – ANN 的两阶段分析中都对产品认知性涉入具有积极的影响。具体而言，产品设计的功能能够让消费者感受到产品的实用性，也就是产生较强的产品认知性涉入，这也与里茨等（Rietz et al.，2019）的研究相一致。产品的货币价值（价格）的高低与产品的功利性价值紧密相关，也在辛格等（2021）研究的基础上建立了产品的货币价值与产品认知性涉入的联系。在阿克拉姆等（Akram et al.，2018）的基础上，本书进一步证明了感知产品稀缺性对产品认知性涉入的正向影响，有趣的是，感知产品稀缺性在所有影响变量中由 SEM 分析的第三位排到 ANN 分析的最后一位，这可能是人工神经网络模型的非线性特性和更高的预测精度所解释的。产品信息的即时反馈也被认为是直播商务与其他商务形式的主要区别，消费者可能会通过实时互动得到想要的产品信息，获得产品有用性的感知，实现产品认知性涉入。与已有研究（Tsiotsou，2006；Campbell et al.，2014；Rokonuzzaman et al.，2020）探讨消费者涉入对感知产品质量影响不一样，本书证明了感知产品质量对消费者涉入的影响，也就是说，消费者感知到主播推荐的产品质量越高，会更加感受到关于产品实用性的认知性涉入。感知主播的产品知识会让消费者增加对主播专业性的认可，增加产品的认知性涉入，这也与陈等（2020）的研究一致。

（2）在影响产品情感性涉入的六个因变量中，产品的货币价值、感知产品质量、感知产品稀缺性、产品信息即时反馈、感知主播的产品知识对产品情感性涉入有积极影响，但是没有发现产品设计的功能对产品情感性涉入的影响。感知产品稀缺性被证明是对产品情感性涉入产生影响的首位变量，产品稀缺作为一种常见的营销策略，成为消费者对独特性的一种有效追求（Wu et al.，2012），感知产品稀缺也可能会影响消费者的竞争性感知（刘建新和李东进，2017）。感知产品质量是构成品牌信任和满意维度的主要部分（杨伟文和刘新，2010），也就是说，如果消费者感知到产品质量越高，可能会激发起使用产品的预期情绪，引发情感性涉入。产品的货币价值由 SEM 分析中的最后一位升到了 ANN 分析的第三位（相对重要性：74.84%），可能打算直播购物的消费者本身对产品的价格相对敏感，更倾向于购买物美价廉、物超所值的产品。有趣的是，在产品信息即时反馈和感知主播的产品知识在产品情感性涉入的影响中靠后，可能在直播商务中消费者更加倾向于通过即时的沟通得到产品的相关信息，而不是通过交流达到自我的满足。同时，主播的产品知识更多地会让消费者得到更多的实用性信息（Chen et al.，2020），而不是享乐性信息。令人惊讶的是，产品设计的功能对产品情感性涉入没有影响，与莱曼等（Reimann et al.，2010）、霍姆堡等（Homburg et al.，2015）的研究相矛盾，可能的原因在于消费者通过产品的功能更多地体验到产品的有用性，不一定会形成产品有趣的感知。

（3）在影响消费者冲动性购买意愿的两个主要前因中，产品认知性涉入与产品情感性涉入均存在显著影响。产品认知性涉入对消费者冲动性购买意愿的影响排名第一，而产品情感性涉入对消费者冲动性购买意愿的相对重要性为87.95%，为灿等（2017）的研究提供了进一步的证据支持。

（4）在影响消费者冲动性购买行为的三个主要前因中，产品认知性涉入（相对重要性：80.18%）、产品情感性涉入（相对重要性：100%）、冲动性购买意愿（相对重要性：50.88%）对冲动性购买行为都有显著影响。换句话说，消费者如果感受到主播推荐产品的实用性，更加可能立即购买自己原本没有打算购买的产品。而产品的情感性涉入，会使消费者与主播推荐产品的联系更加紧密，产生冲动性购买行为，这也与灿等（2017）的研究相一致。而冲动性购买意愿对于冲动性购买行为的影响已经被许多研究证明（Shen and Khalifa，2012；Zhao et al.，2019），在直播商务环境中，如果消费者的冲动性购买意愿越高，冲动性购买行为产生的概率越大。

第6章 直播场景氛围线索对消费者
冲动性购买的影响

本章基于"刺激—机体—反应"（stimulus-organism-response，S－O－R）模型，研究网络直播场景下的消费者行为机制，对于提高直播平台的内容质量和竞争能力，增强直播营销的效果具有现实价值，同时，也有助于打开消费者冲动消费的"黑箱"，进一步丰富消费者购买行为研究领域。

6.1 问题提出

1973 年，著名营销学者科特勒（Kotler，1973）第一次定义了氛围的概念，即有意识地设计空间创造特定的买方效应，特别是能够产生情感效应并提高消费者购买率的购物环境。环境线索和商店氛围在零售业中的重要性已在早期研究中得到证明。近年来，色彩搭配、界面质量、信息质量、电子渠道（如移动设备）和电子渠道接触点（如移动购物 App等）都成为学者们的着眼点。研究已经证明了在网络零售的背景下，氛围对消费者行为影响的重要性。冲动性购买作为消费者行为领域的经典话题之一，在线上直播中仍然存在。学者普遍认为，冲动消费是一种突然、难以抗拒和享乐的复杂购买过程，在这种过程中，没有仔细考虑所有相关信息和选择，便很快做出购买决策（Rook，1987）。研究表明，相较于实体购物，消费者在网络购物时会更加冲动，于是很多学者又重新探究网络购物过程中的冲动消费现象（赵宏霞等，2014）。心流体验作为个体在参与活动过程中，充分投入以平衡挑战和技能，从而提高感受愉悦与幸福感的能力，一些学者对其在阅读、运动、网络环境等不同领域进行了系列研究（Hoffman and Novak，2009），并且已经证实了其在直播用户使用行为中的积极作用（Chen and Lin，2018）。此外，特定文化背景中的价值观念和思想体系通常影响消费者行为，调节着情感诉求与受众吸引力之间的关系，主导人们的态度，并影响人们的行为（Han and Ling，2016）。孙旭等（2014）认为，中庸文化在华人社会化转型的过程中打下了深深的烙印，塑造了独特的个体文化气质——中庸思维。

综上所述，针对直播营销的研究尚不充分，而更多的则是与直播相关因素的研究。主要表现为：一是对网络直播的关注较低。局限于规范治理、版权保护等领域，对于直播营销的研究亟待丰富。二是相对分散和独立。即分别研究氛围线索、心流体验、中庸思维及冲动性购买的居多，而将其交叉融合研究的较少，对直播场景氛围线索是否可以直接或分别以心流体验为中介，中庸思维是否发挥调节作用而间接地作用于冲动消费的研究还有待深入。三是东方文化情境下的研究较为缺乏。我国消费市场庞大，但中国经济背景下氛围线索、心流体验、中庸思维与冲动消费的实证研究还不够丰富。因此，本章基于"S－O－R"模型，试图回答以下几个问题。

- 直播场景氛围线索能够直接影响消费者冲动性购买吗？
- 心流体验是上述关系发生的过程黑箱吗？
- 中庸思维是上述关系产生的边界条件吗？

6.2 理论基础与假设推演

6.2.1 "S－O－R"模型

"S－O－R"模型建立在环境心理学的基础之上，为在线氛围对消费者行为的影响提供了理论依据（Mehrabian and Russell，1974；Russell and Pratt，1980）。"S－O－R"模型由三个部分构成，即刺激（S）、机体（O）和反应（R）。它假设外部环境中的刺激会引起个体内部机体的变化，进而影响他们的行为反应（Mehrabian and Russell，1974）。进一步地，这种人们对环境影响的行为反应可以分为积极的（接近行为），或者是消极的（回避行为）。

刺激（S）指的是外部环境的影响因素，可以影响机体的心理和认知状态（Lin and Lo，2016）。关于已有研究中的外部环境刺激因素，则大多与研究场景相融合，如徐等（Xu et al.，2020）在研究直播商务中的消费者购物行为时，认为主播吸引力、准社会互动和信息质量是有效的外部刺激因素。机体（O）表示情感和认知内部过程，在行为反应和环境刺激之间起中介作用（Tuncer，2021）。机体经过一系列心理或认知活动后，会对外界刺激产生内在或外在的行为反应（Zhu et al.，2020）。愉悦、唤醒起初被认为是机体的重要构念，随着研究范围的扩大，机体内涵得到进一步拓展，如朱等（Zhu et al.，2020）在讨论电子商务环境中，用户评论对购买决策影响的主要决定因素时，将信任和满意反应作为机体。刺激（R）被认为是接受者对于不同情境因素看法的反应（Parboteeah et al.，2009），及其内部评价的结果（Chan et al.，2017）。这种个体内部的心理反应，包括被动或主动的行为和态度反应（Tuncer，2021）。突尼斯（Tuncer，2021）分析了 IT 可供性刺激个体产生社交商务意图的过程。

该框架首先被用来检验店内氛围线索对线下购物行为的影响，后来扩展到调查在线购物行为（Parboteeah et al.，2009）。在网上购物的背景下，有许多研究依赖于"S－O－R"模型或其中一部分。李和彭（2021）在研究直播商务中消费者的送礼意愿时，将主播特征和场景特征作为刺激，通过情感依恋和沉浸感的机体状态，影响了观众送礼意愿的反应。网页美观是机体认知和情感反应的重要刺激（Wang et al.，2010），因此，将直播平台氛围线索作为消费者冲动性购买的刺激因素。根据李和彭（2021）的建议，将心流体验作为消费者的机体，最终影响冲动性购买。

6.2.2 氛围线索与冲动性购买意愿

"S-O-R"模型指出，刺激是外部环境对个体的影响，机体是每个受刺激个体的内在状态，而反应是个体的行为，外部环境刺激个体的内在状态，并进一步影响个体的行为（Mehrabian and Russell，1974）。"S-O-R"模型建立在环境心理学的基础之上，为在线氛围对消费者行为的影响提供了理论依据。

萨特等（Sautter et al.，2004）从"S-O-R"模型的视角研究了网店环境和消费者所处物理环境的双重刺激对消费者内在反应的影响。弗洛和马德伯格（Floh and Madlberger，2013）从消费者对信息内容、导航系统与外观设计的主观评价来测量氛围线索，探究了在线氛围线索与冲动消费的内在机制，以他们的研究为基础，我们探索直播场景下氛围线索与冲动消费的内在联系。（1）直播平台的信息内容质量高低会影响消费者的消费情绪，信息内容质量越高，消费者受到的刺激程度越大，消费者的冲动消费行为越明显。陈等（2016）对脸书的信息质量、冲动性特征、接受的"喜欢"数量等因素对消费者冲动购买的影响进行了实证研究。换言之，消费者对个性化信息的体验会更好。（2）直播平台的导航系统界面的友好型、便捷度会加速与消费者的互动，加深消费者冲动消费情绪。麦克米伦（McMillan，2002）发现，超级链接、搜索引擎等强化了用户对网站的控制，说明导航系统的设计会影响到网站的互动。（3）直播平台外观设计（包括界面的色调搭配、图案选择等）的宜人性会带给消费者良好的使用体验，常亚平等（2012）通过对购买手机的604份消费者问卷进行分析，发现外观创新与冲动购买意愿之间存在积极的正向关系。根据"S-O-R"模型的观点，当消费者受到直播界面的外部刺激，感知到氛围线索的可控、便捷、创新，就更愿意进行互动，进一步激发消费者的冲动性购买意愿。据此提出如下假设。

假设6-1：氛围线索对冲动性购买意愿具有正向影响。

6.2.3　氛围线索与心流体验

心流体验作为无意识的体验，具有一定的控制性、沉迷性，是用户在浏览实时平台和相关内容时激发用户好奇心，享受用户所有内部状态和体验的能力（喻昕和许正良，2017）。氛围线索主要集中在环境、功能、布局和沟通的元素上，如歌曲、符号和文物（Ward et al.，1992）。这个定义完全适用于界定在线氛围的内涵与外延，虽然线上线下营销的氛围线索存在着一定差异，但一般仍然在尊重客观差异的基础上，将线下氛围线索的概念引申到线上中（Floh and Madlberger，2013）。

在线氛围线索形态各异，埃罗格鲁等（Eroglu et al.，2001）最早将其划分为高、低两种任务相关线索，高任务相关线索指的是界面上使消费者能够成功完成购买任务的线索，而低任务相关线索是指那些与完成购买任务无关紧要的界面信息。"S－O－R"模型指出，刺激（S）会影响人们的内部情感评价（O），与界面相关的刺激包括环境条件、空间和功能，以及符号和工件。许多研究表明，店面设计和信息显示影响电子商店的形象，这种内部状态反过来又影响消费者的期望（Oh et al.，2008）。也就是说，直播平台氛围线索的外在刺激，会引发消费者的情绪，这种情绪可能会触发消费者心流体验感。很多学者致力于研究影响心流体验的网站特征（Carlson and O'Cass，2011），张初兵等（2017）也构建了氛围线索影响感知的理论模型，并对它们之间的关系进行了实证检验。据此提出如下假设。

假设6－2：氛围线索对心流体验具有正向影响。

6.2.4　心流体验与冲动性购买意愿

心流体验意味着注意力集中、完全投入及内在愉悦感，它可能允许消费者没有事先计划的购买或增加非计划购买的数量（陈洁等，2009）。有研究表明，积极的情绪反应可能会促进消费者的冲动性购买（Hausman and Siekpe，2009）。一定程度上来说，消费者的冲动性意味着他们很大程度上依赖于消费者的感受。因此，如果消费者喜欢他们的在线购物体验，他们可能会在网上商店进行更为探索性的浏览，也就更加注重界面的营销活动，从而导致更冲动的购买（Koufaris，2002）。斯卡德贝格和基梅尔（Skadberg and Kimmel，2004）提出了一种基于旅游网站的心流体验模型，指出心流体验对游客态度和行为有积极的影响。我们认为处于沉浸中的消费者常常忽略时间感，并伴随着激烈的快乐体验，更加注重在线商家的营销活动，导致更多的冲动消费。据此提出如下假设。

假设6-3：心流体验对冲动性购买意愿具有正向影响。

6.2.5 心流体验的中介作用

"S-O-R"模型在冲动购买研究中也得到了成功的应用，零售环境（刺激）的环境/设计特征影响消费者的积极情绪反应（有机体），进而影响冲动性购买（反应）（Chang et al.，2011）。埃罗格鲁等（2001）基于"S-O-R"模型，将网络商店环境因素划分为高任务相关因素和低任务相关因素，通过实证研究指出环境影响消费者的内部情绪和认知，进而影响他们的满意度和接近/回避行为。姜参和赵宏霞（2013）发现，良好的商店形象可以通过虚拟体验刺激消费者的购买意愿。薛杨等（2017）以心流体验为中介，构建了微信营销中用户信息与行为互动的理论模型。分析氛围线索对个体冲动性购买意愿作用的微观机制，可以看到氛围线索能够提升个体心流体验能力，进而产生较强的冲动性购买意愿。近年来，已有研究对"氛围线索—冲动性购买意愿"的逻辑进行了较为充分地论述，但心流体验的中介作用还缺乏更为明确的验证，据此提出如下假设。

假设6-4：心流体验在氛围线索与冲动性购买意愿之间有中介作用。

6.2.6 中庸思维的调节作用

中庸思维作为受传统儒家文化影响而形成的认知风格，仍深刻影响中国人生活方式及行为选择（Chang and Yang，2014）。目前关于中庸思维的研究较少，且集中于个体层面的影响，比如创造力、幸福感以及能力（Chang and Yang，2014）。但在跨文化认知领域里，存在与中庸思维界定近似的研究，如辩证思维、整体思维等（胡男，2017）。与低中庸思维的个体相比，高中庸思维的个体在考虑最佳行为时，不仅注意力受限于物质本身及问题所在，并能根据环境的变化调整自己的行为，同时强调自我克制，不在短暂的情绪上行动（何轩，2009）。有学者也对冲动消费行为的功能性或功能失调性进行了研究，指出有效的情绪调节可能在一定程度上减轻冲动购买倾向的不良后果（Fenton-O'Creevy et al.，2018）。一般来说，高中庸思维的人对外部环境比较敏感，他们会根据形势的变化，灵活适当地调整策略，通常在做出决策前反复考量。据此提出以下假设。

假设 6 - 5：中庸思维负向调节心流体验对冲动性购买意愿的影响。

6.2.7　有调节的中介作用

本书尝试将中庸思维引入消费者行为领域，根据以上论述，认为心流体验不仅在个体的氛围线索和冲动性购买意愿之间起到中介作用，而且该中介作用的大小会受到个体中庸思维水平的影响，中庸思维在"氛围线索—心流体验—冲动性购买意愿"作用路径中，扮演着负向调节的角色。据此提出以下假设。

假设 6 - 6：心流体验在氛围线索与冲动性购买意愿之间的中介作用依赖于中庸思维水平。中庸思维会弱化心流体验在氛围线索与冲动性购买意愿之间的中介效应。

综合以上理论分析与假设推演，研究模型如图 6 - 1 所示。

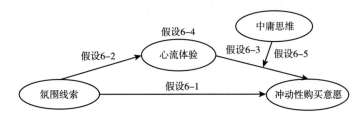

图 6 - 1　氛围线索对消费者冲动性购买意愿的理论模型

6.3 研 究 设 计 与 方 法

6.3.1 样本与数据收集

为了确保问卷回收质量，通过回译测试所借鉴的成熟外文量表，合理设计反义题项，撰写填写说明，告知问卷只针对有直播消费经历的个人匿名填写。考虑到青年群体特别是大学生作为直播平台的主要受众，本书选择大学生群体作为重要样本来源。首先进行预调研，以对本书的题项进行修正与调整，面向 100 名本（专）科大学生、研究生进行问卷发放，填写完整将获得 1 个随机现金红包。再利用"问卷星"平台进行大样本数据收集，通过课题组成员的微信群、朋友圈分享链接，以及利用"网红"的社交圈进行推送，完成问卷将获得 1～10 元不等的红包。

对无效问卷进行剔除后，有效问卷共计 681 份。从性别上来看，男性占 36.0%，女性占 64.0%；从年龄来看，20 岁以下占 32.6%，21～25 岁占 46.8%，26～30 岁占 15.6%，30 岁以上占 5.0%；从婚姻状况来看，未婚占 85.9%，已婚占 14.1%；从教育程度来看，小学及以下占 0.4%，初中占 1.8%，高中/中专占 7.0%，大专占 9.5%，大学本科占 59.8%，硕士及以上占 21.4%；从月收入水平来看，无收入占 45.5%，500 元以下占 5.6%，501～1000 元占 6.3%，1001～1500 元占 6.9%，1501～2000 元占 4.1%，2001～3000 元占 7.2%，3001～5000 元占 9.5%，5001～10000 元占 10.9%，10001～20000 元占 2.9%，20000 元以上占 1.0%。

6.3.2 变量测度

为了提升量表的有用性，本书采用了国内外较权威的测量量表，同时多次翻译与回译了各题项，确保语言表述的准确度。

氛围线索量表。按照弗洛和马德伯格（2013）的研究从信息内容、外观设计、导航系统 9 个条目进行测量，如："该直播平台的信息能满足我的需求""该直播平台上有充分的产品/服务信息""该直播平台上的信息是最新的、及时的""在该直播平台上浏览信息是容易的""很容易比较该直播平台上的产品/服务""学习使用该直播平台对我而言是容易的""该直播平台令我在视觉上赏心悦目""该直播平台使用的颜色是吸引人的""该直播平台的结构布局是吸引人的"。

心流体验量表。按照库法里斯（2002）的研究建议，共 3 个题项："使用直播平台时，我的注意力都集中在使用中""使用直播平台时，感到一切尽在掌握""使用直播平台时，我找到许多乐趣"。

中庸思维量表。参照杜旌和姚菊花（2015）的研究，共包括 8 个题项："要合理也要合情""要不偏不倚，选择适中的方案""要尽可能地不冒进，不走极端""要取中讲和，恪守中道""要考虑周围人的想法和做法""要为了整体和谐来做调整""要考虑各种情形保持适度""要平衡（如平衡自己和环境）"。

冲动性购买意愿量表。参考贝蒂和弗瑞尔（1998）的研究，共包含 4 个题项："当我看到主播直播的瞬间，我就想立即拥有该产品（道具）或打赏""当我看到主播直播的时候，我产生了强烈的购买或打赏欲望""一看到主播直播推荐产品（服务），我就觉得是我想要的""我看到了许多之前没有计划购买，但是看到主播直播推荐后又很想购买的商品（或服务）或给予打赏"。

在上述题项测量中，均使用李克特 5 点量表进行计分，其中 1 表示"非常不同意"，5 表示"非常同意"，数字越大表明符合或者同意的程度越大。纵览以往研究，发现性别、年龄、婚姻状况、教育程度及月收入水平的差异，均对个人的冲动性购买意愿会有较大影响。所以，本书将被调查者的性别、年龄、婚姻状况、教育程度及月收入水平作为控制变量。

6.4 数据处理与结果分析

6.4.1 共同方法偏差检验

共同方法变异（common method variance，CMV）是由于数据来源、测量工具和使用环境等相同而导致的变量之间变异的重叠，而不代表构念间的真实关系。为了最大限度减少共同方法变异的影响，本书采用了匿名填写、设置反义题项、打乱题目顺序等事前控制手段。同时，通过 Harman 单因素方法检验研究是否存在共同方法偏差问题。结果显示，测量题项均聚合为特征值大于 1 的 4 个因素，第一个因子解释了所有题项 33.623% 的变异，小于 40% 的临界值标准，表明本书较好地控制了数据的同源方法变异问题。

6.4.2 信度与效度检验

本书以 Cronbach's α 系数来判断量表的稳定、可靠，结果如表 6-1 所示。本书的各个量表的 α 系数均超过了 0.7 的可接受水平，表明本书具有良好的信度。同时，本书心流体验变量 KMO 值接近 0.7，其他变量的 KMO 值均大于 0.8，表明研究量表适合进行因子分析。最小累计方差解释量为 55.594%，最小因子载荷为 0.670，均超过可接受的临界值。

表 6-1 因子分析

变量	最小因子载荷	Cronbach's α	KMO	累计方差解释量（%）
氛围线索	0.670	0.920	0.930	61.353
心流体验	0.784	0.754	0.682	67.112
中庸思维	0.687	0.885	0.914	55.594
冲动性购买意愿	0.857	0.900	0.835	76.967

　　表 6 - 2 说明了各变量的均值（*Mean*）、标准差（*SD*）等描述性统计结果和相关系数值。可以看出，各变量的组合信度（*CR*）最低值为 0.757，均较为理想。同时，采用平均方差析出量（*AVE*）来检验变量的收敛效度。由表 6 - 2 计算结果可知，各变量的 *AVE* 值大多大于 0.5，表示模型的内在质量理想。并且各变量 *AVE* 的平方根均高于它们间的相关系数，充分表明各变量具有良好的区分效度。此外，通过 AMOS 21.0 对变量进行验证性因子分析，结果显示研究模型的各拟合指标基本达到标准（$\chi^2/df = 3.590$，*RMSEA* = 0.062、*GFI* = 0.892、*NFI* = 0.906、*IFI* = 0.930、*TLI* = 0.922、*CFI* = 0.930），表示模型的适配情形良好。

表 6 - 2　　　　　　　　　　　描述性统计结果和相关系数

变量	*Mean*	*SD*	1	2	3	4
氛围线索	3.057	0.76	**0.752**			
心流体验	3.003	0.74	0.590 **	**0.714**		
中庸思维	3.674	0.71	0.069	0.169 **	**0.703**	
冲动性购买意愿	2.610	0.82	0.644 **	0.659 **	0.001	**0.834**
AVE			0.566	0.510	0.494	0.695
CR			0.921	0.757	0.886	0.901

注：** 表示在 0.01 的水平（双侧）上显著相关，对角线上数值表示 *AVE* 值的平方根。

6.4.3　假设检验

6.4.3.1　氛围线索、心流体验与冲动性购买意愿之间的关系检验

　　本书对所研究的核心变量间关系进行了多元回归，结果如表 6 - 3 所示。模型 3 验证控制变量对因变量的影响，结果表明性别、年龄、婚姻状况、教育程度、月收入水平等不会显著影响个体的冲动性购买意愿。模型 4 结果表明，氛围线索对冲动性购买意愿的影响达到了显著水平（$\beta = 0.708$，$p < 0.001$），说明氛围线索对冲动性购买意愿的正向影响显著，因此假设 6 - 1 得到验证。模型 2 结果显示，氛围线索对心流体验有显著的正向影响（$\beta = 0.568$，$p < 0.001$），因此假设 6 - 2 得到验证。模型 5

表6-3

多元回归分析

研究变量	心流体验			冲动性购买意愿				
	模型1	模型2	模型3	模型4	模型5	模型6	模型7	模型8
控制变量								
性别	0.150*	0.089	0.075	-0.002	-0.037	-0.045	-0.030	-0.029
年龄（对数）	0.273	-0.180	0.295	-0.269	0.092	-0.182	0.033	0.076
婚姻状况	0.090	-0.011	0.074	-0.053	0.007	-0.048	0.007	0.022
教育程度	-0.097**	-0.039	-0.043	0.028	0.029	0.047	0.026	0.030
月收入水平	0.022	0.006	0.011	-0.009	-0.006	-0.012	-0.007	-0.007
自变量								
氛围线素		0.568***		0.708***		0.433***		
中介变量								
心流体验					0.742***	0.484***	0.763***	0.720***
调节变量								
中庸思维							-0.132***	-0.159***
交互项								
心流体验×中庸思维								-0.074***
R^2	0.024	0.355	0.005	0.417	0.436	0.533	0.448	0.461
ΔR^2	0.024	0.330	0.005	0.412	0.431	0.121	0.012	0.013
F	3.351**	61.741***	0.612	80.184***	86.718***	111.813***	78.019***	71.846***
max（VIF）	2.023	2.030	2.023	2.030	2.024	2.031	2.027	2.028

注：*** 表示 $p < 0.001$，** 表示 $p < 0.01$，* 表示 $p < 0.05$。

结果表明，心流体验对冲动性购买意愿的正向影响显著（$\beta = 0.742$，$p < 0.001$），因此，假设6-3得到支持。

6.4.3.2　心流体验的中介作用检验

心流体验的中介作用检验，依照检验中介的三步法。（1）检验自变量氛围线索对因变量冲动性购买意愿的影响是否显著，从模型4结果可知，氛围线索对冲动性购买意愿有显著的正向影响（$\beta = 0.708$，$p < 0.001$）；（2）检验自变量氛围线索对中介变量心流体验的作用是否显著，由模型2结果可见，氛围线索对心流体验的正向影响显著（$\beta = 0.568$，$p < 0.001$）；（3）将因变量冲动性购买意愿对自变量氛围线索与中介变量心流体验进行回归，如模型6，心流体验对冲动性购买意愿的影响显著（$\beta = 0.484$，$p < 0.001$），氛围线索对冲动性购买意愿的影响仍然显著（$\beta = 0.433$，$p < 0.001$），但其回归系数有所减小（$0.433 < 0.708$），说明心流体验在氛围线索和冲动性购买意愿之间扮演着部分中介的角色，这一结论支持了假设6-4。

6.4.3.3　中庸思维的调节效应检验

为了验证假设6-5，即中庸思维在心流体验与冲动性购买意愿中发挥的调节效应，第一步把冲动性购买意愿设定成因变量，然后依次放入性别、年龄等控制变量，以及心流体验和中庸思维，最后放入心流体验和中庸思维的交互项，即表6-3中的模型3、模型7和模型8。为了消除共线性问题，应当对心流体验和中庸思维进行中心化处理，再构造两变量间的交互项。模型8的结果显示，心流体验和中庸思维的交互项与冲动性购买意愿显著负相关（$\beta = -0.074$，$p < 0.001$），这表明中庸思维水平越高，心流体验对冲动性购买意愿的正向影响作用会越弱。进一步，根据艾肯等（1991）提出的方法和程序进行简单斜率分析，通过中庸思维的均值分别加减一个标准差的方式将中庸思维分为两个样本（高中庸思维与低中庸思维），描绘不同中庸思维的个体在心流体验与冲动性购买

意愿关系中的差别，同样证明，中庸思维负向调节心流体验对冲动性购买意愿的影响（见图6－2）。由此，假设6－5得到验证。

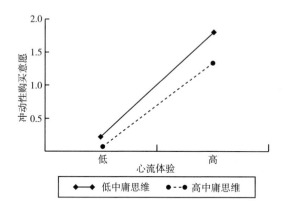

图6－2　中庸思维在心流体验与冲动性购买意愿中的调节效应

6.4.3.4　有调节的中介效应检验

本书已经检验了心流体验作为氛围线索和冲动性购买意愿之间的中介机制，同时也论证了中庸思维对心流体验和冲动性购买意愿间关系的调节效应。至于有调节的中介效应检验，依照爱德华兹和兰伯特（Edwards and Lambert，2007）提出的检验方法，（1）运用 SPSS 21.0 受约束非线性回归分析（CNLR）语法，采用 Bootstrap 重复抽取 1000 个样本；（2）将抽取出的样本全部导入 EXCEL，验证本书的有调节的中介模型，检验结果如表6－4所示。

表6－4　　　　　　　　　　　有调节的中介效应分析

调节变量	氛围线索（X）→心流体验（M）→冲动性购买意愿（Y）				
	I 阶段	II 阶段	直接效应	间接效应	总效应
	P_{MX}	P_{YM}	P_{YX}	$P_{YM}P_{MX}$	$P_{YX} + P_{YM}P_{MX}$
低中庸思维	0.608**	0.490**	0.378**	0.298**	0.676**
高中庸思维	0.520**	0.340**	0.388**	0.177**	0.565**
差异	-0.087	-0.151**	0.011	-0.121**	-0.110*

注：P_{MX}代表氛围线索对心流体验的影响，P_{YM}代表心流体验对冲动性购买意愿的影响，P_{YX}代表氛围线索对冲动性购买意愿的影响；高中庸思维代表 M + 1SD，低中庸思维代表 M - 1SD。* 表示 $p < 0.05$，** 表示 $p < 0.010$。

表6-4中，Ⅰ阶段说明氛围线索（X）对心流体验（M）的作用，Ⅱ阶段说明心流体验（M）对冲动性购买意愿（Y）的作用，直接效应说明氛围线索（X）对冲动性购买意愿（Y）的作用，间接效应为第Ⅰ阶段和第Ⅱ阶段的乘积。从表6-4可以看出，无论中庸思维水平高还是低，其对心流体验与冲动性购买意愿关系的影响均显著，且两个影响系数之间存在显著差异（$\beta = -0.151$，$p < 0.01$），因此，中庸思维会弱化心流体验对冲动性购买意愿的作用，进一步支持了假设6-5。此外，在中庸思维水平低的情形中，心流体验在氛围线索与冲动性购买意愿间发挥的间接效应显著（$\beta = 0.298$，$p < 0.01$），中庸思维水平高的情形仍然显著（$\beta = 0.177$，$p < 0.01$），并且在中庸思维水平高或低的情形中，它们发挥的间接效应差值也显著（$\beta = -0.121$，$p < 0.01$）。由此，中庸思维调节心流体验在氛围线索对冲动性购买意愿中扮演中介角色的后半段，假设6-6得到支持。

6.4.4　稳健性检验

为了增强研究结论的说服力，除了爱德华兹和兰伯特（2007）的方法外，本书还使用SPSS 25.0及其宏（PROCESS）对研究模型的稳健性进行了分析，结果如表6-5所示。

表6-5　　　　　　　　　　研究模型各效应的稳健性检验

效应	系数值（调节）/ 效应量（中介）	标准误	Bootstrap （95%置信区间）	
			置信区间（LLCI）	置信区间（ULCI）
中庸思维的后半段调节效应	-0.142	0.035	-0.210	-0.074
心流体验的中介效应	0.275	0.026	0.228	0.328
有调节的中介效应	-0.072	0.019	-0.108	-0.033

注：LLCI为置信区间下限（lower limit confidence interval），ULCI为置信区间上限（upper limit confidence interval）。

为了验证中庸思维在概念模型中第二阶段调节效应的稳健性，使用SPSS

宏嵌入的模型 1 检验,Bootstrap 95% 置信区间为 (-0.210, -0.074),不包含零,并且 ΔR^2 显著,这进一步验证了中庸思维在心流体验与冲动性购买意愿之间的调节作用。

使用 SPSS 宏嵌入的模型 4 对心流体验的中介效应进一步验证,如表 6 -5 所示,效应量为 0.275,Bootstrap 95% 置信区间的上、下限不包含零,说明了心流体验在氛围线索与冲动性购买意愿之间发挥的中介效应显著。

同理,采用模型 14 对有调节的中介效应进行检验,发现 Bootstrap 95% 置信区间为 (-0.108, -0.033),也不包含零,以上结果充分证明本书假设检验结果的可靠性和稳健性。

6.5　本章小结

本章基于"S - O - R"模型,聚焦在氛围线索对冲动性购买意愿的作用机制,探讨了氛围线索、心流体验、中庸思维和冲动性购买意愿之间的关系。如表 6 -6 所示,所有假设都得到验证。

表 6 -6　　　　　　　　　　　本章所有假设检验结果

假设检验	结果
氛围线索对冲动性购买意愿具有正向影响	支持
氛围线索对心流体验具有正向影响	支持
心流体验对冲动性购买意愿具有正向影响	支持
心流体验在氛围线索与冲动性购买意愿之间有中介作用	支持
中庸思维负向调节心流体验对冲动性购买意愿的影响	支持
心流体验在氛围线索与冲动性购买意愿之间的中介作用依赖于中庸思维水平。中庸思维会弱化心流体验在氛围线索与冲动性购买意愿之间的中介效应	支持

具体来看,一是证明了直播场景氛围线索对消费者冲动性购买的积极作用,氛围线索作为外界刺激的重要因素,在线下购物、电子商务等场景中的重要性因素都得到验证 (Chan et al., 2017; Eroglu et al., 2001),

但是直播商务场景中的研究需要进一步丰富，本书就为直播场景氛围线索与消费者冲动性购买的关系提供了直接证据。二是探讨了中庸思维在氛围线索向冲动性购买意愿转化过程中的调节作用，明确了个体中庸思维的边界条件。既有文献大多关注组织中员工中庸思维的影响（胡男，2017），对中庸思维特别是其在消费行为领域中的关注度不够，也尚未完全厘清中庸思维在冲动性购买意愿形成过程中扮演的角色，本书为后续消费者行为中个体特质的研究提供了新方向。三是分析了氛围线索—心流体验—冲动性购买意愿间的作用机制，打开了冲动消费研究的"黑箱"。已有学者研究了心流体验在界面特征与冲动性购买之间的中介作用（赵宏霞等，2014），界面特征只作为氛围线索的一部分，本书更加全面地揭示心流体验在氛围线索—冲动性购买意愿间的中介机制。

第7章 总结与展望

本章对整个研究内容进行归纳总结，阐述研究的主要结论，概括研究的理论贡献和管理启示，最后指出研究中存在的局限，结合未来仍需努力的方向进行展望。

7.1 总体研究结论

随着直播商务的不断发展，冲动性购买已成为十分常见的消费者行为。现在传统电商平台嵌入了直播功能，如淘宝、京东等，而直播平台也融合了电商功能，例如抖音、快手等，各种各样的商业模式也不断丰富，直播商务得到极大发展。但是基于已有研究的文献回顾，本书发现关于直播商务情境中冲动性购买的研究仍然有限，尤其是相关研究缺乏一个系统的视角或框架。因此，本书构建了与直播商务中各要素主体相关的理论性框架，即从"人—货—场"的视角探讨相关关系。第一项研究（即第3章，下称研究一）基于沟通理论，探讨了直播商务中主播沟通风格与直播商务平台类型对消费者冲动性购买的影响。第二项研究（即第4章，下称研究二）基于意义维持模型，探讨了消费者相对剥夺感对冲动性购买的影响。第三项研究（即第5章，下称研究三）基于产品涉入理论，探讨了不同的产品属性对消费者冲动性购买的影响。第四项研究（即第6章，下称研究四）基于"S－O－R"框架，探讨了直播场景氛围线索对消费者冲动性购买的影响。研究一运用了情景实验法来检验研究模型。研究二和研究三均运用混合研究方法来检验研究模型，研究二采用结构方程模型和模糊集定性比较分析来检验研究模型，研究三采用了结构方程模型和人工神经网络分析来检验研究模型。研究四采用了多元回归分析检验研究模型。这四项研究模型为解释直播商务中的消费者冲动性购买提供了证据。具体研究结论如下。

7.1.1　主播沟通风格对消费者冲动性购买的影响

基于沟通理论，采用了情景实验方法，分析了直播商务中主播沟通风格对消费者冲动性购买的影响。研究发现：（1）主播沟通风格和直播商务平台类型的交互效应对消费者冲动性购买产生影响。在主播社交导向型沟通风格的情况下，相对于传统电商型，娱乐内容型的直播商务平台会使消费者产生更强的冲动性购买；在主播任务导向型沟通风格的情况下，相对于传统电商型，娱乐内容型的直播商务平台会使消费者产生更低的冲动性购买。（2）准社会互动在主播沟通风格和直播商务平台类型对消费者冲动性购买的影响中发挥中介作用。（3）消费者孤独感调节主播沟通风格和直播商务平台类型对消费者冲动性购买的影响；在消费者孤独感高的情况下，表现为无论主播沟通风格与直播商务平台类型是否匹配，都会产生较强的消费者冲动性购买；而在消费者孤独感低的情况下，主播沟通风格和直播商务平台类型越匹配，消费者冲动性购买越强。

7.1.2　消费者相对剥夺感对冲动性购买的影响

基于意义维持模型，采用了结构方程模型（SEM）和模糊集定性比较分析（fsQCA）的混合分析方法，分析了直播商务消费者相对剥夺感对冲动性购买的影响。研究发现：第一，SEM 结果表明，直播商务中消费者相对剥夺感对冲动性购买具有正向影响。逃避动机、感知自我效能和自我损耗在相对剥夺感与冲动性购买之间的关系中起着同步、链式中介作用。具体来看，消费者的相对剥夺感会通过逃避动机进一步影响冲动性购买，也会通过感知自我效能或自我损耗进一步影响冲动性购买。同时，消费者的相对剥夺感会通过逃避动机和感知自我效能进一步影响冲动性购买，也会通过逃避动机和自我损耗进一步影响冲动性购买。

第二，fsQCA 结果表明：（1）触发消费者产生强冲动性购买有三类模式，其中模式一包括两种子模式。模式 C1a 为"～教育程度×逃避动机×感知自我效能×自我损耗"；模式 C1b 为"相对剥夺感×逃避动机×感知自我效能×自我损耗"；模式 C2 为"教育程度×相对剥夺感×逃避动机×感知自我效能×自我损耗"。比较三类触发模式，模式 C1b 的解释力要大于其他两种模式。（2）触发消费者产生弱冲动性购买有三类模式。模式 NC1 为"～相对剥夺感×～逃避动机×～感知自我效能×～自我损耗"；模式 NC2 为"教育程度×～相对剥夺感×～逃避动机×～感知自我效能"；模式 NC3 为"～教育程度×～相对剥夺感×～逃避动机×感知自我效能×自我损耗"。比较三类触发模式，模式 NC2 的解释力要大于其他两种模式。（3）较强或较弱的相对剥夺感能够触发消费者强冲动性购买行为中的两条路径，弱相对剥夺感是消费者弱冲动性购买行为三条路径中的共有因素，应该重点关注，充分考虑其前因条件的组合效应。（4）SEM 认为教育程度与冲动性购买负相关，受教育程度越高的个体越可能通过理性的途径宣泄自己的负性情绪，减少冲动性购买。基于 QCA 方法的研究表明，无论个体受教育程度高还是低，都有可能产生强冲动性购买和弱冲动性购买。只有综合考虑多种因素的组合效应，才能更好地解释消费者的相对剥夺感对冲动性购买的影响。

7.1.3　产品属性对消费者冲动性购买的影响

采用了 SEM－ANN 的两阶段分析方法，基于产品涉入理论，从产品属性的视角分析了直播商务消费者冲动性购买的影响因素。研究发现：（1）在影响产品认知性涉入的六个主要前因中，产品的货币价值、感知产品质量、感知产品稀缺性、产品设计的功能、产品信息即时反馈、感知主播的产品知识在 SEM－ANN 的两阶段分析中都对产品认知性涉入具有积极的影响。(2) 在影响产品情感性涉入的六个因变量中,产品的货币价值、感知产品质量、感知产品稀缺性、产品信息即时反馈、感知主播的产品知识对产品情感性涉入有积极影响,但是没有发现产品设计的功能对产品情感性涉入的影响。(3) 在影响消费者冲动性购买意愿的两个主要前因中,产品认知性涉入与产品情感性涉入均存在显著影响。(4) 在影响消费者冲动性购买行为的三个主要前因中,产品认知性涉入、产品情感性涉入、冲动性购买意愿对冲动性购买行为都有显著影响。

7.1.4　氛围线索对消费者冲动性购买的影响

将"S – O – R"模型引入直播商务中,聚焦于冲动性购买意愿的前因变量和产生机制,探讨了氛围线索、心流体验、中庸思维和冲动性购买意愿之间的关系,研究发现:(1) 直播场景氛围线索与冲动性购买意愿呈显著正相关;(2) 直播场景氛围线索与心流体验呈显著正相关;(3) 心流体验对个体的冲动性购买意愿具有显著正向影响,且心流体验在氛围线索和冲动性购买意愿之间起部分中介作用;(4) 中庸思维在心流体验和冲动性购买意愿的关系中起负向调节作用,也调节了心流体验在氛围线索与冲动性购买意愿间扮演的部分中介角色。

7.2　理论贡献

本书以现实背景和既有文献为基础,识别了直播商务冲动性购买研究中的四个主要研究问题:主播行为方式的影响过程、消费者认知的作用过程、产品属性的影响机制和场景氛围的驱动机理。因此,本书从主播沟通风格、消费者相对剥夺感、产品属性和场景氛围线索四个方面的显著特征出发,综合考虑消费者个人特质、社会影响、平台特征以及消费认知因素,尝试厘清这些可能因素对直播商务消费者冲动性购买的影响和作用机制。首先,基于沟通理论,探讨了直播商务中主播沟通风格与直播商务平台类型对消费者冲动性购买的影响，并探讨了准社会互动的中介作用和消费者孤独感的调节作用。其次，本书关注消费者相对剥夺感对冲动性购买的影响，并基于意义维持模型，探究了逃避动机、感知自我效能和自我损耗的链式作用机制。再次，本书基于产品涉入理论，探讨了消费者对不同产品属性的感知对消费者冲动性购买的影响，并考察了产品认知性涉入和情感性涉入在其中的影响。最后，基于"S－O－R"模型，本书探讨了直播场景氛围线索对消费者冲动性购买的影响，并关注了消费者中庸思维和心流体验的影响。

（1）从主播行为方式的角度来说，构建了主播沟通风格与直播商务平台类型的交互作用对消费者冲动性购买的影响模型，拓展了沟通理论的应用场景。

一是证明了主播沟通风格和直播商务平台类型对消费者冲动性购买产生交互作用，但单一因素不存在独立影响，为今后的相关研究开拓了理论视野。现有大多数研究表明了沟通风格在 AI 人工智能领域的作用（Chattaraman et al.，2019；De Cicco et al.，2020），作为服务领域的应用场景，沟通风格在激发消费者购买、提高消费者满意度、减少消费者差评等方面具有较好的效果。最近在直播商务领域，吴娜等（2020）证明了主播沟通风格与消费者相似性的影响，这也侧面说明了主播沟通风格不会单独产生影响，可能需要结合其他因素共同作用。本书在呼应查塔拉曼等（2019）、吴娜等（2020）研究的基础上，按照直播商务平台类型已有分类，率先将其考虑到研究模型中，并证明了主播沟通风格与直播商务平台类型对消费者冲动性购买的交互作用，为直播商务的消费者行为研究贡献了新的知识，方便今后学者开展进一步探讨。

二是验证了准社会互动在主播沟通风格和直播商务平台类型对消费者冲动购买的影响中发挥中介作用，打开了直播商务研究的"黑箱"。遵循吴娜等（2020）与沃尔弗等（2021）的建议，将准社会互动作为直播商务中一种可能的作用机制，探讨了其对冲动性购买的影响过程。既是对已有研究的呼应，又论证了在新的自变量中，即在主播沟通风格与直播商务平台类型的交互作用中，这种作用机制是否还会存在。

　　三是证明了消费者孤独感的调节作用，并阐述了其作为直播商务中冲动性购买可能性的边界条件。按照皮特斯（2013）与陈等（2021）的研究建议，将个体孤独感引入消费者行为领域，验证了在消费者孤独感不同程度水平下，主播沟通风格与直播商务平台类型匹配带来的消费者冲动性购买差异程度，为我们深刻理解直播商务中的个人特征提供了新思路。

　　四是尝试引入沟通理论作为解释主播沟通风格作用的理论视角，丰富了沟通理论的应用领域，为今后研究提供了借鉴。现有关于沟通风格的研究大多基于认知情感系统理论（吴娜，2021）、社会反应理论（Chattaraman et al.，2019），而沟通理论对于解释沟通风格而言，更加直接、有针对性，所以沟通理论是一个合理的解释视角，对于今后的研究具有参考价值。

　　（2）从消费者认知的角度来说，本书构建了消费者相对剥夺感对冲动性购买的理论模型，进一步拓宽了意义维持模型的应用场景。

　　一是关注了直播商务中消费者相对剥夺感对冲动性购买的影响。消费者相对剥夺感与冲动性购买之间的密切关系是进一步分析二者中介效应的必要前提。总体效应模型显示，消费者相对剥夺感是冲动性购买的重要预测因素，这意味着相对剥夺感水平高的消费者更容易引发冲动性购买。据我们所知，这是首次探讨直播商务中消费者相对剥夺感与冲动性购买的关系，这也与奥尔森（2016）的研究具有一致性，冲动性购买是对消极情绪的反应。消费者相对剥夺感可以刺激产生一系列复杂的社会心理变化，从而影响冲动性购买。但是，fsQCA 结果描绘了一个不同的故事。也就是说，仅在模式"相对剥夺感×感知自我效能×自我损耗"的情况下，高水平的相对剥夺感会导致较强的消费者冲动性购买。有趣的是，对于模式"教育程度× ～相对剥夺感× ～逃避动机× ～感知自我效能×自我损耗"表示的情况，低水平的相对剥夺感会导致较强的消费者冲动性购买。并且对于模式" ～教育程度×逃避动机×感知自我效能×自我损耗"表示的情况，无论消费者是否存在相对剥夺感没有区别，这与 SEM 结果提出的发现相矛盾。相反，由模式" ～相对剥夺感× ～逃避动机×～感知自我效能×～自我损耗""教育程度×～相对剥夺感×～逃避动机×～感知自我效能""～教育程度×～相对剥夺感×～逃避动机×感知自我效能×自我损耗"可知，消费者较低程度的相对剥夺感一定会导致较弱的冲动性购买。

二是同时考察了逃避动机、感知自我效能和自我损耗的中介机制。本书旨在探讨消费者相对剥夺感与冲动性购买的联系中，逃避动机、感知自我效能和自我损耗的中介机制。正如预期的那样，研究结果支持了我们的假设，即逃避动机、感知自我效能和自我损耗都可以中介消费者相对剥夺感与冲动性购买之间的关系。这也与尹和费伯（Youn and Fa-ber，2000）、桑蒂尼等（Santini et al.，2019）的研究具有一致性，冲动购买和情绪后果之间的关系是矛盾的，冲动购买可能是寻求缓解抑郁或振奋精神的结果。也就是说，当个体的意义遭到违反后，会通过具体的策略来缓解，那些倾向于拥有更高程度的逃避动机、感知自我效能和自我损耗的消费者，反过来又会促使他们采取更多的冲动性购买行为。

此外，研究的结果也支持"相对剥夺感→逃避动机→感知自我效能→冲动性购买"和"相对剥夺感→逃避动机→自我损耗→冲动性购买"的路径。第一条路径表明，逃避动机是相对剥夺感与感知自我效能之间的中介，而感知自我效能则是相对剥夺感与冲动性购买之间的中介变量。也就是说，逃避动机和感知自我效能在相对剥夺感和冲动购买之间起着链式中介作用。同理，第二条路径表明，逃避动机和自我损耗在相对剥夺感和冲动购买之间起着链式中介作用。结论表明，消费者的相对剥夺感与冲动性购买之间存在着更为复杂的机制：逃避动机可以通过感知自我效能或自我损耗进一步促进消费者的冲动性购买，实现消费者的相对剥夺感的间接影响。因此，逃避动机既可以作为一个近因变量，也可以作为一个远因变量来影响冲动性购买。

三是将结构方程模型（SEM）与模糊集定性比较分析（fsQCA）结合，为直播商务中的消费者行为提供了方法学的建议。已有研究大多基于结构方程模型（Chen et al.，2020）来验证直播商务的消费者行为，但是消费者冲动性购买作为一种"多重并发因果"诱致的复杂现象，仅用结构方程模型难以分析变量间的非线性关系。运用 fsQCA 方法考察了影响因素组合效应，发现了触发消费者强冲动性购买和弱冲动性购买的多条等效路径，并且发现在触发模式中，模式"相对剥夺感×感知自我效能×自我损耗"对强冲动性购买的影响更大，模式"教育程度×～相对剥夺感×～逃避动机×～感知自我效能"对弱冲动性购买的影响更大。

四是通过拓宽意义维持模型的应用场景，为意义维持模型的文献提供了补充。之前的研究经常将意义维持模型应用于犯罪（Dennison and Swisher，2019）、酗酒（Bloomfield et al.，2019）等厌恶性行为。而本书展示了它与直播商务中消费者冲动性购买的相关性。

（3）从产品属性的角度来说，本书构建了感知产品属性对消费者冲动性购买的理论模型，进一步拓展了产品涉入理论的作用场景。

一是使用两阶段的 SEM – ANN 预测分析可以提供对变量间关系更全面的理解，并从统计的角度提供重要的方法论贡献。由于 SEM 方法仅对线性模型使用统计建模，因此当消费者做出冲动性购买行为时，有时它会过度简化模型的复杂性。因此，采用 ANN 分析方法可以补偿线性 SEM 分析的弱点，探讨产品属性与消费者冲动性购买决策之间的线性和非线性关系，实现更精确的预测，为理解产品属性对消费者冲动性购买影响的研究开辟了新视角，即 SEM – ANN 方法在直播商务消费者冲动性购买的分析中具有较好的应用前景。

二是从产品属性的视角构建了直播商务消费者冲动性购买的理论模型，为产品涉入理论在直播商务中提供了实证支持。相比现有研究从直播平台的特征（Gong et al.，2020a）、主播特征（Ma，2021；Park and Lin，2020）、社会存在（Ming et al.，2021）等角度研究，本书聚焦于产品一般属性与在直播情境中特有属性的重要因素，解释直播商务消费者冲动性购买的有效性，拓宽了产品涉入理论的应用场景。

三是为已有文献中被广泛接受的观点提供了另一种可能的解释。特别是本书表明感知产品质量、感知主播的产品知识、产品的货币价值、感知产品质量对产品认知性涉入，产品信息即时反馈对产品的情感性涉入，以及冲动性购买意愿对冲动性购买行为的影响可能比较细微，并且产品设计的功能并不一定会影响直播商务中消费者对产品情感性的涉入。而这些关系在以往研究中或多或少已被证明。因此，本书提供了另一种关于这些变量关系的解释，对其他相关研究可能具有一定的理论启示。

（4）从场景氛围的角度来说，本书构建了直播场景氛围线索对消费者冲动性购买的影响模型，进一步拓宽了"S－O－R"模型的作用场景。

一是证明了直播场景氛围线索对消费者冲动性购买的积极作用，氛围线索作为外界刺激的重要因素，在线下购物、电子商务等场景中的重要性因素都得到验证（Chan et al.，2017；Eroglu et al.，2001），但是直播商务场景中的研究需要进一步丰富，本书就为直播场景氛围线索与消费者冲动性购买的关系提供了直接证据。

二是探讨了中庸思维在氛围线索向冲动性购买意愿转化过程中的调节作用，明确了个体中庸思维的边界条件。既有文献大多关注组织中员工中庸思维的影响（胡男，2017），对中庸思维特别是其在消费行为领域中的关注度不够，也尚未完全厘清中庸思维在冲动性购买意愿形成过程中扮演的角色，本书为后续消费者行为中个体特质的研究提供了新方向。

三是分析了氛围线索—心流体验—冲动性购买意愿间的作用机制，打开了冲动消费研究的"黑箱"。已有学者研究了心流体验在界面特征与冲动性购买间的中介作用（赵宏霞等，2014），界面特征只作为氛围线索的一部分，本书更加全面地揭示心流体验在氛围线索—冲动性购买意愿间的中介机制。

四是尝试研究了直播商务中的消费者行为，进一步拓宽了"S－O－R"模型的作用场景。已有研究证明了"S－O－R"模型在电子商务中的作用，会通过外在的刺激使消费者产生系列的心理反应，进而产生购买决策（Floh and Madlberger，2013）。虽然孟陆等（2020）认为，直播商务中"S－O－R"模型的适用性会存在问题，因为直播中的实时互动会使消费者不一定遵循"刺激"影响"机体"，进而影响"反应"的过程，可能存在逆向过程，但是，本书研究从平台界面的角度证明了"S－O－R"模型适用性，对已有研究进行了补充。

7.3　管 理 启 示

本书不仅对直播商务中消费者冲动性购买研究具有一定理论意义，同时，对直播商务中的消费者行为实践具有一定的应用价值。

第一，丰富直播吸引力。如果消费者感受到使用直播带来的自我效能感，可能会更加持续地使用直播，冲动购买主播推荐的产品。因此，直播内容应该更加生活化和个性化，可以通过提醒观众关注主播、加入"粉丝团"、点点"小红心"、领粉丝红包等任务形式提高粉丝的黏性和使用体验，增加观众使用效能，提高其观看直播的情绪唤起。消费者的自我损耗能影响冲动性购买，因此直播内容应该具有独特性，主播要全方位地展示才艺、技巧及特色资源，让消费者在自我对比中产生喜爱、钦佩、崇拜的情绪，以流量带动产品、服务的销售。

第二，加深与消费者互动。直播平台和主播要充分利用直播平台的社交性，更加注重与用户的沟通，结合所使用的平台确定合适的沟通风格，重视消费者的实时互动反馈，提高主播的服务质量，提高用户的使用效率，让消费者体会到存在感，补偿不能通过感官直接感知商品的缺憾，增强直播平台和主播界面的活跃度，吸引更多的消费者加入。同时，平台设计嵌入体验性元素，从消费者视角提供易操作、个性化、趣味性的平台界面，加深消费者的愉悦度和沉浸感。

第三，重视消费者个人特质。相对剥夺感作为移动互联网情境下用户的重要特质，当消费者产生较高的相对剥夺感时，会试图缓解厌恶性唤醒和负面感受，这时应该鼓励其通过理性的渠道合理宣泄负面情绪，提升其社会比较导致相对剥夺的阈值，建立与消费者之间的紧密联系。当消费者具有较高水平的孤独感时，直播平台和主播要实行差异化的营销策略，制定合理的商业计划，讲好营销故事。并且要根据东方文化情境中消费者的个性、习惯，特别是有深厚文化根基的中庸思维，摒弃偏见，引导培育积极的文化特质，顺应中国直播消费者的个性特点和群体习惯，不生搬硬套地学习西方技巧与经验，最大限度挖掘消费潜质和能力。

第四，确定有效的营销策略。直播平台和主播通过合理的产品售价，通过秒杀、派送红包、优惠券等促销手段，让消费者形成产品是物超所值的认知。直播电商应该有效展示产品质量，比如通过提供质检报告、明星代言、专家认证，改变消费者关于直播产品均属质量较差的固有偏见。直播电商应该让消费者形成主播就是该产品专家的认知，让他们相信主播的专业性，并立即购买推荐产品。

第五，营造引人入胜的氛围线索。直播平台应该将信息技术作为与消费者之间的互动媒介和传输桥梁，开发便捷易控的沟通渠道、明了的布局和简洁的链接，提高直播平台和主播界面的流量。直播电商应该在直播间烘托产品的稀缺氛围，通过限时、限量的营销策略，让消费者感知到产品的有用、有效、有趣，激发消费者的购买冲动。直播产品的使用场景应尽可能丰富，主播应该完整展示产品的多用途，让消费者认可产品的有用性。

7.4　研究不足与展望

本书从主播沟通风格、消费者相对剥夺感、产品属性和场景氛围线索等四个方面的显著特征出发，厘清了直播商务中消费者冲动性购买的形成机制。通过统计方法对消费者数据进行了分析，验证了研究假设并得出结论，丰富、完善了目前相关的文献知识体系，也为管理者提供了一定的实践指导。但本书研究仍不可避免地存在某些局限，因此，我们也为今后研究提出了思路展望，以方便学者进一步探索。

第一，由于时间、精力相对有限，考虑到数据收集的便捷性，本书通过在线平台进行数据收集，这可能难以完全代表整个直播消费者群体。未来的研究应侧重于寻找合适的抽样方法来了解直播消费者的购买信息，进一步拓展调研范围，加大样本数量，收集更为全面的直播消费者的数据，以提升研究结论的外部效度。

第二，研究数据来源仅为直播消费者的一手数据，对于消费者冲动性购买行为的产生可能需要实际数据支撑。未来研究可以采取 Python 抓取直播平台真实数据开展进一步分析验证，提高研究结果的稳健性。

第三，直播有电子竞技、电商带货、才艺展示等不同的类型，对于这些不同类型的直播而言，消费者冲动性购买产生机制是不一样的，今后研究需要进一步细分直播类型，并对不同直播类型的消费者行为进行对比。

第四，通过广泛回顾相关文献，确定了拟探讨的重要变量后，可能会遗漏其他变量（例如，对产品的信任、便利、感知风险、关系强度），更为直接的联结变量如愉悦、唤起等没有考虑进理论模型，个体对直播平台刺激的主观态度如钦佩感也未涉及，未来研究需要探究联结中更为具体的情绪、态度类型。在进一步整合这些变量的基础上，形成关于直播商务消费者冲动性购买的更全面的观点。

附录1　消费者相对剥夺感对冲动性购买的影响问卷

尊敬的先生/女士：

您好！

我们正在做关于直播场景消费者行为的研究，希望您能抽出宝贵的时间完成本问卷。答案没有"对"与"错"之分，请根据自身的实际感受作答即可。我们保证对您的回答完全保密。衷心感谢您的配合和支持！

本问卷只针对有过直播平台消费经历的朋友来填写（包括游戏直播增值服务和虚拟道具购买、明星真人秀直播礼物赠送和电商购物、体育财经教育等专业直播付费观看、娱乐类直播会员佣金）。

我们会根据大家填写问卷的质量发放红包奖励，无效问卷将会被拒绝。

请选择您的性别［单选］

○ 男

○ 女

请填写您的年龄［填空］

_____

请问您的婚姻情况［单选］

○ 未婚

○ 已婚

○ 离异

○ 丧偶

请选择您的最高学历［单选］

○ 小学及以下

○ 初中

○ 普高/中专/技校/职高

○ 专科

○ 本科

○ 硕士

○ 博士

请选择您的月收入水平［单选］

○ 无收入

○ 500 元以下

○ 501～1000 元

○ 1001～1500 元

○ 1501～2000 元

○ 2001～3000 元

○ 3001～5000 元

○ 5001～10000 元

○ 10001～20000 元

○ 20000 元以上

将自己所拥有的与他人相比，我感觉到自己被剥夺了。［量表］

［非常不同意　不同意　同意　有些不同意　非常同意］
　　○ 1　　　　○ 2　　　○ 3　　　○ 4　　　　○ 5

与他人相比，我认为我处于优势地位。［量表］

［非常不同意　不同意　同意　有些不同意　非常同意］
　　○ 1　　　　○ 2　　　○ 3　　　○ 4　　　　○ 5

当我看到别人很富有时，我感到很愤怒。［量表］

［非常不同意　不同意　同意　有些不同意　非常同意］
　　○ 1　　　　○ 2　　　○ 3　　　○ 4　　　　○ 5

当我将自己拥有的与他人相比，我意识到自己很富有。［量表］

[非常不同意　不同意　同意　有些不同意　非常同意]

　　○ 1　　　　○ 2　　　○ 3　　　○ 4　　　　○ 5

与其他相似个体相比，我对自己所拥有的不满意。[量表]

[非常不同意　不同意　同意　有些不同意　非常同意]

　　○ 1　　　　○ 2　　　○ 3　　　○ 4　　　　　○ 5

下面是对您观看直播目的的真实性评价，请选择与您实际情况最相符的选项。[矩阵量表]

	非常不同意	不同意	一般	同意	非常同意
我看直播是为了逃避现实	○	○	○	○	○
我看直播是为了忘掉烦恼	○	○	○	○	○
我看直播是为了避免不好的感觉	○	○	○	○	○

观看直播后，我觉得自己的意志力已经消失了。[量表]

[非常不同意　不同意　同意　有些不同意　非常同意]

　　○ 1　　　　○ 2　　　○ 3　　　○ 4　　　　○ 5

观看直播后，我觉得很累。[量表]

[非常不同意　不同意　同意　有些不同意　非常同意]

　　○ 1　　　　○ 2　　　○ 3　　　○ 4　　　　○ 5

观看直播后，我得花很多力气才能专心做一件事。[量表]

[非常不同意　不同意　同意　有些不同意　非常同意]

　　○ 1　　　　○ 2　　　○ 3　　　○ 4　　　　○ 5

本题检测是否认真作答 [单选]

○ 非常不同意　　　　　　　○ 不同意

○ 一般　　　　　　　　　　○ 同意

○ 非常同意

条件：非常不满意 未选定 跳至：自动拒绝

观看直播后，我无法吸收任何信息。[量表]

［非常不同意　不同意　同意　有些不同意　非常同意］
　○ 1　　　　○ 2　　　○ 3　　　○ 4　　　　○ 5

观看直播后，我的心思不集中。［量表］

［非常不同意　不同意　同意　有些不同意　非常同意］
　○ 1　　　　○ 2　　　○ 3　　　○ 4　　　　○ 5

下面是您对观看直播时自身感受的评价，请根据与您最相符的选项进行选择。［矩阵量表］

	非常不同意	不同意	一般	同意	非常同意
即使身边没有人帮助我，我也可以用直播来休闲/学习/工作	○	○	○	○	○
如果我有足够的时间来休闲/学习/工作，我可以用直播完成	○	○	○	○	○
掌握如何在休闲/学习/工作中使用直播，我最多只寻求在线帮助	○	○	○	○	○
我对自己使用直播进行休闲/学习/工作的能力有信心	○	○	○	○	○

我购买直播间的产品（道具）或打赏时，是自发的。［量表］

［非常不同意　不同意　同意　有些不同意　非常同意］
　○ 1　　　　○ 2　　　○ 3　　　○ 4　　　　○ 5

我购买直播间的产品（道具）或打赏是无计划的。［量表］

［非常不同意　不同意　同意　有些不同意　非常同意］
　○ 1　　　　○ 2　　　○ 3　　　○ 4　　　　○ 5

在看直播之前，我并没有打算购买产品（道具）或打赏。［量表］

［非常不同意　不同意　同意　有些不同意　非常同意］
　○ 1　　　　○ 2　　　○ 3　　　○ 4　　　　○ 5

当我观看直播的时候，我就忍不住去购买产品（道具）或打赏。［量表］

［非常不同意　不同意　同意　有些不同意　非常同意］
　○ 1　　　　○ 2　　　○ 3　　　○ 4　　　　○ 5

附录 2　产品属性对消费者冲动性购买的影响问卷

尊敬的女士/先生：

您好！

我们正在进行关于电商直播场景消费者行为的调查，希望您能抽出宝贵的时间完成本问卷。答案没有"对"与"错"之分，请根据自身的实际感受作答即可。我们保证对您的回答完全保密。衷心感谢您的配合和支持！

本问卷只针对有过在电商直播平台消费经历的朋友来填写（包括在淘宝、京东等电商平台和快手、抖音等娱乐平台的直播界面向主播赠送礼物和电商购物）。

我们会根据大家填写问卷的有效性发放红包奖励，无效问卷将会被拒绝。

您是否有过直播购物的经历［单选］

○ 是

○ 否

请选择您的性别［单选］

○ 男

○ 女

请填写您的年龄［填空］

_____

请选择您的最高学历［单选］

○ 小学及以下

○ 初中

○ 普高/中专/技校/职高

○ 专科

○ 本科

○ 硕士

○ 博士

请选择您的月收入水平［单选］

○ 无收入

○ 500 元以下

○ 501～1000 元

○ 1001～2000 元

○ 2001～3000 元

○ 3001～5000 元

○ 5001～10000 元

○ 10001～20000 元

○ 20000 元以上

平均来说，您一周观看直播的时间有多少呢？［单选］

○ 从来没有

○ 几乎没有，少于 2 小时

○ 比较少，2～7 小时（平均每天不到 1 小时）

○ 中等水平，7～21 小时（平均每天 1～4 小时）

○ 超过 21 小时

我认为直播间主播推荐的产品价格合理。［量表］

［完全不同意　不同意　稍微不同意　普通　稍微同意　同意　完全同意］
　　○ 1　　　○ 2　　　○ 3　　○ 4　　○ 5　　○ 6　　　○ 7

我认为直播间主播推荐的产品物超所值。［量表］

［完全不同意　不同意　稍微不同意　普通　稍微同意　同意　完全同意］
　　○ 1　　　○ 2　　　○ 3　　○ 4　　○ 5　　○ 6　　　○ 7

我认为直播间主播推荐的产品会很经济实惠。［量表］

[完全不同意 不同意 稍微不同意 普通 稍微同意 同意 完全同意]
○ 1　　○ 2　　○ 3　○ 4　　○ 5　○ 6　　○ 7

我认为直播间主播推荐的产品可以满足我的需求。[量表]

[完全不同意 不同意 稍微不同意 普通 稍微同意 同意 完全同意]
○ 1　　○ 2　　○ 3　○ 4　　○ 5　○ 6　　○ 7

我认为直播间主播推荐的产品的质量和宣传的一样。[量表]

[完全不同意 不同意 稍微不同意 普通 稍微同意 同意 完全同意]
○ 1　　○ 2　　○ 3　○ 4　　○ 5　○ 6　　○ 7

我认为直播间主播推荐的产品的整体性能非常出色。[量表]

[完全不同意 不同意 稍微不同意 普通 稍微同意 同意 完全同意]
○ 1　　○ 2　　○ 3　○ 4　　○ 5　○ 6　　○ 7

下面是对您观看直播感觉的真实性评价，请选择与您实际情况最相符的选项。[矩阵量表]

	完全不同意	不同意	稍微不同意	普通	稍微同意	同意	完全同意
当我看到主播直播推荐产品（服务）的瞬间，我就想立即拥有该产品或打赏	○	○	○	○	○	○	○
当我看到主播直播推荐产品（服务）的时候，我产生了强烈的购买或打赏欲望	○	○	○	○	○	○	○
一看到主播直播推荐产品（服务），我就觉得是我想要的	○	○	○	○	○	○	○
之前我没计划购买，但看到主播直播推荐后又很想购买产品（服务）	○	○	○	○	○	○	○

当我在直播购物时，我会考虑该商品的下架时间。[量表]

[完全不同意 不同意 稍微不同意 普通 稍微同意 同意 完全同意]
○ 1　　○ 2　　○ 3　○ 4　　○ 5　○ 6　　○ 7

当我在直播购物时，我会担心购买时间有限。[量表]

［完全不同意 不同意 稍微不同意 普通 稍微同意 同意 完全同意］
　　○ 1　　　○ 2　　　○ 3　　○ 4　　○ 5　　○ 6　　　○ 7

当我在直播购物时，我会考虑该商品数量有限。［量表］

［完全不同意 不同意 稍微不同意 普通 稍微同意 同意 完全同意］
　　○ 1　　　○ 2　　　○ 3　　○ 4　　○ 5　　○ 6　　　○ 7

本题检测是否认真作答［单选］

○ 完全不同意

○ 不同意

○ 稍微不同意

○ 普通

○ 稍微同意

○ 同意

○ 完全同意

条件：非常不满意 未选定 跳至：自动拒绝

当我在直播购物时，我会担心该商品售罄。［量表］

［完全不同意 不同意 稍微不同意 普通 稍微同意 同意 完全同意］
　　○ 1　　　○ 2　　　○ 3　　○ 4　　○ 5　　○ 6　　　○ 7

我认为直播间主播推荐的产品有可能表现良好。［量表］

［完全不同意 不同意 稍微不同意 普通 稍微同意 同意 完全同意］
　　○ 1　　　○ 2　　　○ 3　　○ 4　　○ 5　　○ 6　　　○ 7

我认为直播间主播推荐的产品似乎能实现它的功效。［量表］

［完全不同意 不同意 稍微不同意 普通 稍微同意 同意 完全同意］
　　○ 1　　　○ 2　　　○ 3　　○ 4　　○ 5　　○ 6　　　○ 7

我认为直播时推荐的直播间主播推荐的产品似乎是有功能的。［量表］

［完全不同意 不同意 稍微不同意 普通 稍微同意 同意 完全同意］
　　○ 1　　　○ 2　　　○ 3　　○ 4　　○ 5　　○ 6　　　○ 7

下面是您对观看直播时自身感受的评价，请根据与您最相符的选项

进行选择。［矩阵量表］

	完全不同意	不同意	稍微不同意	普通	稍微同意	同意	完全同意
在观看直播时，我可以快速发送／接收直播间主播推荐的产品信息	○	○	○	○	○	○	○
在观看直播时，我可以立即知道别人（主播、其他观众和在线客服）对直播间主播推荐的产品的看法	○	○	○	○	○	○	○
在观看直播时，我可以立即让别人（主播、其他观众和在线客服）知道我对该款产品的想法	○	○	○	○	○		○
在观看直播时，我能够较快速收到人（主播、其他观众和在线客服）对我需要产品信息的回应	○	○	○	○	○	○	○

我认为直播间主播推荐的产品是我需要的。［量表］

［完全不同意 不同意 稍微不同意 普通 稍微同意 同意 完全同意］
　○ 1　　　○ 2　　　○ 3　○ 4　　○ 5　○ 6　　○ 7

我认为直播间主播推荐的产品是有价值的。［量表］

［完全不同意 不同意 稍微不同意 普通 稍微同意 同意 完全同意］
　○ 1　　　○ 2　　　○ 3　○ 4　　○ 5　○ 6　　○ 7

我认为直播间主播推荐的产品与我相关。［量表］

［完全不同意 不同意 稍微不同意 普通 稍微同意 同意 完全同意］
　○ 1　　　○ 2　　　○ 3　○ 4　　○ 5　○ 6　　○ 7

感觉这个主播对产品很了解。［量表］

［完全不同意 不同意 稍微不同意 普通 稍微同意 同意 完全同意］
　○ 1　　　○ 2　　　○ 3　○ 4　　○ 5　○ 6　　○ 7

如果我今天想购买产品，我只需要收集很少的信息就能做出明智的决定。［量表］

［完全不同意 不同意 稍微不同意 普通 稍微同意 同意 完全同意］
　○ 1　　　○ 2　　　○ 3　○ 4　　○ 5　○ 6　　○ 7

我对主播的产品质量判断能力很有信心。[量表]

[完全不同意 不同意 稍微不同意 普通 稍微同意 同意 完全同意]
　　○ 1　　　○ 2　　　○ 3　　○ 4　　　○ 5　　　○ 6　　　　○ 7

我认为直播间主播推荐的产品很迷人。[量表]

[完全不同意 不同意 稍微不同意 普通 稍微同意 同意 完全同意]
　　○ 1　　　○ 2　　　○ 3　　○ 4　　　○ 5　　　○ 6　　　　○ 7

我认为直播间主播推荐的产品很有趣。[量表]

[完全不同意 不同意 稍微不同意 普通 稍微同意 同意 完全同意]
　　○ 1　　　○ 2　　　○ 3　　○ 4　　　○ 5　　　○ 6　　　　○ 7

我认为直播间主播推荐的产品很有吸引力。[量表]

[完全不同意 不同意 稍微不同意 普通 稍微同意 同意 完全同意]
　　○ 1　　　○ 2　　　○ 3　　○ 4　　　○ 5　　　○ 6　　　　○ 7

我认为直播间主播推荐的产品容易使人产生代入感。[量表]

[完全不同意 不同意 稍微不同意 普通 稍微同意 同意 完全同意]
　　○ 1　　　○ 2　　　○ 3　　○ 4　　　○ 5　　　○ 6　　　　○ 7

下面是您对观看直播时自身感受的评价，请根据与您最相符的选项进行选择。[矩阵量表]

	完全不同意	不同意	稍微不同意	普通	稍微同意	同意	完全同意
我购买了原来并不打算购买的产品，或购买虚拟礼物打赏主播	○	○	○	○	○	○	○
我发现有很多最近通过直播购买的产品很少用	○	○	○	○	○	○	○
观看直播时购买这些产品，或购买虚拟礼物打赏主播时候，我并没有深思熟虑	○	○	○	○	○	○	○
当我在观看直播时决定购买产品，或购买虚拟礼物打赏主播时，有种很难抗拒的想要拥有的感觉	○	○	○	○	○	○	○

附录3 直播场景氛围线索对消费者
冲动性购买的影响问卷

尊敬的先生/女士：

您好！

我们正在做关于直播场景消费者行为的研究，希望您能抽出宝贵的时间完成本问卷。答案没有"对"与"错"之分，请根据自身的实际感受作答即可。我们保证对您的回答完全保密。衷心感谢您的配合和支持！

本问卷只针对有过直播平台消费经历的朋友来填写（包括游戏直播增值服务和虚拟道具购买、明星真人秀直播礼物赠送和电商购物、体育财经教育等专业直播付费观看、娱乐类直播会员佣金）。

我们会根据大家填写问卷的质量发放红包奖励，无效问卷将会被拒绝。

请选择您的性别［单选］

○ 男

○ 女

请填写您的年龄［填空］

_____

请问您的婚姻情况［单选］

○ 未婚

○ 已婚

○ 离异

○ 丧偶

请选择您的最高学历［单选］

○ 小学及以下

○ 初中

○ 普高/中专/技校/职高

○ 专科

○ 本科

○ 硕士

○ 博士

请选择您的月收入水平［单选］

○ 无收入

○ 500 元以下

○ 501~1000 元

○ 1001~1500 元

○ 1501~2000 元

○ 2001~3000 元

○ 3001~5000 元

○ 5001~10000 元

○ 10001~20000 元

○ 20000 元以上

下面是对您自身性格或感受的评价，请选择与您最相符的选项，并在对应的表格上打"√"。［矩阵量表题］*

	很不同意	不同意	一般	同意	非常同意
要合理也要合情	○	○	○	○	○
要不偏不倚，选择适中的方案	○	○	○	○	○
要尽可能地不冒进，不走极端	○	○	○	○	○
要取中讲和，恪守中道	○	○	○	○	○
要考虑周围人的想法和做法	○	○	○	○	○
要为了整体和谐来做调整	○	○	○	○	○
要考虑各种情形保持适度	○	○	○	○	○
要平衡（如平衡自己和环境）	○	○	○	○	○

　　下面是您对观看直播时购买行为的评价或您对自身感受的评价，请选择与您最相符的选项，并在对应的表格上打"√"。[矩阵量表题]*

	很不同意	不同意	一般	同意	非常同意
使用直播平台时，我的注意力都集中在使用中	○	○	○	○	○
使用直播平台时，感到一切尽在掌握	○	○	○	○	○
使用直播平台时，我找到许多乐趣	○	○	○	○	○

　　下面是您对观看直播时购买行为的评价或您对自身感受的评价，请选择与您最相符的选项，并在对应的表格上打"√"。[矩阵量表题]*

	很不同意	不同意	一般	同意	非常同意
当我看到主播直播的瞬间，我就想立即拥有该产品（道具）或打赏	○	○	○	○	○
当我看到主播直播的时候，我产生了强烈的购买或打赏欲望	○	○	○	○	○
一看到主播直播推荐产品（服务），我就觉得是我想要的	○	○	○	○	○
我看到了许多之前没有计划购买，但是看到主播直播推荐后又很想购买的商品（或服务）或给予打赏	○	○	○	○	○

　　下面是您对观看直播时购买行为的评价或您对自身感受的评价，请选择与您最相符的选项，并在对应的表格上打"√"。[矩阵量表题]*

	很不同意	不同意	一般	同意	非常同意
该直播平台的信息能满足我的需求	○	○	○	○	○
该直播平台上有充分的产品/服务信息	○	○	○	○	○
该直播平台上的信息是最新的、及时的	○	○	○	○	○

续表

	很不同意	不同意	一般	同意	非常同意
在该直播平台上浏览信息是容易的	○	○	○	○	○
很容易比较该直播平台上的产品/服务	○	○	○	○	○
学习使用该直播平台对我而言是容易的	○	○	○	○	○
该直播平台令我在视觉上赏心悦目	○	○	○	○	○
该直播平台使用的颜色是吸引人的	○	○	○	○	○
该直播平台的结构布局是吸引人的	○	○	○	○	○

下面是您对观看直播时购买行为的评价或您对自身感受的评价，请选择与您最相符的选项，并在对应的表格上打"√"。[矩阵量表题]*

	很不同意	不同意	一般	同意	非常同意
我购买了原来并不打算购买的产品（道具）或打赏	○	○	○	○	○
我发现有很多最近购买的产品（道具）很少用	○	○	○	○	○
购买这些产品（道具）或打赏的时候，我并没有深思熟虑	○	○	○	○	○
当我决定购买产品（道具）或打赏时，有种很难抗拒的想要拥有的感觉	○	○	○	○	○

参 考 文 献

［1］常亚平，朱东红，李荣华．感知产品创新对冲动购买的作用机制研究［J］．科研管理，2012，33（3）：18－26．

［2］陈洁，丛芳，康枫．基于心流体验视角的在线消费者购买行为影响因素研究［J］．南开管理评论，2009（2）：132－140．

［3］陈瑞，郑毓煌．孤独感对不确定消费偏好的影响：新产品，产品包装和概率促销中的表现［J］．心理学报，2015，47（8）：1067．

［4］丁倩，张永欣，周宗奎．相对剥夺感与大学生网络过激行为：自我损耗的中介作用及性别差异［J］．心理发展与教育，2020，36（2）：200－207．

［5］杜旌，姚菊花．中庸结构内涵及其与集体主义关系的研究［J］．管理学报，2015，12（5）：638－646．

［6］杜运周，刘秋辰，程建青．什么样的营商环境生态产生城市高创业活跃度？——基于制度组态的分析［J］．管理世界，2020，36（9）：141－155．

［7］方杰，温忠麟，张敏强，任皓．基于结构方程模型的多层中介效应分析［J］．心理科学进展，2014，22（3）：530－539．

［8］费鸿萍，周成臣．主播类型与品牌态度及购买意愿——基于网络直播购物场景的实验研究［J］．河南师范大学学报：哲学社会科学版，2021，48（3）：80－89．

［9］冯俊，路梅．移动互联时代直播营销冲动性购买意愿实证研究［J］．软科学，2020，34（12）：128－133，144．

［10］何轩．互动公平真的就能治疗"沉默"病吗？——以中庸思维

作为调节变量的本土实证研究 [J]. 管理世界, 2009 (4): 128 –134.

[11] 胡佳. 链式重构下网络零售渠道观转变及发展对策 [J]. 商业经济研究, 2020 (10): 81 –84.

[12] 胡男. 中庸思维, 文化智力对跨组织团队创新绩效的影响机制研究 [D]. 合肥: 中国科学技术大学, 2017.

[13] 胡月, 王斌, 马红宇, 李改. 彩民命运控制与问题购彩的关系: 基于意义维持模型的视角 [J]. 心理学报, 2018, 50 (5): 549 –557.

[14] 黄思皓, 邓富民, 肖金岑. 网络直播平台观众的冲动购买决策研究——基于双路径影响视角 [J]. 财经科学, 2021 (5): 119 –132.

[15] 江婷. 新零售背景下咖啡行业商业模式探讨——星巴克、连咖啡的对比分析 [J]. 商业经济研究, 2019 (1): 58 –60.

[16] 姜参, 赵宏霞. B2C 网络商店形象, 消费者感知与购买行为 [J]. 财经问题研究, 2013 (10): 116 –122.

[17] 李淼, 华迎. 直播电商中临场感对购买意愿的影响——替代学习视角 [J]. 中国流通经济, 2021, 35 (8): 81 –92.

[18] 李琪, 高夏媛, 徐晓瑜, 乔志林. 电商直播观众的信息处理及购买意愿研究 [J]. 管理学报, 2021, 18 (6): 895 –903.

[19] 李薇薇. 自我控制资源对网络冲动购买影响的研究 [D]. 昆明: 云南师范大学, 2014.

[20] 李秀荣, 梁承磊. 冲动性购买行为之概念界定 [J]. 东岳论丛, 2009 (6): 137 –139.

[21] B. 里豪克斯, C. C. 拉金. QCA 设计原理与应用: 超越定性与定量研究的新方法 [M]. 北京: 机械工业出版社, 2017.

[22] 刘官华, 梁璐, 艾永亮. 人货场论: 新商业升级方法论 [M]. 北京: 机械工业出版社, 2017.

[23] 刘建新, 李东进. 产品稀缺诉求影响消费者购买意愿的并列多重中介机制 [J]. 南开管理评论, 2017 (4): 4 –15.

[24] 鲁钊阳. 网络直播与生鲜农产品电商发展: 驱动机理与实证检验 [J]. 中国软科学, 2021 (3): 18 –30.

［25］罗冰．新零售格局下快速消费品的回温动力、升级机遇与对策研究——基于"人、货、场"视角［J］．商业经济研究，2018（21）：31 - 33.

［26］孟陆，刘凤军，陈斯允，段珅．我可以唤起你吗——不同类型直播网红信息源特性对消费者购买意愿的影响机制研究［J］．南开管理评论，2020，23（1）：131 - 143.

［27］齐朋利．快手电商在"人货场"端的优化升级路径［J］．传媒，2020（17）：27 - 29.

［28］孙旭，严鸣，储小平．坏心情与工作行为：中庸思维跨层次的调节作用［J］．心理学报，2014，46（11）：1704 - 1718.

［29］王宝义．"新零售"演化和迭代的态势分析与趋势研判［J］．中国流通经济，2019，33（10）：13 - 21.

［30］王翠翠，陈雪，朱万里，傅为忠，金佳．带图片评论与纯文字评论对消费者有用性感知影响的眼动研究［J］．情报理论与实践，2020，43（6）：135 - 141.

［31］王先庆，雷韶辉．新零售环境下人工智能对消费及购物体验的影响研究——基于商业零售变革和人货场体系重构视角［J］．商业经济研究，2018（17）：5 - 8.

［32］文思思，李东进，郑晓莹．广告信息框架与消费者孤独感交互影响广告说服力的研究［J］．管理学报，2017，14（12）：1819 - 1828.

［33］吴娜．直播营销中主播沟通风格对购买意愿的影响——基于"人、货、场"视角［D］．武汉：中南财经政法大学，2021.

［34］吴娜，宁昌会，龚潇潇．直播营销中沟通风格相似性对购买意愿的作用机制研究［J］．外国经济与管理，2020，42（8）：81 - 95.

［35］谢莹，李纯青，高鹏，刘艺．直播营销中社会临场感对线上从众消费的影响及作用机理研究——行为与神经生理视角［J］．心理科学进展，2019，27（6）：990 - 1004.

［36］薛杨，许正良，景涛．微信营销环境下用户信息分享意愿提升及管理应用［J］．情报科学，2017，35（2）：98 - 101.

［37］杨博文．自我损耗对冲动性购买行为的影响［D］．长沙：湖

南师范大学，2015.

[38] 杨楠. 网红直播带货对消费者品牌态度影响机制研究 [J]. 中央财经大学学报，2021 (2)：118 – 128.

[39] 杨伟文，刘新. 品牌认知对消费者购买行为的影响 [J]. 商业研究，2010 (3)：158 – 162.

[40] 易明，罗瑾琏，王圣慧，钟竞. 时间压力会导致员工沉默吗——基于 SEM 与 fsQCA 的研究 [J]. 南开管理评论，2018，21 (1)：203 – 215.

[41] 喻昕，许正良. 网络直播平台中弹幕用户信息参与行为研究——基于沉浸理论的视角 [J]. 情报科学，2017，35 (10)：147 – 151.

[42] 张初兵，李东进，吴波，李义娜. 购物网站氛围线索与感知互动性的关系 [J]. 管理评论，2017，29 (8)：91 – 100.

[43] 张洁梅，孔维铮. 网络负面口碑对消费者冲动性购买意愿的影响——负面情绪的中介作用 [J]. 管理评论，2021，33 (6)：144 – 156.

[44] 张伟，杨婷，张武康. 移动购物情境因素对冲动性购买意愿的影响机制研究 [J]. 管理评论，2020，32 (2)：174 – 183.

[45] 赵宏霞，才智慧，何珊. 基于虚拟触觉视角的在线商品展示、在线互动与冲动性购买研究 [J]. 管理学报，2014，11 (1)：133 – 141.

[46] 赵树梅，梁波. 直播带货的特点、挑战及发展趋势 [J]. 中国流通经济，2021，35 (8)：61 – 71.

[47] 左世江，黄旎雯，王芳，蔡攀. 意义维持模型：理论发展与研究挑战 [J]. 心理科学进展，2016，24 (1)：101 – 110.

[48] Abdelsalam S, Salim N, Alias R A, & Husain O. Understanding online impulse buying behavior in social commerce：A systematic literature review [J]. *IEEE Access*, 2020, 8：89041 – 89058.

[49] Adelaar T, Chang S, Lancendorfer K M, Lee B, & Morimoto M. Effects of media formats on emotions and impulse buying intent [J]. *Journal of Information Technology*, 2003, 18 (4)：247 – 266.

[50] Agnihotri R, Rapp A, & Trainor K. Understanding the role of information communication in the buyer-seller exchange process：Antecedents and

outcomes ［J］. *Journal of Business & Industrial Marketing*, 2009, 24 (7): 474 – 486.

［51］ Agren A, & Cedersund E. Reducing loneliness among older people-who is responsible? ［J］. *Ageing & Society*, 2020, 40 (3): 584 – 603.

［52］ Aiken L S, West, S G, & Reno R R. *Multiple Regression: Testing and Interpreting Interactions* ［M］. London: Sage, 1991.

［53］ Akram U, Hui P, Khan M K, Yan C, & Akram Z. Factors affecting online impulse buying: Evidence from Chinese social commerce environment ［J］. *Sustainability*, 2018, 10 (2): 352.

［54］ Alba J, Lynch J, Weitz B, Janiszewski C, Lutz R, Sawyer A, & Wood S. Interactive home shopping: Consumer, retailer, and manufacturer incentives to participate in electronic marketplaces ［J］. *Journal of Marketing*, 1997, 61 (3): 38 – 53.

［55］ Alba J W, & Hutchinson J W. Knowledge calibration: What consumers know and what they think they know ［J］. *Journal of Consumer Research*, 2000, 27 (2): 123 – 156.

［56］ Alhumaid K, Habes M, & Salloum S A. Examining the factors influencing the mobile learning usage during COVID – 19 Pandemic: An Integrated SEM-ANN Method ［J］. *IEEE Access*, 2021, 9: 102567 – 102578.

［57］ Ali R B M, Moss S A, Barrelle K, & Lentini P. Does the pursuit of meaning explain the initiation, escalation, and disengagement of violent extremists? ［J］. *Aggression and Violent Behavior*, 2017, 34: 185 – 192.

［58］ Alvy L M, McKirnan D J, Mansergh G, Koblin B, Colfax G N, Flores S A, & Hudson S. Depression is associated with sexual risk among men who have sex with men, but is mediated by cognitive escape and self-efficacy ［J］. *AIDS and Behavior*, 2011, 15 (6): 1171 – 1179.

［59］ Amos C, Holmes G R, & Keneson W C. A meta-analysis of consumer impulse buying ［J］. *Journal of Retailing and Consumer Services*, 2014, 21 (2): 86 – 97.

［60］ Badgaiyan A J, & Verma A. Intrinsic factors affecting impulsive buying behaviour—Evidence from India ［J］. *Journal of Retailing and Consumer Services*, 2014, 21 (4): 537 – 549.

［61］ Badgaiyan A J, & Verma A. Does urge to buy impulsively differ from impulsive buying behaviour? A ssessing the impact of situational factors ［J］. *Journal of Retailing and Consumer Services*, 2015, 22: 145 – 157.

［62］ Badgaiyan A J, Verma A, & Dixit S. Impulsive buying tendency: Measuring important relationships with a new perspective and an indigenous scale ［J］. *IIMB Management Review*, 2016, 28 (4): 186 – 199.

［63］ Baker J, Levy M, & Grewal D. An experimental approach to making retail store environmental decisions ［J］. *Journal of Retailing*, 1992, 68 (4): 445 – 460.

［64］ Bandura A. *Social foundations of thought and action* ［M］. Englewood Cliffs, NJ, 1986.

［65］ Baumeister R F, Sparks E A, Stillman, T F & Vohs K D. Free will in consumer behavior: Self-control, ego depletion, and choice ［J］. *Journal of Consumer Psychology*, 2008, 18 (1): 4 – 13.

［66］ Bayley G, & Nancarrow C. Impulse purchasing: A qualitative exploration of the phenomenon ［J］. *Qualitative Market Research: An International Journal*, 1998, 1 (2): 99 – 114.

［67］ Beatty S E, & Ferrell M E. Impulse buying: Modeling its precursors ［J］. *Journal of Retailing*, 1998, 74 (2): 169 – 191.

［68］ Bellini S, Cardinali M G, & Grandi B. A structural equation model of impulse buying behaviour in grocery retailing ［J］. *Journal of Retailing and Consumer Services*, 2017, 36: 164 – 171.

［69］ Benedicktus R L, Brady M K, Darke P R, & Voorhees C M. Conveying trustworthiness to online consumers: Reactions to consensus, physical store presence, brand familiarity, and generalized suspicion ［J］. *Journal of Retailing*, 2010, 86 (4): 322 – 335.

［70］Berlo D K, Lemert J B, & Mertz R J. Dimensions for evaluating the acceptability of message sources ［J］. *Public Opinion Quarterly*, 1969, 33 (4): 563 – 576.

［71］Bhatti K L, & Latif S. The impact of visual merchandising on consumer impulse buying behavior ［J］. *Eurasian Journal of Business and Management*, 2014, 2 (1): 24 – 35.

［72］Bloomfield K, Berg-Beckhoff G, Seid A K, & Stock C. Area-level relative deprivation and alcohol use in Denmark: Is there a relationship? ［J］. *Scandinavian Journal of Public Health*, 2019, 47 (4): 428 – 438.

［73］Bond M H, Leung K, Au A, Tong K K, & Chemonges-Nielson Z. Combining social axioms with values in predicting social behaviours ［J］. *European journal of Personality*, 2004, 18 (3): 177 – 191.

［74］Bosnjak M, Galesic M, & Tuten T. Personality determinants of online shopping: Explaining online purchase intentions using a hierarchical approach ［J］. *Journal of Business Research*, 2007, 60 (6): 597 – 605.

［75］Bründl S, Matt C, & Hess T. Consumer use of social live streaming services: The influence of co-experience and effectance on enjoyment ［J］. *Proceedings of the 25th European Conference on Information Systems (ECIS)*, Guimarães, Portuga, 2017.

［76］Buhalis D, & Amaranggana A. Smart tourism destinations enhancing tourism experience through personalisation of services ［M］//*Information and communication technologies in tourism* 2015. Springer, 2015: 377 – 389.

［77］Burgoon J K, Bonito J A, Ramirez Jr A, Dunbar N E, Kam K, & Fischer J. Testing the interactivity principle: Effects of mediation, propinquity, and verbal and nonverbal modalities in interpersonal interaction ［J］. *Journal of communication*, 2002, 52 (3): 657 – 677.

［78］Cai J, & Wohn D Y. Live Streaming commerce: Uses and gratifications approach to understanding consumers' motivations ［J］. *International Conference on System Sciences* 2019, Hawaii, 2019.

[79] Cai J, Wohn D Y, Mittal A, & Sureshbabu D. Utilitarian and hedonic motivations for live streaming shopping [J]. TVX 2018-*Proceedings of the* 2018 *ACM International Conference on Interactive Experiences for TV and Online Video*, 2018.

[80] Callan M J, Shead N W, & Olson J M. Personal relative deprivation, delay discounting, and gambling [J]. *Journal of Personality and Social Psychology*, 2011, 101 (5): 955 –973.

[81] Campbell J, DiPietro R B, & Remar D. Local foods in a university setting: Price consciousness, product involvement, price/quality inference and consumer's willingness-to-pay [J]. *International Journal of Hospitality Management*, 2014, 42: 39 –49.

[82] Carlson J, & O'Cass A. Creating commercially compelling website-service encounters: An examination of the effect of website-service interface performance components on flow experiences [J]. *Electronic Markets*, 2011, 21 (4): 237 –253.

[83] Celsi R L, & Olson J C. The role of involvement in attention and comprehension processes [J]. *Journal of Consumer Research*, 1988, 15 (2): 210 –224.

[84] Celuch K G, & Slama M. The effects of cognitive and affective program involvement on cognitive and affective Ad involvement [J]. *Journal of Business and Psychology*, 1998, 13 (1): 115 – 126.

[85] Cengiz H. Effect of the need for popularity on purchase decision involvement and impulse-buying behavior concerning fashion clothing [J]. *Journal of Global Fashion Marketing*, 2017, 8 (2): 113 – 124.

[86] Chan T K H, Cheung C M K, & Lee Z W Y. The state of online impulse-buying research: A literature analysis [J]. *Information & Management*, 2017, 54 (2): 204 –217.

[87] Chang H-J, Eckman M, & Yan R-N. Application of the Stimulus-Organism-Response model to the retail environment: The role of hedonic motiva-

tion in impulse buying behavior [J]. *The International Review of Retail, Distribution and Consumer Research*, 2011, 21 (3): 233 –249.

[88] Chang T-Y, & Yang C-T. Individual differences in Zhong-Yong tendency and processing capacity [J]. *Frontiers in psychology*, 2014, 5: 1316.

[89] Chao C-W, Hung, Y-C, & Sun L. Does consumer innovativeness matter in electrified vehicle? The moderation role of consumer involvement. [J]. *Journal of International Consumer Marketing*, 1 – 14. https://doi.org/10.1080/08961530.2021.1951919.

[90] Chattaraman V, Kwon W-S, Gilbert J E, & Ross K. Should AI-Based, conversational digital assistants employ social-or task-oriented interaction style? A task-competency and reciprocity perspective for older adults [J]. *Computers in Human Behavior*, 2019, 90: 315 –330.

[91] Chen A, Lu Y, & Wang B. Customers' purchase decision-making process in social commerce: A social learning perspective [J]. *International Journal of Information Management*, 2017, 37 (6): 627 –638.

[92] Chen C-D, Zhao Q, & Wang J-L. How livestreaming increases product sales: Role of trust transfer and elaboration likelihood model [J]. *Behaviour & Information Technology*, 1 – 16. https://doi.org/10.1080/0144929x.2020.1827457.

[93] Chen C C, & Lin Y C. What drives live-stream usage intention? The perspectives of flow, entertainment, social interaction, and endorsement [J]. *Telematics and Informatics*, 2018, 35 (1): 293 –303.

[94] Chen C Y, & Chang S L. Moderating effects of information-oriented versus escapism-oriented motivations on the relationship between psychological well-being and problematic use of video game live-streaming services [J]. *Journal of Behavioral Addictions*, 2019, 8 (3): 564 –573.

[95] Chen J V, Su B-C, & Widjaja A E. Facebook C2C social commerce: A study of online impulse buying [J]. *Decision Support Systems*, 2016, 83: 57 –69.

［96］ Chen N, Jiao J, Fan X, & Li S. The shape of loneliness: The relationship between loneliness and consumer preference for angular versus circular shapes ［J］. *Journal of Business Research*, 2021, 136: 612 – 629.

［97］ Chen Y, & Cai Y. *The research on the influencing factors of consumer information adoption of live e-commerce* 2020 international conference on economics, business and management innovation (ICEBMI 2020) ［M］ Francis Academic Press, UK, 2020.

［98］ Chen Y, Lu Y, Wang B, & Pan Z. How do product recommendations affect impulse buying? An empirical study on WeChat social commerce ［J］. *Information & Management*, 2019, 56 (2): 236 – 248.

［99］ Cheng H H. *The Effects of Product Stimuli and Social Stimuli on Online Impulse Buying in Live Streams* ［C］. Proceedings of the 2020 International Conference on Management of e-Commerce and e-Government, 2020.

［100］ Chiang W-y K, Zhang D, & Zhou L. Predicting and explaining patronage behavior toward web and traditional stores using neural networks: A comparative analysis with logistic regression ［J］. *Decision Support Systems*, 2006, 41 (2): 514 – 531.

［101］ Chih W H, Wu C H J, & Li H J. The antecedents of consumer online buying impulsiveness on a travel website: Individual internal factor perspectives ［J］. *Journal of Travel & Tourism Marketing*, 2012, 29 (5): 430 – 443.

［102］ Chinomona R, Okoumba L, & Pooe D. The impact of product quality on perceived value, trust and students' intention to purchase electronic gadgets ［J］. *Mediterranean Journal of Social Sciences*, 2013, 4 (14): 463.

［103］ Cho J. Will social media use reduce relative deprivation?: Systematic analysis of social capital's mediating effects of connecting social media use with relative deprivation ［J］. *International Journal of Communication*, 2014, 8: 2811 – 2833.

［104］ Chong A Y-L A two-staged SEM-neural network approach for understanding and predicting the determinants of m-commerce adoption ［J］. *Ex-*

pert Systems with Applications, 2013, 40 (4): 1240 – 1247.

[105] Chung N, Koo C, & Kim J K. Extrinsic and intrinsic motivation for using a booth recommender system service on exhibition attendees' unplanned visit behavior [J]. *Computers in Human Behavior*, 2014, 30: 59 – 68.

[106] Chung S, & Cho H. Fostering parasocial relationships with celebrities on social media: Implications for celebrity endorsement [J]. *Psychology & Marketing*, 2017, 34 (4): 481 – 495.

[107] Clement Addo P, Fang J, Asare A O, & Kulbo N B. Customer engagement and purchase intention in live-streaming digital marketing platforms [J]. *The Service Industries Journal*, 2021, 41 (11 – 12): 767 – 786.

[108] Colliander J, & Dahlén M. Following the fashionable friend: The power of social media: Weighing publicity effectiveness of blogs versus online magazines [J]. *Journal of Advertising Research*, 2011, 51 (1): 313 – 320.

[109] Costa S, & Neves P. Job insecurity and work outcomes: The role of psychological contract breach and positive psychological capital [J]. *Work & Stress*, 2017, 31 (4): 375 – 394.

[110] Crawford G, & Melewar T. The importance of impulse purchasing behaviour in the international airport environment [J]. *Journal of Consumer Behaviour: An International Research Review*, 2003, 3 (1): 85 – 98.

[111] Cuesta M B, & Budría S. Income deprivation and mental well-being: The role of non-cognitive skills [J]. *Economics & Human Biology*, 2015, 17: 16 – 28.

[112] David Garson G. *Partial least squares: Regression & structural equation models* [M]. *Statistical Publishing Associates*, 2016.

[113] De Cicco R, Silva S C, & Alparone F R. Millennials' attitude toward chatbots: An experimental study in a social relationship perspective [J]. *International Journal of Retail & Distribution Management*, 2020, 48 (11): 1213 – 1233.

[114] De Vries E L, & Fennis B M. Go local or go global: How local

brands promote buying impulsivity [J]. *International Marketing Review*, 2019, 37 (1): 1 –28.

[115] Degeratu A M, Rangaswamy A, & Wu J. Consumer choice behavior in online and traditional supermarkets: The effects of brand name, price, and other search attributes [J]. *International Journal of Research in Marketing*, 2000, 17 (1): 55 –78.

[116] Dennison C R, & Swisher R R. Postsecondary education, neighborhood disadvantage, and crime: An examination of life course relative deprivation [J]. *Crime & Delinquency*, 2019, 65 (2): 215 –238.

[117] DeWall C N, Baumeister R F, Mead N L, & Vohs K D. How leaders self-regulate their task performance: Evidence that power promotes diligence, depletion, and disdain [J]. *Journal of Personality and Social Psychology*, 2011, 100 (1): 47 –65.

[118] Dey D K, & Srivastava A. Impulse buying intentions of young consumers from a hedonic shopping perspective [J]. *Journal of Indian Business Research*, 2017, 9 (4): 266 –282.

[119] Dholakia U M. Temptation and resistance: An integrated model of consumption impulse formation and enactment [J]. *Psychology & Marketing*, 2000, 17 (11): 955 –982.

[120] Dibble J L, Hartmann T, & Rosaen S F. Parasocial interaction and parasocial relationship: Conceptual clarification and a critical assessment of measures [J]. *Human Communication Research*, 2016, 42 (1): 21 –44.

[121] Dittmar H, Beattie J, & Friese S. Gender identity and material symbols: Objects and decision considerations in impulse purchases [J]. *Journal of Economic Psychology*, 1995, 16 (3): 491 –511.

[122] Dittmar H, Beattie J, & Friese S. Objects, decision considerations and self-image in men's and women's impulse purchases [J]. *Acta Psychologica*, 1996, 93 (1 –3): 187 –206.

[123] Dittmar H, & Bond R. I want it and I want it now: Using a tem-

poral discounting paradigm to examine predictors of consumer impulsivity [J]. *British Journal of Psychology*, 2010, 101 (4): 751 – 776.

[124] Dittmar H, & Drury J. Self-image-is it in the bag? A qualitative comparison between "ordinary" and "excessive" consumers [J]. *Journal of Economic Psychology*, 2000, 21 (2): 109 – 142.

[125] Drossos D A, Kokkinaki F, Giaglis G M, & Fouskas K G. The effects of product involvement and impulse buying on purchase intentions in mobile text advertising [J]. *Electronic Commerce Research and Applications*, 2014, 13 (6): 423 – 430.

[126] Du Y, & Kim P H. One size does not fit all: Strategy configurations, complex environments, and new venture performance in emerging economies [J]. *Journal of Business Research*, 2021, 124: 272 – 285.

[127] Dul J. Necessary condition analysis (NCA) logic and methodology of "necessary but not sufficient" causality [J]. *Organizational Research Methods*, 2016, 19 (1): 10 – 52.

[128] Dul J, van der Laan E, & Kuik R. A statistical significance test for Necessary Condition Analysis [J]. *Organizational Research Methods*, 2020, 23 (2): 385 – 395.

[129] Edwards J R, & Lambert L S. Methods for integrating moderation and mediation: A general analytical framework using moderated path analysis [J]. *Psychological methods*, 2007, 12 (1): 1 – 22.

[130] Eibner C, & Evans W N. Relative deprivation, poor health habits, and mortality [J]. *Journal of Human Resources*, 2005, 40 (3): 591 – 620.

[131] Elliot A J, Schüler J, Roskes M, & De Dreu C K. Avoidance motivation is resource depleting [M] //*Motivation and Its Regulation*. Psychology Press, 2014: 249 – 264.

[132] Eroglu S A, Machleit K A, & Davis L M. Atmospheric qualities of online retailing: A conceptual model and implications [J]. *Journal of Busi-

ness Research, 2001, 54 (2): 177 – 184.

[133] Faber R J, & Christenson G A. In the mood to buy: Differences in the mood states experienced by compulsive buyers and other consumers [J]. *Psychology & Marketing*, 1996, 13 (8): 803 – 819.

[134] Faisal C M N, Fernandez-Lanvin D, De Andrés J, & Gonzalez-Rodriguez M. Design quality in building behavioral intention through affective and cognitive involvement for e-learning on smartphones [J]. *Internet Research*, 2020, 30 (6): 1631 – 1663.

[135] Fan A, Wu L, Miao L, & Mattila A S. When does technology anthropomorphism help alleviate customer dissatisfaction after a service failure? —The moderating role of consumer technology self-efficacy and interdependent self-construal [J]. *Journal of Hospitality Marketing & Management*, 2020, 29 (3): 269 – 290.

[136] Farivar F, & Richardson J. Workplace digitalisation and work-nonwork satisfaction: The role of spillover social media [J]. *Behaviour & Information Technology*, 2021, 40 (8): 747 – 758.

[137] Feng W, & Hu H. Research on the influence of culture capital on compensatory consumption based on relative deprivation theory [J]. *Open Journal of Business and Management*, 2019, 7 (3): 1346 – 1357.

[138] Fenton-O'Creevy M, Dibb S, & Furnham A. Antecedents and consequences of chronic impulsive buying: Can impulsive buying be understood as dysfunctional self-regulation? [J]. *Psychology & Marketing*, 2018, 35 (3): 175 – 188.

[139] Fenton-O'Creevy M, & Furnham A. Money attitudes, personality and chronic impulse buying [J]. *Applied Psychology*, 2020, 69 (4): 1557 – 1572.

[140] Findley M. *Increased avoidance motivation as a mechanism for self-control failure* (Unpublished doctoral dissertation) [D]. The University of Oklahoma, 2014.

[141] Finley A J , & Schmeichel B J. Aftereffects of self-control on posi-

tive emotional reactivity [J]. *Personality and Social Psychology Bulletin*, 2019, 45 (7): 1011 – 1027.

[142] Fiss P C. Building better causal theories: A fuzzy set approach to typologies in organization research [J]. *Academy of Management Journal*, 2011, 54 (2): 393 – 420.

[143] Flack M, & Morris M. Gambling-related beliefs and gambling behaviour: Explaining gambling problems with the theory of planned behaviour [J]. *International Journal of Mental Health and Addiction*, 2017, 15 (1): 130 – 142.

[144] Floh A, & Madlberger M. The role of atmospheric cues in online impulse-buying behavior [J]. *Electronic Commerce Research and Applications*, 2013, 12 (6): 425 – 439.

[145] Foo P-Y, Lee V-H, Tan G W-H, & Ooi K-B. A gateway to realising sustainability performance via green supply chain management practices: A PLS-ANN approach [J]. *Expert Systems with Applications*, 2018, 107: 1 – 14.

[146] Fornell C, & Larcker D F. Evaluating structural equation models with unobservable variables and measurement error [J]. *Journal of Marketing Research*, 1981, 18 (1): 39 – 50.

[147] Foroughi A, Buang N A, Senik Z C, & Hajmisadeghi R S. Impulse buying behavior and moderating role of gender among Iranian shoppers [J]. *Journal of Basic and Applied Scientific Research*, 2013, 3 (4): 760 – 769.

[148] Foroughi A, Nor A B, & Reyhane H M S. Exploring the influence of situational factors (money & time available) on impulse buying behavior among different etthics [J]. *International Journal of Fundamental Psychology and Social Sciences*, 2012, 2 (2): 41 – 44.

[149] Foroughi B, Nikbin D, Hyun S S, & Iranmanesh M. Impact of core product quality on sport fans' emotions and behavioral intentions [J]. *International Journal of Sports Marketing and Sponsorship*, 2016, 17 (2): 110 – 129.

[150] Gardikiotis A, & Crano W D. Persuasion theories. In J. D. Wright

(*Ed.*). *International Encyclopedia of the Social & Behavioral Sciences* (*Second Edition*) [M]. Elsevier, 2015: 941 –947.

[151] Gero K, Kondo K, Kondo N, Shirai K, & Kawachi I. Associations of relative deprivation and income rank with depressive symptoms among older adults in Japan [J]. *Social Science & Medicine*, 2017, 189: 138 –144.

[152] Geurts S A, Buunk B P, & Schaufeli W B. Social Comparisons and Absenteeism: A Structural Modeling Approach 1 [J]. *Journal of Applied Social Psychology*, 1994, 24 (21): 1871 –1890.

[153] Gigerenzer G, & Brighton H. Homo heuristicus: Why biased minds make better inferences [J]. *Topics in cognitive science*, 2009, 1 (1): 107 –143.

[154] Gist M E, & Mitchell T R. Self-efficacy: A theoretical analysis of its determinants and malleability [J]. *Academy of Management Review*, 1992, 17 (2), 183 –211.

[155] Gong W, & Li X. Engaging fans on microblog: The synthetic influence of parasocial interaction and source characteristics on celebrity endorsement [J]. *Psychology & Marketing*, 2017, 34 (7): 720 –732.

[156] Gong X, Ye Z, Liu K, & Wu N. The effects of live platform exterior design on sustainable impulse buying: Exploring the mechanisms of self-efficacy and psychological ownership [J]. *Sustainability*, 2020a, 12 (6): https://doi.org/10.3390/su12062406.

[157] Gong X, Ye Z, Wu Y, Liu K, & Wu N. Moderated mediation of the link between live streaming information content and impulse purchase: The role of psychological distance and streamer admiration [J]. *Revista Argentina de Clínica Psicológica*, 2020b, 29 (2): 121 –135.

[158] Greckhamer T, Furnari S, Fiss P C, & Aguilera R V. Studying configurations with qualitative comparative analysis: Best practices in strategy and organization research [J]. *Strategic Organization*, 2018, 16 (4): 482 –495.

[159] Hagerty S L, YorkWilliams S L, Bidwell L C, Weiland B J,

Sabbineni A, Blaine S K, Bryan A D, & Hutchison K E. DRD2 methylation is associated with executive control network connectivity and severity of alcohol problems among a sample of polysubstance users [J]. *Addiction biology*, 2020, 25 (1): e12684.

[160] Hagger M S, Wood C, Stiff C, & Chatzisarantis N L. Ego depletion and the strength model of self-control: A meta-analysis [J]. *Psychological Bulletin*, 2010, 136 (4): 495 – 525.

[161] Haimson O L, & Tang J C. What makes live events engaging on Facebook Live, Periscope, and Snapchat [J]. *Proceedings of the 2017 CHI conference on human factors in computing systems*, Denver, CO, USA, 2017.

[162] Hair Jr J F, Hult G T M, Ringle C M, & Sarstedt M. *A primer on partial least squares structural equation modeling (PLS-SEM)* [M]. Sage Publications, 2021.

[163] Hamilton R, Thompson D, Bone S, Chaplin L N, Griskevicius V, Goldsmith K, Hill R, John D R, Mittal C, O'Guinn T, Piff P, Roux C, Shah A, & Zhu M. The effects of scarcity on consumer decision journeys [J]. *Journal of the Academy of Marketing Science*, 2019, 47 (3): 532 – 550.

[164] Hamilton W A, Garretson O, & Kerne A. Streaming on twitch: fostering participatory communities of play within live mixed media [J]. *Proceedings of the SIGCHI conference on human factors in computing systems*, 2014.

[165] Han J, & Ling J. Emotional appeal in recruitment advertising and applicant attraction: Unpacking national cultural differences [J]. *Journal of Organizational Behavior*, 2016, 37 (8): 1202 – 1223.

[166] Han L. User Experience: The Motivation and Promotion of Livestreaming Innovation in Chinese Marketing [J]. *International Conference on Human-Computer Interaction*, 2021.

[167] Harmancioglu N, Finney R Z, & Joseph M. Impulse purchases of new products: An empirical analysis [J]. *Journal of Product & Brand Management*, 2009, 18 (1): 27 – 37.

[168] Hartmann T, & Goldhoorn C. Horton and Wohl revisited: Exploring viewers' experience of parasocial interaction [J]. *Journal of Communication*, 2011, 61 (6): 1104 – 1121.

[169] Hausman A. A multi-method investigation of consumer motivations in impulse buying behavior [J]. *Journal of Consumer Marketing*, 2000, 17 (5): 403 – 419.

[170] Hausman A V, & Siekpe J S. The effect of web interface features on consumer online purchase intentions [J]. *Journal of Business Research*, 2009, 62 (1): 5 – 13.

[171] Hayes A F. *Introduction to mediation, moderation, and conditional process analysis: A regression-based approach* [M]. Guilford publications, 2017.

[172] Heine S J, Proulx T, & Vohs K D. The meaning maintenance model: On the coherence of social motivations [J]. *Personality and Social Psychology review*, 2006, 10 (2): 88 – 110.

[173] Henseler J, Ringle C M, & Sarstedt M. A new criterion for assessing discriminant validity in variance-based structural equation modeling [J]. *Journal of the Academy of Marketing Science*, 2015, 43 (1): 115 – 135.

[174] Herabadi A G, Verplanken B, & Van Knippenberg A. Consumption experience of impulse buying in Indonesia: Emotional arousal and hedonistic considerations [J]. *Asian Journal of Social Psychology*, 2009, 12 (1): 20 – 31.

[175] Hilvert-Bruce Z, Neill J T, Sjöblom M, & Hamari J. Social motivations of live-streaming viewer engagement on Twitch [J]. *Computers in Human Behavior*, 2018, 84: 58 – 67.

[176] Hocevar K P, Flanagin A J, & Metzger M J. Social media self-efficacy and information evaluation online [J]. *Computers in Human Behavior*, 2014, 39: 254 – 262.

[177] Hoegg J, & Alba J W. Seeing is believing (too much): The influence of product form on perceptions of functional performance [J]. *Journal*

of Product Innovation Management, 2011, 28 （3）: 346 – 359.

［178］ Hoffman D L, & Novak T P. Flow online: lessons learned and future prospects ［J］. *Journal of Interactive Marketing*, 2009, 23 （1）: 23 – 34.

［179］ Hofmann W, Baumeister R F, Förster G, & Vohs K D. Everyday temptations: An experience sampling study of desire, conflict, and self-control ［J］. *Journal of Personality and Social Psychology*, 2012, 102 （6）: 1318 – 1335.

［180］ Homburg C, Schwemmle M, & Kuehnl C. New product design: Concept, measurement, and consequences ［J］. *Journal of Marketing*, 2015, 79 （3）: 41 – 56.

［181］ Horton D, & Richard Wohl R. Mass Communication and Para-Social Interaction ［J］. *Psychiatry*, 1956, 19 （3）: 215 – 229.

［182］ Houston M J. Conceptual and Methodological Perspectives on Involvement ［J］. *Research Frontiers in Marketing : Dialogues and Directions*, 1978.

［183］ Hsu S, Chen W, & Hsieh M. Robustness testing of PLS, LISREL, EQS and ANN-based SEM for measuring customer satisfaction ［J］. *Total Quality Management & Business Excellence*, 2006, 17 （3）: 355 – 372.

［184］ Hu M, & Chaudhry S S. Enhancing consumer engagement in e-commerce live streaming via relational bonds ［J］. *Internet Research*, 2020, 30 （3）: 1019 – 1041.

［185］ Hu M, Zhang M, & Wang Y. Why do audiences choose to keep watching on live video streaming platforms? An explanation of dual identification framework ［J］. *Computers in Human Behavior*, 2017, 75: 594 – 606.

［186］ Huang C Y, Chou C J, & Lin P C. Involvement theory in constructing bloggers' intention to purchase travel products ［J］. *Tourism Management*, 2010, 31 （4）: 513 – 526.

［187］ Huang H, Blommaert J & Van Praet E. "OH MY GOD! BUY IT!" A multimodal discourse analysis of the discursive strategies used by Chinese ecommerce live-streamer Austin Li ［C］. *International Conference on Hu-*

man-Computer Interaction, 2020.

[188] Huang Z, & Benyoucef M. From e-commerce to social commerce: A close look at design features [J]. *Electronic Commerce Research and Applications*, 2013, 12 (4): 246 – 259.

[189] Hubert M, Hubert M, Linzmajer M, Riedl R, & Kenning P. Trust me if you can—neurophysiological insights on the influence of consumer impulsiveness on trustworthiness evaluations in online settings [J]. *European Journal of Marketing*, 2018, 52 (1 – 2): 118 – 146.

[190] Hung K, Chan K W, & Caleb H T. Assessing celebrity endorsement effects in China: A consumer-celebrity relational approach [J]. *Journal of Advertising Research*, 2011, 51 (4): 608 – 623.

[191] Hwang K, & Zhang Q. Influence of parasocial relationship between digital celebrities and their followers on followers' purchase and electronic word-of-mouth intentions, and persuasion knowledge [J]. *Computers in Human Behavior*, 2018, 87: 155 – 173.

[192] Iyer E S, & Ahlawat S S. Deviations from a shopping plan: when and why do consumers not buy items as planned [J]. *ACR North American Advances*, 1987, 14 (1): 246 – 250.

[193] Iyer G R, Blut M, Xiao S H, & Grewal D. Impulse buying: A meta-analytic review [J]. *Journal of the Academy of Marketing Science*, 2020, 48 (3): 384 – 404.

[194] Jaw C, Huan T C T, & Woodside A G. Applying complexity theory to solve hospitality contrarian case conundrums [J]. *International Journal of Contemporary Hospitality Management*, 2015, 27 (4): 608 – 647.

[195] Jiang Y, & Cai H. The impact of impulsive consumption on supply chain in the live-streaming economy [J]. *IEEE Access*, 2021, 9: 48923 – 48930.

[196] Jiang Z, Chan J, Tan B C, & Chua W S. Effects of interactivity on website involvement and purchase intention [J]. *Journal of the Association for Information Systems*, 2010, 11 (1): 34 – 59.

［197］Jones J G, & Simons H W. *Persuasion in society* ［M］. Routledge, 2017.

［198］Jones M A, Reynolds K E, Weun S, & Beatty S E. The product-specific nature of impulse buying tendency ［J］. *Journal of Business Research*, 2003, 56 (7): 505 – 511.

［199］Kacen J J. Bricks & amp; clicks & amp; the buying impulse: An investigation of consumer impulse buying behavior in an online and a traditional retail environment ［J］. *ACR European Advances*, 2003, 6: 271 – 276.

［200］Kacen J J, Hess J D, & Walker D. Spontaneous selection: The influence of product and retailing factors on consumer impulse purchases ［J］. *Journal of Retailing and Consumer Services*, 2012, 19 (6): 578 – 588.

［201］Kacen J J, & Lee J A. The influence of culture on consumer impulsive buying behavior ［J］. *Journal of Consumer Psychology*, 2002, 12 (2): 163 – 176.

［202］Kang J-Y M, Mun J M, & Johnson K K P. In-store mobile usage: Downloading and usage intention toward mobile location-based retail apps ［J］. *Computers in Human Behavior*, 2015, 46: 210 – 217.

［203］Kang K, Lu J, Guo L, & Li W. The dynamic effect of interactivity on customer engagement behavior through tie strength: Evidence from live streaming commerce platforms ［J］. *International Journal of Information Management*, 2021, 56: 102251.

［204］Keeling K, McGoldrick P, & Beatty S. Avatars as salespeople: Communication style, trust, and intentions ［J］. *Journal of Business Research*, 2010, 63 (8): 793 – 800.

［205］Kim H, Callan M J, Gheorghiu A I, & Matthews W J. Social comparison, personal relative deprivation, and materialism ［J］. *British Journal of Social Psychology*, 2017, 56 (2): 373 – 392.

［206］Kim H, Callan M J, Gheorghiu A I, & Skylark W J. Social comparison processes in the experience of personal relative deprivation ［J］. *Jour-

nal of Applied Social Psychology, 2018, 48 (9): 519 –532.

[207] Kim J-H. Smartphone-mediated communication vs. face-to-face interaction: Two routes to social support and problematic use of smartphone [J]. *Computers in Human Behavior*, 2017, 67: 282 –291.

[208] Kim S, & Park H. Effects of various characteristics of social commerce (s-commerce) on consumers' trust and trust performance [J]. *International Journal of Information Management*, 2013, 33 (2): 318 –332.

[209] Kollat D T, & Willett R P. Is impulse purchasing really a useful concept for marketing decisions? [J]. *Journal of Marketing*, 1969, 33 (1): 79 –83.

[210] Kotler P. Atmospherics as a marketing tool [J]. *Journal of Retailing*, 1973, 49 (4): 48 –64.

[211] Kotler P, & Keller K L. *A framework for marketing management* [M]. Pearson Boston, MA, 2016.

[212] Kotler P, Keller K L, Manceau D, & Dubois B. *Marketing management*, 15e édition [M]. New Jersy: Pearson Education, 2016.

[213] Koufaris M. Applying the technology acceptance model and flow theory to online consumer behavior [J]. *Information Systems Research*, 2002, 13 (2): 205 –223.

[214] Koufaris M, Kambil A, & LaBarbera P A. Consumer behavior in web-based commerce: An empirical study [J]. *International Journal of Electronic Commerce*, 2001, 6 (2): 115 –138.

[215] Kozlenkova I V, Palmatier R W, Fang E, Xiao B, & Huang M. Online relationship formation [J]. *Journal of Marketing*, 2017, 81 (3): 21 –40.

[216] Krugman H E. The measurement of advertising involvement [J]. *Public Opinion Quarterly*, 1966, 30 (4): 583 – 596. https://doi. org/10. 1086/267457.

[217] Labrecque L I. Fostering consumer-brand relationships in social

media environments：The role of parasocial interaction ［J］. *Journal of Interactive Marketing*，2014，28（2）：134－148.

［218］Lanaj K，Johnson R E，& Barnes C M. Beginning the workday yet already depleted? Consequences of late-night smartphone use and sleep ［J］. *Organizational Behavior and Human Decision Processes*，2014，124（1）：11－23.

［219］Ledbetter A M，& Meisner C. Extending the personal branding affordances typology to parasocial interaction with public figures on social media：Social presence and media multiplexity as mediators ［J］. *Computers in Human Behavior*，2021，115：106610.

［220］Lee C-H，& Chen C-W. Impulse buying behaviors in live streaming commerce based on the stimulus-organism-response framework ［J］. *Information*，2021，12（6）：241.

［221］Lee C-H，& Wu J J. Consumer online flow experience：The relationship between utilitarian and hedonic value，satisfaction and unplanned purchase ［J］. *Industrial Management & Data Systems*，2017，117（10）：2452－2467.

［222］Lee H-P，Chae P K，Lee H-S，& Kim Y-K. The five-factor gambling motivation model. *Psychiatry Research*，2007，150（1）：21－32.

［223］Lee J E，& Watkins B. YouTube vloggers' influence on consumer luxury brand perceptions and intentions ［J］. *Journal of Business Research*，2016，69（12）：5753－5760.

［224］Lee J S，Keil M，& Wong K F E. Does a tired mind help avoid a decision bias? The effect of ego depletion on escalation of commitment ［J］. *Applied Psychology*，2018，67（1）：171－185.

［225］Lee V-H，Hew J-J，Leong L-Y，Tan G W-H，& Ooi K-B. Wearable payment：A deep learning-based dual-stage SEM-ANN analysis ［J］. *Expert Systems with Applications*，2020，157：113477.

［226］Lee V-H，Ooi K-B，Chong A Y-L，& Seow C. Creating technological innovation via green supply chain management：An empirical analysis

[J]. *Expert Systems with Applications*, 2014, 41 (16): 6983 –6994.

[227] Leeraphong A, & Sukrat S. *How facebook live urge SNS users to buy impulsively on C2C social commerce?* [C]. Proceedings of the 2nd International Conference on E-Society, E-Education and E-Technology, 2018.

[228] Lei S I, Ye S, Wang D, & Law R. Engaging customers in value co-creation through mobile instant messaging in the tourism and hospitality industry [J]. *Journal of Hospitality & Tourism Research*, 2020, 44 (2): 229 –251.

[229] Leong L-Y, Hew T-S, Lee V-H, & Ooi K-B. An SEM-artificial-neural-network analysis of the relationships between SERVPERF, customer satisfaction and loyalty among low-cost and full-service airline [J]. *Expert Systems with Applications*, 2015, 42 (19) 6620 –6634.

[230] Leong L-Y, Hew T-S, Ooi K-B, & Wei J. Predicting mobile wallet resistance: A two-staged structural equation modeling-artificial neural network approach [J]. *International Journal of Information Management*, 2020, 51: 102047.

[231] Leong L-Y, Hew T-S, Tan G W-H, & Ooi K-B. Predicting the determinants of the NFC-enabled mobile credit card acceptance: A neural networks approach [J]. *Expert Systems with Applications*, 2013, 40 (14): 5604 –5620.

[232] Leong L-Y, Jaafar N I, & Ainin S. The effects of Facebook browsing and usage intensity on impulse purchase in f-commerce [J]. *Computers in Human Behavior*, 2018, 78: 160 –173.

[233] Li C-H, & Liu C-C. The effects of empathy and persuasion of storytelling via tourism micro-movies on travel willingness [J]. *Asia Pacific Journal of Tourism Research*, 2020, 25 (4): 382 –392.

[234] Li J, Zhan D, Zhou Y, & Gao X. Loneliness and problematic mobile phone use among adolescents during the COVID – 19 pandemic: The roles of escape motivation and self-control [J]. *Addictive Behaviors*, 2021a, 118: 106857.

［235］Li W W, Yu H, Miller D J, Yang F, & Rouen C. Novelty see-king and mental health in Chinese university students before, during, and after the COVID – 19 pandemic lockdown: a longitudinal study ［J］. *Frontiers in psychology*, 2020, 11: 600739.

［236］Li Y, & Guo Y. Virtual gifting and danmaku: What motivates people to interact in game live streaming? ［J］. *Telematics and Informatics*, 2021, 62: 101624.

［237］Li Y, Li X, & Cai J. How attachment affects user stickiness on live streaming platforms: A socio-technical approach perspective ［J］. *Journal of Retailing and Consumer Services*, 2021b, 60: 102478.

［238］Li Y, & Peng Y. What drives gift-giving intention in live stream-ing? The perspectives of emotional attachment and flow experience ［J］. *International Journal of Human-Computer Interaction*, 2021, 1 – 13. https://doi. org/10. 1080/10447318. 2021. 1885224.

［239］Li Y, Xu Z, & Xu F. Perceived control and purchase intention in online shopping: The mediating role of self-efficacy ［J］. *Social Behavior and Personality: An International Journal*, 2018, 46 (1): 99 – 105.

［240］Li Y, Yang S, Zhang S, & Zhang W. Mobile social media use intention in emergencies among Gen Y in China: An integrative framework of gratifications, task-technology fit, and media dependency ［J］. *Telematics and Informatics*, 2019, 42: 101244.

［241］Liang Y-P. The relationship between consumer product involve-ment, product knowledge and impulsive buying behavior ［J］. *Procedia-Social and Behavioral Sciences*, 2012, 57: 325 – 330.

［242］Liao C, To P-L, Wong Y-C, Palvia P, & Kakhki M D. The im-pact of presentation mode and product type on online impulse buying decisions ［J］. *Journal of Electronic Commerce Research*, 2016, 17 (2): 153 – 168.

［243］Liebrecht C, Sander L, & Van Hooijdonk C. Too informal? How a chatbot's communication style affects brand attitude and quality of interaction. International Workshop on Chatbot Research and Design, 2020.

[244] Lim J S, Choe M-J, Zhang J, & Noh G-Y. The role of wishful iden-
tification, emotional engagement, and parasocial relationships in repeated vie-
wing of live-streaming games: A social cognitive theory perspective [J]. *Com-
puters in Human Behavior*, 2020, 108: 106327.

[245] Lim S H, Lee S, & Kim D J. Is online consumers' impulsive buy-
ing beneficial for e-commerce companies? An empirical investigation of online
consumers' past impulsive buying behaviors [J]. *Information Systems Manage-
ment*, 2017, 34 (1): 85 – 100.

[246] Lin C-H, & Chuang S-C. The effect of individual differences on
adolescents' impulsive buying behavior [J]. *Adolescence*, 2005, 40 (159):
551 –558.

[247] Lin S-W, & Lo L Y-S. Evoking online consumer impulse buying
through virtual layout schemes [J]. *Behaviour & Information Technology*,
2016, 35 (1): 38 –56.

[248] Lin X, Li Y, & Wang X. Social commerce research: Definition,
research themes and the trends [J]. *International Journal of Information Man-
agement*, 2017, 37 (3): 190 – 201.

[249] Liu L, Liu R, Lee M, & Chen J. When will consumers be ready?
A psychological perspective on consumer engagement in social media brand com-
munities [J]. *Internet Research*, 2019a, 29 (4): 704 –724.

[250] Liu P, He J, & Li A. Upward social comparison on social network
sites and impulse buying: A moderated mediation model of negative affect and ru-
mination [J]. *Computers in Human Behavior*, 2019b, 96: 133 –140.

[251] Liu Y, Li H, & Hu F. Website attributes in urging online impulse
purchase: An empirical investigation on consumer perceptions [J]. *Decision
Support Systems*, 2013, 55 (3): 829 –837.

[252] Lo L Y-S, Lin S-W, & Hsu L-Y. Motivation for online impulse
buying: A two-factor theory perspective [J]. *International Journal of Informa-*

tion Management, 2016, 36 (5): 759 – 772.

[253] Loh H S, Gaur S S, & Sharma P. Demystifying the link between emotional loneliness and brand loyalty: Mediating roles of nostalgia, materialism, and self-brand connections [J]. *Psychology & Marketing*, 2021, 38 (3): 537 – 552.

[254] Long Q, & Tefertiller A C. China's new mania for live streaming: Gender differences in motives and uses of social live streaming services [J]. *International Journal of Human-Computer Interaction*, 2020, 36 (14): 1314 – 1324.

[255] Lu Z, Xia H, Heo S, & Wigdor D. You watch, you give, and you engage: A study of live streaming practices in China [J]. *Proceedings of the 2018 CHI conference on human factors in computing systems*, 2018.

[256] Lucas M, & Koff E. Body image, impulse buying, and the mediating role of negative affect [J]. *Personality and Individual Differences*, 2017, 105: 330 – 334.

[257] Luo X. How does shopping with others influence impulsive purchasing? [J]. *Journal of Consumer Psychology*, 2005, 15 (4): 288 – 294.

[258] Luttmer E F. Neighbors as negatives: Relative earnings and well-being [J]. *The Quarterly Journal of Economics*, 2005, 120 (3): 963 – 1002.

[259] Ma Y. To shop or not: Understanding Chinese consumers' live-stream shopping intentions from the perspectives of uses and gratifications, perceived network size, perceptions of digital celebrities, and shopping orientations [J]. *Telematics and Informatics*, 2021, 59: 101562.

[260] Mandolfo M, & Lamberti L. Past, present, and future of impulse buying research methods: A systematic literature review [J]. *Frontiers in Psychology*, 2021, 12: 687404.

[261] Mani A, Mullainathan S, Shafir E, & Zhao J. Poverty impedes cognitive function [J]. *Science*, 2013, 341 (6149): 976 – 980.

[262] Mara M, & Appel M. Science fiction reduces the eeriness of android robots: A field experiment [J]. *Computers in Human Behavior*, 2015,

48: 156 - 162.

[263] Markman K D, Proulx T E, & Lindberg M J. *The psychology of meaning* [M]. American Psychological Association, 2013.

[264] Masouleh S, Pazhang M, & Moradi J. What is impulse buying? An analytical network processing framework for prioritizing factors affecting impulse buying [J]. *Management Science Letters*, 2012, 2 (4): 1053 - 1064.

[265] Mattila A S, & Wirtz J. The role of store environmental stimulation and social factors on impulse purchasing [J]. *Journal of Services Marketing*, 2008, 22 (7): 562 - 567.

[266] McMillan S J. A four-part model of cyber-interactivity: Some cyber-places are more interactive than others [J]. *New Media & Society*, 2002, 4 (2): 271 - 291.

[267] Mead N L, Baumeister R F, Stillman T F, Rawn C D, & Vohs K D. Social exclusion causes people to spend and consume strategically in the service of affiliation [J]. *Journal of Consumer Research*, 2011, 37 (5): 902 - 919.

[268] Mehrabian A & Russell J A. *An approach to environmental psychology* [M]. The MIT Press, 1974.

[269] Miles M P, Arnold D R, & Nash H W. Adaptive communication: The adaptation of the seller's interpersonal style to the stage of the dyad's relationship and the buyer's communication style [J]. *Journal of Personal Selling & Sales Management*, 1990, 10 (1): 21 - 27.

[270] Ming J, Jianqiu Z, Bilal M, Akram U, & Fan M. How social presence influences impulse buying behavior in live streaming commerce? The role of S-O-R theory [J]. *International Journal of Web Information Systems*. https: //doi. org/10. 1108/IJWIS - 02 - 2021 - 0012.

[271] Mishra S, & Novakowski D. Personal relative deprivation and risk: An examination of individual differences in personality, attitudes, and behavioral outcomes [J]. *Personality and Individual Differences*, 2016, 90: 22 - 26.

［272］Mittal B, & Lee M-S. A causal model of consumer involvement ［J］. *Journal of Economic Psychology*, 1989, 10（3）: 363 – 389.

［273］Mittal S, Chawla D, & Sondhi N. Segmentation of impulse buyers in an emerging market-An exploratory study ［J］. *Journal of Retailing and Consumer Services*, 2016, 33: 53 – 61.

［274］Moeller R W, & Seehuus M. Loneliness as a mediator for college students' social skills and experiences of depression and anxiety ［J］. *Journal of Adolescence*, 2019, 73: 1 – 13.

［275］Mohan G, Sivakumaran B, & Sharma P. Impact of store environment on impulse buying behavior ［J］. *European Journal of Marketing*, 2013, 47（10）: 1711 – 1732.

［276］Moriarty S, Mitchell N D, Wells W D, Crawford R, Brennan L, & Spence-Stone R. *Advertising: Principles and practice* ［M］. Pearson Australia, 2014.

［277］Negnevitsky M. *Artificial intelligence: A guide to intelligent systems* ［M］. Pearson Education, 2011.

［278］Nielsen. Understanding Today's Omnishopper［EB/OL］. https: // www. nielsen. com/us/en/insights/article/2017/understanding-todays-omnishopper/.

［279］Oh J, Fiorito S S, Cho H, & Hofacker C F. Effects of design factors on store image and expectation of merchandise quality in web-based stores ［J］. *Journal of Retailing and Consumer Services*, 2008, 15（4）: 237 – 249.

［280］Oh S-K, & Choi H-J. Broadcasting upon a shooting star: Investigating the success of Afreeca TV's livestream personal broadcast model ［J］. *International Journal of Web Based Communities*, 2017, 13（2）: 193 – 212.

［281］Olsen S O, Tudoran A A, Honkanen P, & Verplanken B. Differences and similarities between impulse buying and variety seeking: A personality-based perspective ［J］. *Psychology & Marketing*, 2016, 33（1）: 36 – 47.

［282］Olya H G, Lee C-K, Lee Y-K, & Reisinger Y. What are the triggers of Asian visitor satisfaction and loyalty in the Korean heritage site? ［J］. *Journal of Retailing and Consumer Services*, 2019, 47: 195 – 205.

［283］Oparaji U, Sheu R-J, Bankhead M, Austin J, & Patelli E. Robust artificial neural network for reliability and sensitivity analyses of complex non-linear systems ［J］. *Neural Networks*, 2017, 96: 80 – 90.

［284］Oppenheimer D M, Meyvis T, & Davidenko N. Instructional manipulation checks: Detecting satisficing to increase statistical power ［J］. *Journal of Experimental Social Psychology*, 2009, 45 (4): 867 – 872.

［285］Pai P-Y, & Tsai H-T. How virtual community participation influences consumer loyalty intentions in online shopping contexts: An investigation of mediating factors ［J］. *Behaviour & Information Technology*, 2011, 30 (5): 603 – 615.

［286］Pak T-Y, & Choung Y. Relative deprivation and suicide risk in South Korea ［J］. *Social Science & Medicine*, 2020, 247: 112815.

［287］Palma M A, Segovia M S, Kassas B, Ribera L A, & Hall C R. Self-control: Knowledge or perishable resource? ［J］. *Journal of Economic Behavior & Organization*, 2018, 145: 80 – 94.

［288］Pappas I O, Kourouthanassis P E, Giannakos M N, & Chrissikopoulos V. Explaining online shopping behavior with fsQCA: The role of cognitive and affective perceptions ［J］. *Journal of Business Research*, 2016, 69 (2): 794 – 803.

［289］Pappas I O, & Woodside A G. Fuzzy-set Qualitative Comparative Analysis (fsQCA): Guidelines for research practice in Information Systems and marketing ［J］. *International Journal of Information Management*, 2021, 58: 102310.

［290］Parboteeah D V, Taylor D C, & Barber N A. Exploring impulse purchasing of wine in the online environment ［J］. *Journal of Wine Research*, 2016, 27 (4): 322 – 339.

[291] Parboteeah D V, Valacich J S, & Wells J D. The influence of website characteristics on a consumer's urge to buy impulsively [J]. *Information Systems Research*, 2009, 20 (1): 60 – 78.

[292] Park C W, & Moon B J. The relationship between product involvement and product knowledge: Moderating roles of product type and product knowledge type [J]. *Psychology & Marketing*, 2003, 20 (11): 977 – 997.

[293] Park E J, Kim E Y, Funches V M, & Foxx W. Apparel product attributes, web browsing, and e-impulse buying on shopping websites [J]. *Journal of Business Research*, 2012, 65 (11): 1583 – 1589.

[294] Park H J, & Lin L M. The effects of match-ups on the consumer attitudes toward internet celebrities and their live streaming contents in the context of product endorsement [J]. *Journal of Retailing and Consumer Services*, 2020, 52: 101934.

[295] Peltzer K, & Pengpid S. Loneliness: Its correlates and associations with health risk behaviours among university students in 25 countries [J]. *Journal of Psychology in Africa*, 2017, 27 (3): 247 – 255.

[296] Perlman D, & Peplau L A. Theoretical approaches to loneliness [J]. *Loneliness: A Sourcebook of Current Theory, Research and Therapy*, 1982: 123 – 134.

[297] Perse E M. Involvement with local television news: Cognitive and emotional dimensions [J]. *Human Communication Research*, 1990, 16 (4): 556 – 581.

[298] Perse E M, & Rubin R B. Attribution in social and parasocial relationships [J]. *Communication Research*, 1989, 16 (1): 59 – 77.

[299] Pieters R. Bidirectional dynamics of materialism and loneliness: Not just a vicious cycle [J]. *Journal of Consumer Research*, 2013, 40 (4): 615 – 631.

[300] Pinquart M, Endres D, Teige-Mocigemba S, Panitz C, & Schütz A C. Why expectations do or do not change after expectation violation: A comparison

of seven models [J]. *Consciousness and Cognition*, 2021, 89: 103086.

[301] Priyadarshinee P, Raut R D, Jha M K, & Gardas B B. Understanding and predicting the determinants of cloud computing adoption: A two staged hybrid SEM-Neural networks approach [J]. *Computers in Human Behavior*, 2017, 76: 341 – 362.

[302] Proulx T, & Heine S J. The frog in kierkegaard's beer: Finding meaning in the threat-compensation literature [J]. *Social and Personality Psychology Compass*, 2010, 4 (10): 889 – 905.

[303] Proulx T, & Inzlicht M. The five "A" s of meaning maintenance: Finding meaning in the theories of sense-making [J]. *Psychological Inquiry*, 2012, 23 (4): 317 – 335.

[304] Ragin C C. *Redesigning social inquiry: Fuzzy sets and beyond* [M]. University of Chicago Press, 2009.

[305] Randles D, Benjamin R, Martens J P, & Heine S J. Searching for answers in an uncertain world: Meaning threats lead to increased working memory capacity [J]. *PLoS One*, 2018, 13 (10): 22.

[306] Rebollar R, Lidón I, Martín J, & Puebla M. The identification of viewing patterns of chocolate snack packages using eye-tracking techniques [J]. *Food Quality and Preference*, 2015, 39: 251 – 258.

[307] Reh S, Tröster C, & Van Quaquebeke N. Keeping (future) rivals down: Temporal social comparison predicts coworker social undermining via future status threat and envy [J]. *The Journal of Applied Psychology*, 2018, 103 (4): 399 – 415.

[308] Reilly J, Chrysikou E G, & Ramey C H. Support for hybrid models of the age of acquisition of English nouns [J]. *Psychonomic Bulletin & Review*, 2007, 14 (6): 1164 – 1170.

[309] Reimann M, Zaichkowsky J, Neuhaus C, Bender T, & Weber B. Aesthetic package design: A behavioral, neural, and psychological investigation [J]. *Journal of Consumer Psychology*, 2010, 20 (4): 431 – 441.

［310］Rietz T, Benke I, & Maedche A. The impact of anthropomorphic and functional chatbot design features in enterprise collaboration systems on user acceptance ［C］. *Proceedings of the 14th International Conference on Wirtschaftsinformatik*, Siegen, Germany, 2019.

［311］Rihoux B, & Ragin C C. *Configurational comparative methods*: *Qualitative comparative analysis (QCA) and related techniques* ［M］. Sage Publications, 2008.

［312］Rodrigues F, Teixeira D S, Neiva H P, Cid L, & Monteiro D. The bright and dark sides of motivation as predictors of enjoyment, intention, and exercise persistence ［J］. *Scandinavian Journal of Medicine & Science in Sports*, 2020, 30 (4): 787 – 800.

［313］Rokonuzzaman M, Harun A, Al-Emran M, & Prybutok V R. An investigation into the link between consumer's product involvement and store loyalty: The roles of shopping value goals and information search as the mediating factors ［J］. *Journal of Retailing and Consumer Services*, 2020, 52: 101933.

［314］Rook D W. The buying impulse ［J］. *Journal of Consumer Research*, 1987, 14 (2): 189 – 199.

［315］Rook D W, & Fisher R J. Normative influences on impulsive buying behavior ［J］. *Journal of Consumer Research*, 1995, 22 (3): 305 – 313.

［316］Rook D W, & Hoch S J. Consuming impulses. *ACR North American Advances*, 1985.

［317］Roskes M, Elliot A J, Nijstad B A, & De Dreu C K. Avoidance motivation and conservation of energy ［J］. *Emotion Review*, 2013, 5 (3): 264 – 268.

［318］Rotman L I. Trust, loyalty, and ecommerce ［M］ //*Ethical issues in e-business*: *models and frameworks*. IGI Global, 2010: 58 – 79.

［319］Rubin R B, & McHugh M P. Development of Parasocial Interaction Relationships ［J］. *Journal of Broadcasting & Electronic Media*, 1987, 31 (3): 279 – 292.

[320] Russell J A, & Pratt G. A description of the affective quality attributed to environments [J]. *Journal of Personality and Social Psychology*, 1980, 38 (2): 311 –322.

[321] Ryu J, & Baylor A L. The psychometric structure of pedagogical agent persona [J]. *Technology Instruction Cognition and Learning*, 2005, 2 (4): 291 –314.

[322] San-Martín S, Jimenez N, Camarero C, & San-José R. The path between personality, self-Efficacy, and shopping regarding games Apps [J]. *Journal of Theoretical and Applied Electronic Commerce Research*, 2020, 15 (2): 59 –75.

[323] Santini F D O, Ladeira W J, Vieira V A, Araujo C F, & Sampaio C H. Antecedents and consequences of impulse buying: A meta-analytic study [J]. *RAUSP Management Journal*, 2019, 54 (2): 178 –204.

[324] Sautter P, Hyman M R, & Lukosius V. E-tail atmospherics: A critique of the literature and model extension [J]. *Journal of Electronic Commerce Research*, 2004, 5 (1): 14 –24.

[325] Scheibe K, Fietkiewicz K J, & Stock W G. Information behavior on social live streaming services [J]. *Journal of Information Science Theory and Practice*, 2016, 4 (2): 6 –20.

[326] Schmeichel B J, Harmon-Jones C, & Harmon-Jones E. Exercising self-control increases approach motivation [J]. *Journal of Personality and Social Psychology*, 2010, 99 (1): 162 –173.

[327] Schnack A, Wright M J, & Holdershaw J L. An exploratory investigation of shopper behaviour in an immersive virtual reality store [J]. *Journal of Consumer Behaviour*, 2020, 19 (2): 182 –195.

[328] Schneider C Q, & Wagemann C. *Set-theoretic methods for the social sciences: A guide to qualitative comparative analysis* [M]. Cambridge University Press, 2012.

[329] Schuitema G, Anable J, Skippon S, & Kinnear N. The role of in-

strumental, hedonic and symbolic attributes in the intention to adopt electric vehicles [J]. *Transportation Research Part A: Policy and Practice*, 2013, 48: 39 - 49.

[330] Shaffer J D. The influence of "impulse buying" or in-the-store decisions on consumers' food purchases [J]. *Journal of Farm Economics*, 1960, 42 (2): 317 - 324.

[331] Shah A K, Shafir E, & Mullainathan S. Scarcity frames value [J]. *Psychological Science*, 2015, 26 (4): 402 - 412.

[332] Sharma P, Sivakumaran B, & Marshall R. Investigating impulse buying and variety seeking: Towards a general theory of hedonic purchase behaviors [J]. *ACR North American Advances*, 2006.

[333] Sharma P, Sivakumaran B, & Marshall R. Exploring impulse buying and variety seeking by retail shoppers: Towards a common conceptual framework [J]. *Journal of Marketing Management*, 2010, 26 (5 - 6): 473 - 494.

[334] Sharma P, Sivakumaran B, & Marshall R. Exploring impulse buying in services: Toward an integrative framework [J]. *Journal of the Academy of Marketing Science*, 2014, 42 (2): 154 - 170.

[335] Sharma S K, Gaur A, Saddikuti V, & Rastogi A. Structural equation model (SEM)-neural network (NN) model for predicting quality determinants of e-learning management systems [J]. *Behaviour & Information Technology*, 2017, 36 (10): 1053 - 1066.

[336] Sharma S K, Joshi A, & Sharma H. A multi-analytical approach to predict the Facebook usage in higher education [J]. *Computers in Human Behavior*, 2016, 55: 340 - 353.

[337] Shen K N, & Khalifa M. System design effects on online impulse buying [J]. *Internet Research*, 2012, 22 (4): 396 - 425.

[338] Sherif M, & Cantril H. *The psychology of ego-involvements: Social attitudes and identifications* [M]. John Wiley & Sons Inc, 1947.

[339] Sheth J N. Buyer-seller interaction: a conceptual framework [J].

Faculty Working Papers, 1975: 292.

[340] Sheth J N, Newman B I, & Gross B L. *Consumption values and market choices: Theory and applications* [M]. South-Western Publishing, Cinicinnati, OH, 1991.

[341] Silvera D H, Lavack A M, & Kropp F. Impulse buying: The role of affect, social influence, and subjective wellbeing [J]. *Journal of Consumer Marketing*, 2008, 25 (1): 23 – 33.

[342] Sim J-J, Tan G W-H, Wong J C, Ooi K-B, & Hew T-S. Understanding and predicting the motivators of mobile music acceptance-a multi-stage MRA-artificial neural network approach [J]. *Telematics and Informatics*, 2014, 31 (4): 569 – 584.

[343] Singh S, Singh N, Kalini ć Z, & Liébana-Cabanillas F J. Assessing determinants influencing continued use of live streaming services: An extended perceived value theory of streaming addiction [J]. *Expert Systems with Applications*, 2021, 168: 114241.

[344] Sinha J, & Wang J. How time horizon perceptions and relationship deficits affect impulsive consumption [J]. *Journal of Marketing Research*, 2013, 50 (5): 590 – 605.

[345] Si R. Livestreaming E-Commerce Platforms in China: Types and Strategies [M] //R. Si (Ed.). *China Livestreaming E-commerce Industry Insights*. Springer Singapore, 2021: 77 – 93.

[346] Sjöblom M, & Hamari J. Why do people watch others play video games? An empirical study on the motivations of Twitch users [J]. *Computers in Human Behavior*, 2017, 75: 985 – 996.

[347] Skadberg Y X, & Kimmel J R. Visitors' flow experience while browsing a Web site: Its measurement, contributing factors and consequences [J]. *Computers in Human Behavior*, 2004, 20 (3): 403 – 422.

[348] Slack N, Singh G, & Sharma S. Impact of perceived value on the satisfaction of supermarket customers: Developing country perspective [J].

International Journal of Retail & Distribution Management, 2020, 48 (11):
1235 – 1254.

［349］ Smith H J, Pettigrew T F, Pippin G M, & Bialosiewicz
S. Relative deprivation: A theoretical and meta-analytic review ［J］. *Personality and Social Psychology Review*, 2012, 16 (3): 203 – 232.

［350］ Sneath J Z, Lacey R, & Kennett-Hensel P A. Coping with a natural disaster: Losses, emotions, and impulsive and compulsive buying ［J］.
Marketing Letters, 2009, 20 (1): 45 – 60.

［351］ Snyder D G, & Newman K P. Reducing consumer loneliness
through brand communities ［J］. *Journal of Consumer Marketing*, 2019, 36
(2): 337 – 347.

［352］ Spears N, & Yazdanparast A. Revealing obstacles to the consumer
imagination ［J］. *Journal of Consumer Psychology*, 2014, 24 (3): 363 – 372.

［353］ Stern H. The significance of impulse buying today ［J］. *Journal of
Marketing*, 1962, 26 (2): 59 – 62.

［354］ Steuer J. Defining virtual reality: Dimensions determining telepresence ［J］. *Journal of Communication*, 1992, 42 (4): 73 – 93.

［355］ Su X. An empirical study on the influencing factors of e-commerce
live streaming ［C］. 2019 *International Conference on Economic Management
and Model Engineering* (*ICEMME*), 2019.

［356］ Suh H N, & Flores L Y. Relative deprivation and career decision
self-efficacy: Influences of self-regulation and parental educational attainment
［J］. *The Career Development Quarterly*, 2017, 65 (2): 145 – 158.

［357］ Sultan A J, Joireman J, & Sprott D E. Building consumer self-control: The effect of self-control exercises on impulse buying urges ［J］.
Marketing Letters, 2012, 23 (1): 61 – 72.

［358］ Sun Y, Shao X, Li X, Guo Y, & Nie K. How live streaming influences purchase intentions in social commerce: An IT affordance perspective
［J］. *Electronic Commerce Research and Applications*, 2019, 37: 100886.

［359］Sundström M, Hjelm-Lidholm S, & Radon A. Clicking the bore-dom away-Exploring impulse fashion buying behavior online ［J］. *Journal of Retailing and Consumer Services*, 2019, 47: 150 – 156.

［360］Sweeney J C, & Soutar G N. Consumer perceived value: The de-velopment of a multiple item scale ［J］. *Journal of Retailing*, 2001, 77 (2): 203 – 220.

［361］Tabri N, Dupuis D R, Kim H S, & Wohl M J. Economic mobili-ty moderates the effect of relative deprivation on financial gambling motives and disordered gambling ［J］. *International Gambling Studies*, 2015, 15 (2): 309 – 323.

［362］Tan G W-H, Ooi K-B, Leong L-Y, & Lin B. Predicting the driv-ers of behavioral intention to use mobile learning: A hybrid SEM-Neural Net-works approach ［J］. *Computers in Human Behavior*, 2014, 36: 198 – 213.

［363］Tang J C, Venolia G, & Inkpen K M. Meerkat and periscope: I stream, you stream, apps stream for live streams ［C］. *Proceedings of the* 2016 *CHI conference on human factors in computing systems*, 2016.

［364］Tendai M, & Crispen C. In-store shopping environment and impul-sive buying ［J］. *African Journal of Marketing Management*, 2009, 1 (4): 102 – 108.

［365］Tifferet S, & Herstein R. Gender differences in brand commit-ment, impulse buying, and hedonic consumption ［J］. *Journal of Product & Brand Management*, 2012, 21 (3): 176 – 182.

［366］Trandafilović I, Pašić V, & Perunović S. The research of cognitive and affective behaviour during shopping ［J］. *Economics and Organization*, 2013, 10 (2): 147 – 164.

［367］Tsarenko Y, & Strizhakova Y. Coping with service failures: The role of emotional intelligence, self-efficacy and intention to complain ［J］. *Eu-ropean Journal of Marketing*, 2013, 47 (1): 71 – 92.

［368］Tsiotsou R. Perceived quality levels and their relation to involvement, satisfaction, and purchase intentions [J]. *Marketing Bulletin*, 2005, 16 (4): 1 – 10.

[369] Tsiotsou R. The role of perceived product quality and overall satisfaction on purchase intentions [J]. *International Journal of Consumer Studies*, 2006, 30 (2): 207 – 217.

[370] Tuncer I. The relationship between IT affordance, flow experience, trust, and social commerce intention: An exploration using the S-O-R paradigm [J]. *Technology in Society*, 2021, 65: 101567.

[371] Underhill P. *Why we buy: The science of shopping-updated and revised for the Internet, the global consumer, and beyond* [M]. Simon and Schuster, 2009.

[372] Van Dolen W M, Dabholkar P A, & De Ruyter K. Satisfaction with online commercial group chat: The influence of perceived technology attributes, chat group characteristics, and advisor communication style [J]. *Journal of Retailing*, 2007, 83 (3): 339 – 358.

[373] Van Reijmersdal E A, & van Dam S. How Age and Disclosures of Sponsored Influencer Videos Affect Adolescents' Knowledge of Persuasion and Persuasion [J]. *Journal of Youth and Adolescence*, 2020, 49 (7): 1531 – 1544.

[374] Vazquez D, Wu X, Nguyen B, Kent A, Gutierrez A, & Chen T. Investigating narrative involvement, parasocial interactions, and impulse buying behaviours within a second screen social commerce context [J]. *International Journal of Information Management*, 2020, 53: 102135.

[375] Verhagen T, & Van Dolen W. The influence of online store beliefs on consumer online impulse buying: A model and empirical application [J]. *Information & Management*, 2011, 48 (8): 320 – 327.

[376] Verhagen T, Van Nes J, Feldberg F, & Van Dolen W. Virtual customer service agents: Using social presence and personalization to shape online service encounters [J]. *Journal of Computer-Mediated Communication*, 2014, 19 (3): 529 – 545.

［377］ Verplanken B, & Herabadi A. Individual differences in impulse buying tendency: Feeling and no thinking ［J］. *European Journal of Personality*, 2001, 15 (1_suppl): S71 – S83.

［378］ Vinke-de Kruijf J, Pahl-Wostl C, & Knieper C. Wider learning outcomes of European climate change adaptation projects: A Qualitative Comparative Analysis ［J］. *Environmental Innovation and Societal Transitions*, 2020, 34: 270 – 297.

［379］ Vohs K D, Baumeister R F. *Handbook of self-regulation: Research, theory, and applications* ［M］. Guilford Publications, 2016.

［380］ Vohs K D, Baumeister R F, & Schmeichel B J. Motivation, personal beliefs, and limited resources all contribute to self-control ［J］. *Journal of Experimental Social Psychology*, 2012, 48 (4): 943 – 947.

［381］ Vohs K D, & Faber R J. Spent Resources: Self-Regulatory Resource Availability Affects Impulse Buying ［J］. *Journal of Consumer Research*, 2007, 33 (4): 537 – 547.

［382］ Vonkeman C, Verhagen T, & Van Dolen W. Role of local presence in online impulse buying ［J］. *Information & Management*, 2017, 54 (8): 1038 – 1048.

［383］ Wakefield M, Germain D, & Henriksen L. The effect of retail cigarette pack displays on impulse purchase ［J］. *Addiction*, 2008, 103 (2): 322 – 328.

［384］ Walker L, & Mann L. Unemployment, relative deprivation, and social protest ［J］. *Personality and Social Psychology Bulletin*, 1987, 13 (2): 275 – 283.

［385］ Wang X, Wong Y D, & Yuen K F. Rise of "lonely" consumers in the post-COVID – 19 era: A synthesised review on psychological, commercial and social implications ［J］. *International Journal of Environmental Research and Public Health*, 2021, 18 (2): 404.

［386］ Wang X, & Wu D. Understanding user engagement mechanisms on a live streaming platform. *International Conference on Human-Computer Interaction*, 2019.

[387] Wang Y J, Hernandez M D, & Minor M S. Web aesthetics effects on perceived online service quality and satisfaction in an e-tail environment: The moderating role of purchase task [J]. *Journal of Business Research*, 2010, 63 (9 – 10): 935 – 942.

[388] Ward J C, Bitner M J, & Barnes J. Measuring the prototypicality and meaning of retail environments [J]. *Journal of Retailing*, 1992, 68 (2): 194 – 220.

[389] Watson D, Clark L A, & Tellegen A. Development and validation of brief measures of positive and negative affect: The PANAS scales [J]. *Journal of Personality and Social Psychology*, 1988, 54 (6): 1063 – 1070.

[390] Weiss R S. *Loneliness: The experience of emotional and social isolation* [M]. The MIT Press, 1973.

[391] Weun S, Jones M A, & Beatty S E. Development and validation of the impulse buying tendency scale [J]. *Psychological Reports*, 1998, 82 (3_suppl): 1123 – 1133.

[392] Williams K C, & Spiro R L. Communication style in the salesperson-customer dyad [J]. *Journal of Marketing Research*, 1985, 22 (4): 434 – 442.

[393] Wohn D Y, Freeman G, & McLaughlin C. Explaining viewers' emotional, instrumental, and financial support provision for live streamers [C]. *Proceedings of the* 2018 *CHI conference on human factors in computing systems*, 2018.

[394] Wongkitrungrueng A, & Assarut N. The role of live streaming in building consumer trust and engagement with social commerce sellers [J]. *Journal of Business Research*, 2020, 117: 543 – 556.

[395] Wongkitrungrueng A, Dehouche N, & Assarut N. Live streaming commerce from the sellers' perspective: Implications for online relationship mar-

keting [J]. *Journal of Marketing Management*, 2020, 36 (5 –6): 488 –518.

[396] Woodside A G. Embrace perform model: Complexity theory, contrarian case analysis, and multiple realities [J]. *Journal of Business Research*, 2014, 67 (12): 2495 –2503.

[397] Wu I-L, Chen K-W, & Chiu M-L. Defining key drivers of online impulse purchasing: A perspective of both impulse shoppers and system users [J]. *International Journal of Information Management*, 2016, 36 (3): 284 –296.

[398] Wu M, Zhang L, Imran M, Xu J, & Yu R. Impact of differential leadership on innovative behavior of employees: A double-edged sword [J]. *Social Behavior and Personality: An International Journal*, 2021, 49 (2): 1 –12.

[399] W-Y, Lu H-Y, Wu Y-Y, & Fu C-S. The effects of product scarcity and consumers' need for uniqueness on purchase intention [J]. *International Journal of Consumer Studies*, 2012, 36 (3): 263 –274.

[400] Wulf T, Schneider F, & Queck J. Exploring viewers' experiences of parasocial interactions with videogame streamers on Twitch [J]. *Cyberpsychology, Behavior, and Social Networking*, 2021, 24 (10): 648 –653.

[401] Xiang L, Zheng X, Lee M K, & Zhao D. Exploring consumers' impulse buying behavior on social commerce platform: The role of parasocial interaction [J]. *International Journal of Information Management*, 2016, 36 (3): 333 –347.

[402] Xie X Z, & Tsai N C. The effects of negative information-related incidents on social media discontinuance intention: Evidence from SEM and fsQCA [J]. *Telematics and Informatics*, 2021, 56: 101503.

[403] Xu X, Wu J-H, & Li Q. What drives consumer shopping behavior in live streaming commerce [J]. *Journal of Electronic Commerce Research*, 2020, 21 (3): 144 –167.

[404] Xu Y, & Huang J-S. Effects of price discounts and bonus packs on online impulse buying [J]. *Social Behavior and Personality: An International Journal*, 2014, 42 (8): 1293 –1302.

［405］Xu Y, & Ye Y. Who watches live streaming in China? Examining viewers' behaviors, personality traits, and motivations ［J］. *Frontiers in Psychology*, 2020, 11: 1607.

［406］Xu Z, & Sun B. Influential mechanism of farmers' sense of relative deprivation in the sustainable development of rural tourism ［J］. *Journal of Sustainable Tourism*, 2020, 28 (1): 110 – 128.

［407］Yadav M S, De Valck K, Hennig-Thurau T, Hoffman D L, & Spann M. Social commerce: a contingency framework for assessing marketing potential ［J］. *Journal of Interactive Marketing*, 2013, 27 (4): 311 – 323.

［408］Yan D, & Sengupta J. The effects of numerical divisibility on loneliness perceptions and consumer preferences ［J］. *Journal of Consumer Research*, 2021, 47 (5): 755 – 771.

［409］Yang B, Cai G, Xiong C, & Huang J. Relative deprivation and game addiction in left-behind children: a moderated mediation ［J］. *Frontiers in Psychology*, 2021, 12: 1751.

［410］Yang H. Do SNSs really make us happy? The effects of writing and reading via SNSs on subjective well-being ［J］. *Telematics and Informatics*, 2020, 50: 101384.

［411］Yang Q, Ybarra O, Van den Bos K, Zhao Y, Guan L, Cao Y, Li F, & Huang X. Neurophysiological and behavioral evidence that self-uncertainty salience increases self-esteem striving ［J］. *Biological Psychology*, 2019, 143: 62 – 73.

［412］Yang Q, Ybarra O, Zhao Y, & Huang X. Restoring meaning: Self-uncertainty increases subjective distance between the past and present self ［J］. *Social Behavior and Personality: An International Journal*, 2020, 48 (7): 1 – 9.

［413］Yang T. The decision behavior of Facebook users ［J］. *Journal of Computer Information Systems*, 2012, 52 (3): 50 – 59.

［414］Yi S, & Jai T. Impacts of consumers' beliefs, desires and emotions on their impulse buying behavior: Application of an integrated model of belief-desire theory of emotion [J]. *Journal of Hospitality Marketing & Management*, 2020, 29 (6): 662 –681.

[415] Yin S. A study on the influence of e-commerce live streaming on consumer's purchase intentions in mobile internet [J]. *International Conference on Human-Computer Interaction*, 2020.

[416] Youn S, & Faber R J. Impulse buying: its relation to personality traits and cues [J]. *ACR North American Advances*, 2000.

[417] Yu G, Zhao F, Wang H, & Li S. Subjective social class and distrust among Chinese college students: The mediating roles of relative deprivation and belief in a just world [J]. *Current Psychology*, 2020, 39 (6): 2221 –2230.

[418] Yuan C L, Kim J, & Kim S J. Parasocial relationship effects on customer equity in the social media context [J]. *Journal of Business Research*, 2016, 69 (9): 3795 –3803.

[419] Zabukovšek S S, Kalinic Z, Bobek S, & Tominc P. SEM-ANN based research of factors' impact on extended use of ERP systems [J]. *Central European Journal of Operations Research*, 2019, 27 (3): 703 –735.

[420] Zafar Z, Ali F, & Saeed M. Exposure to mediated celebrities and mate preferences: the mediating role of identification and parasocial relationships [J]. *Journal of Organizational Culture, Communications and Conflict*, 2020, 24 (1): 1 –16.

[421] Zaichkowsky J L. Measuring the involvement construct [J]. *Journal of Consumer Research*, 1985, 12 (3): 341 –352.

[422] Zaichkowsky J L. The personal involvement inventory: Reduction, revision, and application to advertising [J]. *Journal of Advertising*, 1994, 23 (4): 59 –70.

[423] Zhang F, Sun S, Liu C, & Chang V. Consumer innovativeness, product innovation and smart toys [J]. *Electronic Commerce Research and Ap-*

plications, 2020a, 41: 100974.

[424] Zhang H, & Zhang W. Materialistic cues boosts personal relative deprivation [J]. *Frontiers in Psychology*, 2016, 7: 1236.

[425] Zhang K Z K, & Benyoucef M. Consumer behavior in social commerce: A literature review [J]. *Decision Support Systems*, 2016, 86: 95 – 108.

[426] Zhang K Z K, Xu H, Zhao S, & Yu Y. Online reviews and impulse buying behavior: The role of browsing and impulsiveness [J]. *Internet Research*, 2018, 28 (3): 522 – 543.

[427] Zhang M, Qin F, Wang G A, & Luo C. The impact of live video streaming on online purchase intention [J]. *The Service Industries Journal*, 2020b, 40 (9 – 10): 656 – 681.

[428] Zhao Q, Chen C-D, Cheng H-W, & Wang J-L. Determinants of live streamers' continuance broadcasting intentions on Twitch: A self-determination theory perspective [J]. *Telematics and Informatics*, 2018, 35 (2): 406 – 420.

[429] Zhao Z, Chen M, & Zhang W. Social community, personal involvement and psychological processes: A study of impulse buying in the online shopping carnival [J]. *Journal of Electronic Commerce Research*, 2019, 20 (4): 255 – 272.

[430] Zheng X, Men J, Xiang L, & Yang F. Role of technology attraction and parasocial interaction in social shopping websites [J]. *International Journal of Information Management*, 2020, 51: 102043.

[431] Zheng X, Men J, Yang F, & Gong X. Understanding impulse buying in mobile commerce: An investigation into hedonic and utilitarian browsing [J]. *International Journal of Information Management*, 2019, 48: 151 – 160.

[432] Zhou H, & Gu Z. The effect of different price presentations on consumer impulse buying behavior: The role of anticipated regret [J]. *American Journal of Industrial and Business Management*, 2015, 5 (1): 27 – 36.

[433] Zhou L, Wang W, Xu J, Liu T, & Gu J. Perceived information transparency in B2C e-commerce: An empirical investigation [J]. *Informa-*

tion & Management, 2018, 55 (7): 912 – 927.

[434] Zhu L, Li H, Wang F-K, He W, & Tian Z. How online reviews affect purchase intention: A new model based on the stimulus-organism-response (S-O-R) framework [J]. *Aslib Journal of Information Management*, 2020, 72 (4): 463 – 488.

[435] Zoogah D B. Why should I be left behind? Employees' perceived relative deprivation and participation in development activities [J]. *Journal of Applied Psychology*, 2010, 95 (1): 159 – 173.